기독교인이 꼭 읽어야 할 40권의 책 이야기

고전의 숲에서 하나님을 만나다

* **일러두기**

1. 저자의 이름들은 국립국어원 외래어 표기법을 따랐다.
2. 〈더 읽어볼 책〉에서는 출간된 대로 저자의 이름을 실었다.
3. 한글 《성경》은 '개역개정판'을, 영어 《성경》은 NIV를 따랐다.

기독교인이 꼭 읽어야 할 40권의 책 이야기

고전의 숲에서 하나님을 만나다

송광택 지음

평단

추천의 글

금번에 송광택 교수께서 《고전의 숲에서 하나님을 만나다》라는 책을 출간하게 된 것을 환영하고 감사의 말을 하고 싶다. 왜냐하면 빠른 속도로 피폐해가는 현대인들의 삶에 자양분을 제공할 귀한 고전들을 자세하게 소개하고 있기 때문이다.

이 책은 독자들이 쉽게 구할 수 있는 고전들을 비교적 자세하게 소개하고 있으며, 고전들의 내용을 간결하면서도 정확하게 요약소개하고 있다. 그리고 일목요연하게 정리하여 독자들이 고전을 쉽게 이해할 수 있게 되어 있다. 그러므로 독자들은 본서를 통해 고전 책의 저자들이 전달하고자 하는 사상들을 접하는 데 어려움이 없을 것이고, 본서를 통해 많은 것을 얻을 수 있을 것이다.

– 박형용(합동신학대학원대학교 명예교수, 서울성경신학대학원대학교 총장)

《고전의 숲에서 하나님을 만나다》는 고전과 현대를 넘나들며 기독교회사를 통해 우리가 놓쳐서는 안 될 영적 거장들의 신앙의 핵심을 체계적으로 잘 정리한 책이다. 기독교 신앙의 진수眞髓를 잘 보여주는 책이며, 저자의 영적 여정의 결실이라 하겠다. 모든 독자에게 이 책의 일독을 강력하게 권한다.

- 정일웅(총신대학교 총장, 실천신학 교수)

이천 년 동안 그리스도인의 마음과 영혼을 풍요롭게 한 지혜의 글들이 한 권에 묶여 우리 손에 들려진다는 사실이 놀랍다. 수록된 40권을 보면, 한 권 한 권이 히말라야 산맥의 안나푸르나 산처럼 넘어서기 어려운 책들인데, 필자는 경륜의 산악가이드로 독자들을 험난한 산행을 이끈다. 하지만 따라가노라면, 지상에서는 상상할 수 없는 지혜의 바다, 하나님의 세계, 영혼의 합창소리를 들을 수 있다.

- 김세광(서울장신대학교 신학대학원장, 예배·설교학 교수)

우리 주변에는 친숙한 고전작품들이 많이 있지만, 풀 섶의 물방울처럼 그냥 스쳐 지나가는 수가 많다. 그래서 그만 그 다양한 언어의 프리즘을 통해 펼쳐지는 미의 극치를 놓쳐버리게 되고, 진리의 결정結晶을 손안에 쥐지 못하게 되는 경우가 많다. 송광택 교수의 《고전의 숲에서 하나님을 만나다》는 그 다양한 극치의 미와 진리의 결정 및 인생체험을 한꺼번에 조명해 주는 양서다.

― 조신권(전 연세대학교 영문학과 교수, 현 총신대학교 초빙교수)

시간과 세월은 참으로 빠르다. 빛이 빠르다고 하지만 어쩌면 빛보다 더 빠르게 느껴지는 것이 시간이 아닌가 싶다. 이런 바쁜 일상 중에 절실히 요청되는 것이 또한 책읽기이지만 수없이 쏟아져 나오는 서적들, 그 중에서 좋은 책을 선택하여 읽기란 쉽지 않다.

송광택 교수는 숲처럼 많은 책 중에 이미 고전에 속하는 감동의 명저를 영역별로 분류하고 그 중에 다이아몬드처럼 빛나는 책들을 체계 있고, 정갈하게 정리하여 이 한 권의 책으로도 기독교 고전 전체를 섭렵할 수 있도록 하였다.

― 이석우 박사(겸재정선기념관장, 경희대학교 명예교수)

《고전의 숲에서 하나님을 만나다》는 한국의 대표적 독서 운동가요 저술가인 송광택 교수께서 인류 역사상 주요 기독교 고전들을 두루 섭렵, 엄선하여 명쾌하게 해설한 명저요 출판사상 유례가 드문 역저다.

바로 이 책은 기독교 고전 중의 고전과 명저 40권의 핵심적 내용과 아울러 각 권과 관련된 참고도서 수십 권을 소개하고 있으므로 이 한 권의 책을 읽음으로써 단기간에 수십 권의 고전을 독파하는 일석 십조 이상의 효과를 거둘 수 있다.

– 김시우(효학박사, 성산효대학원대학교 교수)

머리말 | 정신적 영적 유산의 가치가 있는 명저

《교양》의 저자 디트리히 슈바니츠Dietrich Schwanitz에 의하면, 교양이란 '사람이 알아야 할 모든 것'을 가리킨다. 한마디로 교양은 문화사의 기본적인 특징을 파악하고 미술, 음악, 문학의 대표작을 이해하는 데 있다. 그리고 역사와 문학에 관한 지식은 교양에 필수적이다. 특히 교양으로써의 독서를 이야기하자면 고전과 명작을 빼놓을 수 없다.

좋은 책을 만난다는 것은 훌륭한 스승이나 좋은 친구를 만나는 것처럼 세상에서 가장 복된 일의 하나이다. 특히 고전과의 만남은 많은 이에게 의미 있는 순간들이었다.

고전을 읽어야 할 이유는 근원적이고 보편적인 문제를 다루고 있기 때문이다. 고전 속에서는 질박하고 단순한 대로 이 근원적인 것과의 대결에서 생겨난 정신적인 반응과 응답이 엿보인다. 프랑스의 저명한 문학비평가 생트 뵈브Sainte Beuve는 고전에 대하여 "인간 정신을 풍요롭게 하는 보편적인 문제를 다룬 것"이라고 정의하였다. 따라서 우리는 고전 읽기를 통해 슬기롭게 생각하고 올바르게 사는 법을 배워가게 된다. 우리는 고전이 반드시 옛날 책이어야 한다고 생각할 필요가 없다. 지난 50년 동안에 나온 책 가운데서도 얼마든지 불후의 고전적 가치를 지닌 서적이 있기 때문이다.

역사가 과거와 현재의 의미 있는 대화라면, 고전 독서도 이와 크게 다르지 않다. 우리는 고전을 읽음으로써 과거의 지적 유산을 이어받을 수 있고, 현재의 좌표를 파악할 수 있으며, 미래도 전망하게 된다. 그런 의미에서 고전을 가까이하려고 노력하는 일은 여러모로 의미가 있다.

그러나 '고전'이라는 말만 들어도 많은 사람이 부담을 느낀다. 필자도 고전에 관한 강의를 하면서, "고전은 우리로 고전苦戰케 한다"는 말을 한 적이 있다. 고전은 사실 가볍거나 쉬운 책이 아니라, 종류가 다른 책일 뿐이다. 고전은 인류의 정신적 영적 유산이기 때문이다. 그 작품들은 세월의 엄중한 검증을 거쳤기 때문에 '고전'이라는 명예의 전당에 그 이름이 올라갔다. 특히 교회사에서 우리는 뛰어난 기독교 고전을 만날 수 있다. 일반인도 인정하는 세계적 고전 중에는 기독교 정신의 세례를 받은 문학 작품이 얼마나 많은가.

《기독교 고전Christian Classics》의 저자 베로니카 준델Veronica

Zundel은 "아우구스티누스의 《고백록》이나 토마스 아 켐피스의 《그리스도를 본받아》 그리고 존 버니언의 《천로역정》 등의 이런 작품들은 수 세기 동안 호평과 감화로 '고전'이란 영예를 획득했다. 이들의 성공은 작품의 우수함뿐 아니라, 그런 집필을 가능케 한 영적 체험이 낳은 결과였으며, 이런 작품들이 담고 있는 지혜는 심지어 작가가 가진 기독교적 관점을 잘 이해하지 못하는 사람들에게까지도 받아들여지고 있다"고 하였다.

일반적으로 고전과 명작은 위대한 주제나 사상에 대해 생각하도록 우리를 인도한다. 이것은 값진 지식의 한 형태이기도 하다. 만약 우리가 읽는 내용을 세계관의 관점에서 비교하고 대조하는 법을 배워간다면, 독서는 신앙의 자양분도 될 수 있다.

필자는 이 책을 통해 기독교 고전과 명저 40권을 소개하였다. 책 한 권을 4천 자 이내에서 소개하기 위해 핵심적 내용을 정리하고 저자를 간략하게 소개하였다. 각각의 책을 소개한 후에는 〈더 읽어볼 책〉에서 적게는 한두 권, 많게는 대여섯 권의 관련 서적을 소개하였다. 소개한 책에서 짧은 인용구를 발췌한 것은 이 책 속의 작은 팁이라고 할 수 있다.

바라기는 독자들이 이 책을 징검다리 삼아 고전의 세계로 들어갔으면 한다. 아직 사람의 발길이 닿지 않은 원시림 같은 고전의 세계가 우리 앞에 펼쳐져 있다. 개척자와 탐험가의 마음으로 고전의 세계로 들어가 보자.

한 권의 책이 나오기까지는 언제나 많은 이의 수고가 있다. 먼저 이 책에 관한 아이디어와 동기부여를 해주신 평단문화사 최석두 대표님과 직원들에게 머리 숙여 감사한다. 또한 필자를 영미문학과 기독교 고전의 세계로 안내해 주신 조신권, 최종수 은사 교수님들께도 마음으로 존경과 사랑을 보내고 싶다.

배후에서 격려와 기도로 함께 한 분들도 있다. 총신대학교 총장 정일웅 교수, 서울성경신학대학원대학교 박형용 총장, 서울장신대학교 신학대학원장 김세광 교수, 성산효대학원대학교 김시우 교수, 총신대학교 조신권 교수, 한국칼빈주의연구원장 정성구 박사, 겸재정선기념관 이석우 관장, 월간목회 발행인 박종구 목사, 크리스챤다이제스트 출판사 박명곤 대표, 헤이리(파주 예술인마을) 진아트 김진곤 목사, 한국기독청소년교육원 조만제 원장과 송용구 교수, 늘빛교회 강정훈 목사, 하늘꿈 도서관 신남희 관장, 서울 극동방송국 이인성 과장과 김용환 피디, 총신대학교 평생교육원 최광수 교수와 송경주 강사, 독서지도사 과정 수료생들, 한국교회독서문화연구회 카페 운영자 박영의 집사, 기록문화 윤필교 대표, 예장TV 윤석훈 팀장, 바울의교회 동역자들과 성도들, 글향기 도서관(북카페)의 팀장과 봉사자들, 총신대학교 평생교육원과 서울신학대학교의 수강생들을 기억하며 하나님께 영광을 돌린다. 사랑하는 부모님과 전문 번역가의 길을 걷고 있는 여동생, 강릉의 남동생 내외와 조카 재원이와 은미, 문학평론가 상일 형도 이 책의 출간을 함께 기뻐해 줄 분들이다. 감사의 말을 하면서 평생의 친구인 아내와 예쁜 딸 효진이, 그리고 믿음직한 아들 재윤이를 빠뜨린다면 얼마나 섭섭해 할까!

일산 끝자락 가좌마을에서
송광택

성도들이 책을 읽지 않는다면

은총의 사업은 한 세대도 못가서 사라져 버릴 것이다.

책을 읽는 그리스도인만이 진리를 아는 그리스도인이다.

- 존 웨슬리John Wesley -

차례

추천의 글 4

머리말 8

제1장 기도로 초대하는 안내자

기도에 완전히 몰입하라 20
- 아빌라의 성 테레사의 《기도의 삶》

기도는 그리스도인을 위한 위대한 학교다 27
- 피터 테일러 포사이스의 《영혼의 기도》

기도로 하나님과 동행하라 35
- E. M. 바운즈의 《기도의 능력》

기도를 통해 최고의 기쁨과 완전함에 이르라 44
- 잔 귀용의 《기도의 비밀》

예수께서 우리 마음에 들어오시게 하라 52
- 오 할레스비의 《기도》

제2장 지식이 있는 믿음

16세기 개신교도를 위한 교리문답서 62
- 장 칼뱅의 《기독교강요》(초판)

죽음을 향해 가는 인간에 관한 통찰 69
- 쇠렌 키르케고르의 《죽음에 이르는 병》

추리작가가 역설적 진리에 빠지다 76
- 길버트 K. 체스터턴의 《오소독시》

경건 훈련으로 하나님을 알아가기 83
- 제임스 패커의 《하나님을 아는 지식》

하나님이 주신 영원한 의를 소유하다 91
- 호라티우스 보나르의 《내게는 영원한 의가 있다》

제3장 행동하는 믿음

경건한 삶으로의 진지한 도전 100
- 윌리엄 로의 《경건한 삶을 위한 부르심》

고전에서 교회갱신의 길을 찾으라 107
- 필리프 야코프 슈페너의 《경건한 열망》

마음 안에 있는 죄의 성향을 소멸시키라 115
- 존 오웬의 《죄 죽임》

자신을 비우고 주님만을 의지하라 122
- 잔 귀용의 《예수 그리스도를 깊이 체험하기》

개인윤리와 사회윤리 사이에는 갈등이 존재한다 129
- 라인홀드 니부어의 《도덕적 인간과 비도덕적 사회》

그리스도는 성도의 사귐 속에서 체험되는 분이다 136
- 디트리히 본회퍼의 《신도의 공동생활》

영국의 사회적 양심을 일깨우다 143
- 윌리엄 윌버포스의 《진정한 기독교》

차례 **15**

제4장 기독교 문학

천 년의 침묵을 깨고 르네상스의 문을 연 불멸의 고전 152
- 알리기에리 단테의 《신곡》

구원으로 나아가는 인간을 노래하다 160
- 존 밀턴의 《실낙원》

죄와 영혼의 문제를 집요하게 추적하다 168
- 너대니얼 호손의 《주홍글자》

삶의 본질과 인간 영혼을 탐구하다 176
- 도스토옙스키의 《카라마조프 가의 형제들 1, 2, 3》

종교적 신념을 예술적으로 형상화하다 183
- 톨스토이의 《부활 1, 2》

용서와 사랑이 진정한 승리의 길이다 190
- 루 윌리스의 《벤허》

신앙과 사랑으로 절대 권력에 맞서다 198
- 헨리크 시엔키에비치의 《쿠오바디스 1, 2》

청교도 정신이 배어 있는 무인도 표류기 206
- 대니얼 디포의 《로빈슨 크루소 1, 2》

제5장 영적 거인들의 명저

영혼은 하나님 안에서만 안식을 얻는다 216
- 아우구스티누스의 《고백록》

열정적으로 하나님과 사랑을 나누라 224
- 클레르보의 베르나르의 《하나님의 사랑》

탁월한 영성 지침서로 영향을 끼치다 232
- 토마스 아 켐피스의 《그리스도를 본받아》

종교개혁 1세대에게 중요한 진리를 밝히다 239
- 마르틴 루터의 《탁상담화》

우화로 참된 성도의 삶을 그리다 247
- 존 버니언의 《천로역정》

청교도 지도자가 목회의 본질을 밝히다 254
- 리처드 백스터의 《참 목자상》

천재적 수학자가 기독교의 진정성을 변증하다 262
- 블레즈 파스칼의 《팡세》

기독교의 본질에 관하여 친절하게 안내하다 270
- C. S. 루이스의 《순전한 기독교》

제6장 일기와 전기

내면의 빛과 개인적 체험을 우위에 두다 280
- 조지 폭스의 《조지 폭스의 일기》

하나님께 사로잡힌 삶을 보여주다 287
- 존 웨슬리의 《존 웨슬리의 일기》

조지 휫필드의 일기는 18세기 선교행전이다 294
- 조지 휫필드의 《조지 휫필드의 일기》

죽어가는 인디언들을 위해 기도의 불꽃이 되다 301
- 조너선 에드워즈의 《데이비드 브레이너드 생애와 일기》

오직 믿음의 기도로 응답받다 308
- 조지 뮐러의 《조지 뮐러의 일기》

수도자들의 아버지 성 안토니 사막에 핀 꽃이다 315
- 아타나시우스의 《성 안토니의 생애》

기독교적 덕목들을 실천적 측면에서 숙고하다 322
- 닛사의 그레고리의 《모세의 생애》

부록 329

St. Teresa of Avila

Peter Taylor Forsyth

Edward McKendree Bounds

Jeanne Guyon

Ole Hallesby

제 1 장

기도로 초대하는 안내자

"Be joyful always, pray continually"
(1 Thessalonians 5:16~17)

기도에 완전히 몰입하라

아빌라의 성 테레사　　　　　St. Teresa of Avila

예수의 테레사Teresa de Jesús라고도 불리며, 수도원 개혁에 전념한 인물이다. 동명의 아기 예수의 테레사와 구별하기 위해 대大테레사라고 부르기도 한다. 그의 가슴에는 기도 중에 천사로부터 찔림 받은 불화상처로 인한 IHS(Iesus Hominum Salvator, 인류의 구원자 예수)가 새겨져 있다.

《기도의 삶》
아벨라의 성 테레사 지음 | 이상원 옮김 | 크리스챤다이제스트 | 1999년

　기도를 한마디로 정의하기는 쉽지 않지만, 누구나 인정하듯이 기도는 영혼의 호흡이다. 그리고 기도는 건강한 신앙생활을 위해서는 필수적이다.

　《기도의 삶Life of Prayer》은 아빌라의 성 테레사의 명문집名文集이다. 앞부분에서는 테레사의 자서전에 근거하여 그녀의 실패로 얼룩진 어린 시절과 기도생활에 어려움을 겪었던 시기를 서술하고 있다. 나머지 장章들에서는 기도생활에 꼭 필요한 요소와 기도생활의

실제적인 결과들을 다루고 있다.

테레사는 기도생활에 뛰어난 모범을 보여준 믿음의 사람이다. 청교도들조차 흠모하였던 그녀의 삶은 많은 사람에게 깊은 영향을 끼쳤다. 그에게 있어서는 첫째도 기도요, 마지막도 기도였다.

테레사에 의하면, 아무리 보잘것없는 영혼이라도 회개하고 기도하면 주님께서 그의 기도를 듣고 응답해주신다. 따라서 "한번 기도를 시작한 영혼은 아무리 악한 상황 속에 처하더라도 기도를 중단하지 마라. 기도는 신자의 생활을 수정시킬 수 있는 유일한 길이다. 기도가 없이는 우리의 생활에 어떤 변화도 기대하기 어렵다"고 말한다.

기도의 길을 이해하는 데 본질적으로 중요한 세 가지가 있다.

첫째는 다른 사람에 대한 사랑이다. 테레사는 13명 정도 함께 생활하는 수도 공동체를 생각하고 있었다. 이런 작은 공동체 안에서는 모든 사람이 서로의 친구가 되어야 하며, 사랑받아야 하고, 서로 동등한 차원에서 도울 수 있어야 한다고 생각했다.

둘째는 모든 피조물-특히 사람들-로부터 초연超然의 시간을 가져야 한다. 초연이란 우리가 이 세상의 것들에 집착하지 않고 다만 하늘에 관한 일들에 대해서만 우리의 생각과 대화를 집중시키는 것이다. 초연의 삶을 사는 사람은 게으르게 낮잠이나 즐기는 생활을 청산하고 사소한 일에 관심을 빼앗기지 않고 하나님에 대해 늘 관심을 갖는다.

기도는 오직 하나님만을 향한 신앙과 열정의 표현이다. 또한 기도는 하나님에 대한 사랑과 요구의 표현이다. 기도는 한마디로 말해서 하나님과의 교제요, 우리를 사랑하는 그분과 은밀한 가운데 대화를 나누는 것이라고 했다.

셋째는 진정한 겸손의 훈련이다. 영혼이 기도하는 가운데 겸손하면 할수록 하나님께서는 그 영혼을 높이신다. 우리가 하나님께 가까이 가면 갈수록 겸손의 덕목은 더욱더 크게 성장한다. 겸손이 뒤따르지 않는다면 아무리 유려한 기도라도 하나님이 받지 않는다.

겸손은 기도의 열매이기도 하다. 우리는 우리 자신이 아무것도 가진 것이 없는 존재임을 인정해야 한다. 따라서 우리는 감사의 마음을 새롭게 하여 주님을 섬겨야 한다. 겸손은 모든 덕목 가운데 으뜸이며 여왕이요, 주인이다.

테레사는 자서전에서 그녀의 특별한 기도 체험을 언급한 적이 있다. 어느 날 그녀가 기도하기 위해 기도실에 들어섰을 때 그곳엔 교회의 특별한 축일祝日을 기념하기 위한 그림 하나가 걸려 있었다. 그 그림에는 아주 심하게 상처받은 그리스도의 모습이 그려져 있었다. 그것을 보면서 테레사는 깊은 감동을 받게 된다. 예수 그리스도께서 우리를 위해 고난받으심으로 말미암아 얼마나 크게 우리를 사랑하셨는지를 사실적으로 보여주고 있었기 때문이다. 주님의 상처받은 모습은 곧 테레사의 마음을 아프게 찢어놓아 그녀의 마음은 산산 조각날 것 같은 느낌이었다. 그녀는 그 십자가상 앞에 몸을 내던지고 눈물을 비 오듯 흘렸다. 그리고는 다시는 그를 슬프게 하는 일이 없도록 해달라는 기도를 드렸다.

그 후 그녀는 그리스도께서 가장 고독했던 시간들을 묵상하곤 했다. 그런 생각을 하면서 그녀는 주님께 가까이 갔으며, 그리스도의 고난에 동참하는 체험을 자세하게 기록하였다.

테레사는 이런 묵상의 과정을 통해 많은 교훈을 받았다. 그녀는 종종 기도하고 있다는 사실조차 잊은 채 기도에 몰입하곤 했다. 그것은 그녀의 생애에 지속적인 습관이 되었다.

스페인의 위대한 신비가, 성 테레사

아빌라의 성 테레사St. Teresa of Avila(1515~1582년)는 스페인의 신비가Spanish Mystic이다. 테레사 아빌라에서 열한 자녀 중 하나로 태어나 그곳에서 어린 시절을 보냈다. 그녀는 성인들의 전기를 끊임없이 읽었고, 기사騎士들에 관한 책들도 많이 읽었다. 어머니가 세상을 떠난 후 그녀는 아우구스티누스파 수녀원Convent의 기숙학교로 보내졌다(1531년). 이때 그녀 나이 열여섯이었다.

테레사는 십대 후반기에 건강이 악화하여 심한 고통을 겪었다. 그러나 그녀의 생애에서 이 시기는 대단히 중요했는데, 그 까닭은 이때 비로소 종교적인 소명을 발견했기 때문이다. 1536년 테레사는 성육신의 카르멜Carmel 수녀원에 들어갔다.

이 무렵 그녀는 심각하게 건강이 좋지 않아 수년 동안 부분적으로 몸이 마비되기도 했다. 그러나 활발하고 행복한 품성 때문에 그녀는 수녀원에서 사랑을 받았다. 20년 동안 그녀는 완화된 카르멜 규칙에 따라서 살았다.

테레사는 '마음기도Mental Prayer'의 방법을 배우고 그것을 실천해 나갔다. 마음기도란 하나님과의 대화를 통해 하나님을 사랑하고, 하나님의 말씀과 그분 자신을 묵상하는 기도이다. 그녀는 자신 안에서 하나님의 임재를 느끼기 위해 부단히 기도했다. 1559년 테레사는 종교적 황홀경을 경험한다. 환상 중에 천사가 창끝에 불이 붙은 창으로 그녀의 심장까지 찌르는 듯했다. 그녀는 하나님에 대한 사랑으로 뜨겁게 불타오르게 되었다. 그녀는 말하기를 그 체험이 말할 수 없이 고통스러우면서도 동시에 감미로웠다고 했다. 그것은 신자와 하나님과의 신비적 연합에 대한 상징이었다.

테레사는 16세기가 낳은 영적 생활의 위대한 교사이다. 기본적 자세에서 테레사는 깊은 명상과 기도를 통해서 하나님과의 일치를 추구하였다. 이것은 심오한 경험과 사랑을 통해 하나님을 알려는 수도자의 추구였다. 테레사는 그것을 '신비적 결혼'이라고 묘사하였다.

〈성 테레사의 법열〉(1645~1652년)
조반니 로렌초 베르니니Giovanni Lorenzo Bernini. 테레사는 천사가 화살로 심장을 찌르려는 순간 환희에 차 있는 모습으로 표현되었다. 현재 로마 산타 마리아 델라 빅토리아 코르나로 성당에 있다.

테레사는 소설 《돈 키호테Don Quixote》(1605년)의 작가 세르반테스 사아베드라Cervantes Saavedra와 더불어 스페인의 가장 위대한 문학적 천재 중 한 사람이다. 그녀는 여성 가운데서 처음으로 '교회박사'로 선정되었다.

더 읽어볼 책

* 마르셀 오틀레르 지음, 부산가르멜여자 옮김, 《아빌라의 데레사》, 분도출판사, 1993.
* 로마 맨발 가르멜 수도원 지음, 로성 가르멜 여자 수도원 옮김, 《아빌라의 데레사와 함께하는 십자가의 길》, 성바오로출판사, 2001.
* 존 키르반 지음, 최인숙 옮김, 《아빌라의 데레사와 함께하는 30일 묵상》, 성바오로딸수도회, 2003.

> 나는 종종 주님과 더불어 동행하면서 겟세마네 동산에 있는 나 자신을 발견했다. 나는 주님이 흘리신 피와 그곳에서 겪으신 고난이 달콤하게 느껴졌다. 나는 될 수 있으면 그분의 얼굴로부터 그 고통스러운 땀을 닦아주고 싶었다. 그러나 나는 감히 그 일을 하지 못했다. … 잠자리에 들기 전에 항상 기도를 드렸는데 그때 나는 이 같은 그리스도의 겟세마네에서의 신비스러운 기도 장면을 잠깐 묵상하곤 했다.
>
> - 아빌라의 성 테레사

기도는 그리스도인을 위한 위대한 학교다

피터 테일러 포사이스　　　　　　　Peter Taylor Forsyth

스코틀랜드의 회중파會衆派 목사이며 신학자다. 괴팅겐 대학교에서 유학하고 1876년 시프리 회중파교회 목사가 되었다. 근대적 역사비평학과 복음주의의 융합을 시도하는 데 힘썼다. 그 때문에 '바르트 이전의 바르트 신학자'라는 칭호를 받았다.

《영혼의 기도》
P. T. 포사이스 지음 | 이길상 옮김 | 복있는사람 | 2005년

모던 클래식에 속하는 이 책은 포사이스가 쓴 기도에 관한 20세기의 역작이다. 이 책에서 저자는 기도하는 것이 하나님께서 우리를 지으신 목적을 실현하는 것이라고 말한다. 사실 기도에 관해 쓴다는 것은 어렵고 심히 주저되는 일이다. 기도를 원리로만 알고, 실천하지 않을뿐더러 노력해본 경험이 없는 사람은 이 주제에 함부로 손을 대서는 안 된다.

먼저 포사이스는 사람이 음식을 갈망하는 것처럼 사람의 영혼이

기도를 갈망한다고 말한다. 왜냐하면 우리의 마음과 육체가 살아계신 하나님을 요구하기 때문이며, 하나님과의 관계를 간절히 원하기 때문이다. 그래서 그는 왜 우리의 가장 깊은 욕구가 살아계신 하나님과 교제하는 것인지에 관해 자세히 설명하고 있다.

이 책에서 더 나은 기도생활을 위하여 세 가지 통찰을 얻을 수 있다.

첫째로 하나님께 반응하는 기도는 우리의 경배Adoration와 함께 시작하고, 감사와 간구가 그 뒤를 따른다. 경배는 하나님을 하나님으로 인정하는 찬양이다. 그분이 어떤 분인지에 대해, 그리고 온전히 거룩한 경이감으로 하나님이 행하신 일의 위대함에 대해 인정한다. 그러면서 우리는 우리가 받은 어떤 선물보다 더 고귀한 하나님 Giver에게 감사하게 된다. 이런 기도를 드리게 될 때 기도는 하나님과의 친밀한 교제가 된다.

둘째로 우리가 영으로 기도하고자 한다면 우리는 우리가 성령의 임재 안에 들어갈 때까지 기도할 필요가 있다. 우리는 기도를 잘하기 위해 연습해야 한다. '경건의 훈련'이라는 말이 있듯이 기도에도 훈련이 필요하다. 따라서 우리는 기도에 민감한 마음을 계발해야 한다.

'기도의 내면성'이라는 장章에서 저자는 가장 악한 죄는 기도하지 않는 것이라고 말한다. 하나님께서 우리를 멀리하시는 이유는 우리가 하나님을 찾지 않았기 때문이다. 성인聖人들의 전기를 읽어 보면, 그들은 기도를 게을리하거나 소홀히 하다가 실족하곤 했다. 기도하기 싫은 심정은 죄 배후에 도사리고 있는 죄다. 그 죄는 우리가 기도할 수 없는 상태로 빠져들게 한다. 그 결국은 영적 실어증과 영적 굶주림이다.

셋째로 기도는 음식과 같다. 기도는 양식처럼 그리스도인에게 힘과 건강을 새롭게 공급한다. 우리는 영혼이 허기짐으로 기도하게 된다. 또한 기도를 통해 영적 포만감을 얻고 그 결과 새로운 활력을 얻는다.

기도하는 사람은 기도가 찬송으로 승화되는 단계를 경험할 때가 있다. 때때로 이기심으로 시작한 기도일지라도 찬송은 그 기도를 정결케 한다. 기도는 자신의 지식에서 우러나올 수 있으며, 그런 한에서 자연적일 수 있다. 그러나 찬송은 초자연적이다. 그것은 순전히 은혜에서 비롯되기 때문이다. 찬송은 기도가 마음에서 자연적 상태를 극복했다는 증거다. 그러므로 기도할 때 감사드리는 데 마음을 쓰는 것이 옳다. 성령께서 우리 마음에 찬송의 심정을 일으키신 것이 분명하다면 우리 마음에 기도의 심정을 일깨우셨다는 증거이기도 하다. 기도와 감사는 폐의 이중운동과 같다. 기도는 들이마시고, 감사로 내쉬는 것이다.

모든 기도의 목표는 우리를 하나님 앞으로 나아가도록 이끄는 데 있다. 기도에 실패하는 가장 큰 원인은 기도를 중단하는 데 있다. 오래 참고 기도하는 것이 하나님의 응답의 일부다. 그리고 기도를 어렵고 당혹스럽게 생각하는 것은 하나님을 믿으려는 마음이 적고 기도 자체를 믿으려는 마음이 앞서기 때문이다.

포사이스에 의하면, 기도는 언어로 할 수 있는 최고의 행위이며, 언어로 표현할 수 있는 최고의 의미다. 기도는 언어의 한계마저 뚫고 행위로 들어간다. 참 신앙이란 기도로써 능력 있게 표출되는 신앙이다. 기도를 통해 인간은 '하나님의 동역자' 지위에 오른다.

우리는 기도를 어떻게 배울 수 있을까? 저자에 의하면, 교회의 공기도는 골방에서 배운다. 기도를 배우는 데 필요한 훈련은 기도 훈련이다. 기도하도록 가르쳐주는 것은 기도뿐이다. 과학에 독창적 연구가 필요하다면, 신앙생활에는 기도가 필요하다. 기도로써 우리는 살아계신 하나님의 임재를 직접 경험할 수 있다. 궁극적 실재實在이신 그분과의 접촉이 기도를 통해서 이루어진다.

때때로 사람들은 기도와 신학 사이에 큰 간격이 있다고 느낀다. 정말 그럴까? 건전한 신앙은 건전한 신학을 바탕으로 세워져야 한다. 바른 기도도 마찬가지다. 바른 신학은 바른 신앙생활을 돕고 바른 기도를 세워나간다. 기도와 신학은 서로 손을 잡고 나아가야 한다. 즉, 기도와 신학은 서로에게 스며들어, 서로를 크고 넓고 강하게 유지해야 한다.

제1차 세계대전이 한창이던 1916년에 저술된 《영혼의 기도The Soul fo Prayer》는 당시 그리스도인들에게 큰 영적 각성을 불러일으켰다. 신학의 깊이와 영적 체험이 잘 조화된 이 책은 이후로도 판을 거듭하면서 기도에 관한 한 탁월한 책으로 평가되어 왔다.

●●●
〈올리브산의 기도〉(1308~1311년)
두초 디부오닌세냐Duccio di Buoninsegna. 예수님은 일생에서 본이 되는 삶을 사셨다. 그중에 기도의 삶은 빠질 수 없다. 포사이스는 "기도하기 싫은 심정은 죄 배후에 도사리고 있는 죄다"고 하였다.

포사이스가 이 책에서 제시하는 기도의 세계는 풍요하고도 도전적이다. 곳곳에 경구警句가 있고 잠언적 가르침이 번득이고 있다. 한 번 읽어서는 그 깊이를 다 헤아리기 어렵다. 현대인을 기도로 초대하는 '현대적 고전'으로 부르기에 조금도 손색이 없는 명저다.

기도의 정곡을 향하는 현실적인 신학자, 포사이스

1848년 5월 12일, 스코틀랜드 애버딘Aberdeen에서 우편집배원의 아들로 태어난 피터 테일러 포사이스Peter Taylor Forsyth(1848~1921년)는 1869년 애버딘 대학교를 고전문학 1등의 영예로 졸업했다. 그 후 괴팅겐 대학교에서 공부했는데, 그곳에서 자유주의 신학의 거두 알브레히트 리츨Albrecht Ritschl로부터 깊은 영향을 받아 자유주의 신학을 탐구하기도 했다.

1876년 포사이스는 요크셔의 시플리Shipley에서 목사로 부름 받았다. 회중교회를 섬기던 사역 초기에 그는 교회의 정통교리와 갈등하였다. 기독교 신학을 재고再考해야 한다고 생각한 그는 자유주의 신학을 추구하였다.

그러나 1878년 그는 회심을 경험하게 된다. 회심의 결과, 그는 자유주의를 떠나 '은혜의 신학의 회복Recovery of the Theology of

Grace'에 헌신하게 되었다. 곧 그는 영국의 비국교도를 대표하는 지도자가 되었다.

1894년 그는 케임브리지 대학교의 부름을 받았고, 1896년 '거룩하신 아버지Holy Father'라는 유명한 설교를 하게 되었다. 1901년 그는 런던 해크니Hackney 신학교 학장직을 수락하였는데, 그 후는 초기 자유주의 신학 입장을 수정하면서 근대적 역사비평학과 복음주의의 융합을 시도하는 데 노력하였다. 1921년 그가 죽을 때까지 그곳에서 일했다. 일생동안 포사이스는 25권의 책을 남겼다.

포사이스의 가장 유명한 저작 《예수 그리스도의 인격과 지위The Person and Place of Jesus Christ》(1909년)는 교의教義(도그마Dogma)를 도덕적으로 설명했는데, 즉 그리스도의 신성神性에 관한 교리의 의미를 현대인의 개인적 체험의 관점에서 표현하였다.

포사이스는 때때로 카를 바르트Karl Barth의 선구자로 불린다. 그는 바르트에게서 특징적으로 보이는 많은 통찰을 예견했다. 바르트의 저작을 통해 당대에 종종 오해를 받았던 포사이스는 새로운 관심을 얻었다. 그는 1921년 11월 11일 런던에서 세상을 떠났다.

더 읽어볼 책

* 도널드 블러쉬 지음, 오성춘 옮김, 《기도의 신학》, 한국장로교출판사, 1996.
* 김영봉 지음, 《사귐의 기도》, 한국기독학생회출판부, 2002.

> 우리의 기도는 하나님께서 우리의 심금을 울리실 때 기뻐 진동하는 영혼의 선율이다. 하나님의 품에 파고들되 하나님을 친절히 어루만지기 위해 그리하지 말고, 하나님과 더불어 씨름하기 위해 그리하라.
>
> — P. T. 포사이스

기도로 하나님과 동행하라

E. M. 바운즈 Edward McKendree Bounds

기도의 성자. 바운즈는 기도에 관해 말만 한 것이 아니었다. 실제로 철저하게 기도한 사람이었다. 일이 많으면 많을수록 더 많은 시간을 기도에 할애했다. 기도에 관한 그의 권면은 더욱 뜨겁다. 한 세기 전의 글이지만 지금의 우리에게도 새로운 도전과 실제적인 교훈으로 다가온다.

《기도의 능력》
E. M. 바운즈 지음 | 최은하 옮김 | 평단문화사 | 2008년

    기도에 관한 수많은 책이 있다. 그 가운데 《기도의 능력 Power through Prayer》은 기도에 관한 고전의 자리를 오랫동안 지켜오고 있다. 이 책이 다른 책과 구별되는 점은 간결하면서도 힘 있게 기도의 의미와 중요성을 천명하고 있기 때문이다. 특히 바운즈는 설교자에게 초점을 맞춰 기도가 경건과 영성의 핵심이라는 점을 강조한다.

    청년 시절 필자는 교회에서 이 책을 처음 만났다. 저자가 어떤 사람인지 자세히 알 수는 없었지만, 책 전체에 걸쳐 나타나는 기도

에 관한 열정을 통해 그가 특별한 기도의 사람이라는 것을 짐작할 수 있었다. 이 책과의 만남은 청년기의 기도생활에 결정적 영향을 끼쳤다.

저자는 하나님이 사용하시는 방법을 1장에서 소개한다. 사람들은 끊임없이 새로운 방법과 전략과 그리고 조직을 구상하는 데 몰두한다. 그러나 하나님은 '사람'에게 관심을 두고 계신다. 즉, 우리가 바로 하나님이 사용하시는 방법이고 전략이다. 하나님은 사람을 찾고 계시며, 그분의 능력을 세상에 드러내는 통로로 사람들을 사용하신다.

오늘날 교회에 필요한 것은 성령이 즉시 사용하실 수 있도록 준비된 사람이다. 기도의 용사야말로 이 시대 교회에 꼭 필요한 존재다. 성령은 기관이 아니라, 사람을 통해 역사 하시고 사람에게 임하시기 때문이다. 성령은 특히 기도하는 사람을 거룩하게 구별하여 쓰신다.

사역자는 사람이지만, 그 사람을 빚어가는 분은 하나님이다. 말씀을 전하는 사람은 자신이 전하는 메시지보다 훨씬 나은 삶을 살아야 한다. 또한 그는 삶 속에서 본을 보여야 한다. 설교자는 이 점을 명심해야 한다. 왜냐하면 설교는 청중을 대상으로 한두 시간 동안 펼쳐지는 공연이 아니기 때문이다. 설교는 삶이 밖으로 흘러나

온 결과물이다. 따라서 사람이 인격을 형성하는 데 20년의 세월이 걸린다면, 하나의 설교를 완성하는 데도 동일하게 20년의 세월이 필요하다. 참된 설교는 삶으로 표현된다. 설교자는 자신의 삶보다 더 탁월한 설교를 할 수 없다.

사역자는 기도의 사람이어야 한다. 기도는 사역자의 가장 강력한 무기다. 강력한 능력은 기도 가운데서 나온다. 진정한 설교는 기도하는 골방에서 만들어지며 하나님의 사람도 그 골방에서 만들어진다. 하나님과 단둘이 있으면서 영혼의 타는 듯한 고통과 눈물을 경험할 때 가장 능력 있고 신선한 메시지가 나오게 된다.

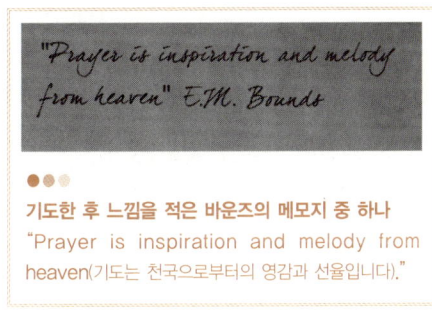

기도한 후 느낌을 적은 바운즈의 메모지 중 하나
"Prayer is inspiration and melody from heaven(기도는 천국으로부터의 영감과 선율입니다)."

설교가 실패하는 이유는 대개 설교자에게 있다. 영혼을 죽이는 설교에는 한 가지 특징이 있는데, 그것은 그 가운데 기도가 없다는 것이다. 사역자는 죽어가는 영혼에게 생명을 주어야 하지만, 기도하지 않는 사역자는 죽음을 가져다준다. 기도가 약한 설교자는 그 생명력도 약할 수밖에 없다. 기도는 설교에 생명력을 주는 원천이라고 할 수 있다. 간구가 있는 간결한 기도, 살아 있는 기도, 진심이 실린 기도, 성령의 이끌림을 받는 기도, 즉 직접적이고 구체적이고 열정적이고 단순하며 찬미가 있는 기도야말로 올바른 기도다.

사역자는 자신을 위해, 그리고 성도를 위해 하나님께 기도해야 할 의무가 있다. 기도는 선을 행하는 능력이며 참된 열매를 맺는 비결이다. 기도에 몰입한다는 것은 하나님과 성도들에게 진정으로 충성하고 있다는 증거이기도 하다.

설교자는 다른 무엇보다 기도에 탁월해져야 한다. 그의 마음 중심이 기도의 학교를 졸업해야 한다. 우리는 기도의 학교에서만 심령으로 설교하는 법을 배울 수 있다. "강단 위에서나 강단 밖에서나 기도 없는 설교는 그저 영혼을 죽이는 말에 불과할 뿐이다"(57쪽). 사역자는 설교의 사명을 받았을 때 기도의 사명도 똑같이 받았다. 두 가지를 똑같이 잘해내지 못한다면 그는 그 사명을 완수하지 못한다.

이 책은 기도의 사람 데이비드 브레이너드 David Brainerd를 소개한다. 그는 특출한 재능을 가진 젊은이였다. 탁월한 신학 지식은 물론이거니와 젊은 청년에게서 기대할 수 없는 진실함을 지니고 있었다. 그는 모든 것을 쏟아 부어 열정적으로 기도하는 사람이었다. 그의 일기에는 하나님과 한적한 곳에서의 일대일 만남과 금식과 묵상

●●●
〈기도하는 노인〉(1656년)
니콜라스 마에스 Nicolaes Maes

에 대한 기록으로 가득 차 있다. 브레이너드의 온 삶은 기도의 삶이라고 해도 과언이 아니었다.

우리는 기도에 목마른 사람이 되어야 한다. 저자는 우리를 기도의 골방으로 초대하고 있다. 왜냐하면 기도는 우리가 할 수 있는 가장 위대한 일이기 때문이다.

기도로 우뚝 선 영적 거인, 바운즈

E. M. 바운즈Edward McKendree Bounds(1835~1913년)는 1835년 8월 15일 미주리 주의 전원적인 쉘비 카운티Shelby County에서 태어났다. 그의 아버지는 토마스 바운즈Thomas J. Bounds이고, 어머니는 해티 바운즈Hatty Bounds다. E. M. 바운즈는 감리교 목사, 전도자, 부흥사, 군목, 변호사, 그리고 11권의 책을 쓴 저자다. 그의 저서 가운데 9권이 기도에 초점을 맞추고 있다.

에드워드가 열네 살이었을 때 그의 아버지는 결핵으로 생을 마감한다(1849년). 그의 아버지가 죽은 직후, 에드워드와 그의 큰 형(찰스Charles)과 그리고 몇몇 다른 친척들이 마차 수송대Wagon train(18세기 후반부터 19세기에 걸쳐 서부로 이동한 미국의 개척자들이 조직한 마차 행렬)에 가담하여, 금광의 행운을 소망하면서 캘리포니아의 메스키트 협곡Mesquite Canyon까지 이동하였다.

4년간의 불운한 날들이 지난 후, 그들은 미주리 주로 돌아갔고, 에드워드는 미주리 주 한니발Hannibal에서 법률을 공부했다. 그는 열아홉의 나이에 그 주州에서 가장 나이 어린 개업 변호사가 되었다. 비록 변호사로서 수습을 했지만 바운즈는 제3차 대각성운동 동안인 20대 초에 기독교 사역에로의 부르심을 느꼈다. 전도자 스미스 토마스Smith Thomas가 인도하는 부흥집회 참석 후에 그는 변호사 사무실을 닫고, 센테너리Centenary 신학교에 등록하기 위해 미주리 주 팔미라Palmyra로 이주하였다. 2년 후인 1859년 스물네 살의 나이로 그는 안수를 받아 미주리 감리교회의 목사가 되었다.

남북전쟁이 일어났을 때 바운즈는 노예제도를 지지하지 않았으나 그는 남부군 군목이 되었다. 전투에서 그는 북부 기병대의 공격으로 이마에 심각한 상처를 입었고 포로가 되었다.

풀려난 후, 그는 프랭클린 감리교회의 목사가 되었다. 그의 목회의 우선순위는 때때로 여러 시간 계속되는 매주의 기도회를 확립하는 것이었다. 그는 프랭클린에서 영적 부흥회를 지역적으로 개최하였고, 결국 전국에 걸쳐서 순회 설교 사역을 시작하였다.

바운즈는 기도하는 이른 시간을 소홀히 하지 않았고, 너무 이른 시간에 일어나는 것 때문에 그 방의 다른 사람들의 항의에 개의치 않다. 그는 잃어버린 영혼과 타락한 목회자들을 위해 간절히 기도했다. 그 방에서 모든 사람을 위해 기도할 때 눈물이 그의 얼굴을 흘러내렸다.

9년 동안 그가 기도하고 설교할 때 지켜본 사람에 의하면, 바운즈는 "단 한마디도 어리석은 말을 하지 않았다. 그는 영적인 세계를 관통하는 하나님의 가장 강력한 독수리들 가운데 하나였다. 그는 늦게 일어나는 것을 참을 수 없었고 아침식사에 늦는 것도 견딜 수 없었다. 그는 종종 브루클린Brooklyn의 거리 집회에 나와 동행했고 웨슬리Wesley와 왓츠Watts의 아름다운 노래들을 우리와 함께 불렀다."

바운즈는 1913년 8월 24일 조지아 주 워싱턴에서 하나님께 부름을 받았다.

더 읽어볼 책

* E. M. 바운즈 지음, 이용복 옮김, 《응답기도》, 규장, 2008.
* E. M. 바운즈 지음, 홍성국 옮김, 《기도의 진실》, 생명의말씀사, 2008.
* E. M. 바운즈 지음, 이용복 옮김, 《기도하지 않으면 죽는다》, 규장, 2009.
* E. M. 바운즈 지음, 조계광 옮김, 《기도해야 산다》, 규장, 2010.

교회는 더 나은 전략을 찾지만, 하나님은 더 나은 사람을 찾으신다. 기도는 우리의 피와 뼈와 살을 구성하는 본질이 되어야 한다. 강단 위에서나 강단 밖에서나 기도 없는 설교는 그저 영혼을 죽이는 말에 불과할 뿐이다. 영혼을 죽이는 설교와 기도는 영원히 내버리라. 그리고 가장 참되고 놀라운 일을 해보라. 기도다운 기도를 드리며 생명을 창조하는 설교를 전하라.

- E. M. 바운즈

기도를 통해
최고의 기쁨과 완전함에 이르라

잔 귀용   *Jeanne Guyon*

잔 귀용은 "제네바로 가는 음성을 듣고 순종한다." 그녀는 사람들에게 "예수 그리스도에 대한 믿음만으로 얻어지는 의로움"과 "하나님께 직접 나아가 예수 그리스도의 이름만으로 기도하는 것"을 가톨릭과 루이 14세에 의해 이교도라고 정죄당한 채 8년 동안 바스티유 감옥에 갇히게 된다.

《기도의 비밀》
잔 귀용 지음 | 이문숙 옮김 | 평단문화사 | 2008년

많은 사람은 기도를 어렵게 생각하는 경향이 있다. 《기도의 비밀 A Short Method of Prayer》의 저자 잔 귀용 부인은 17세기에 이미 깊은 영성을 바탕으로 평신도들에게 쉽고 짧게 배울 수 있는 기도에 대해 설명해 주고자 이 책을 썼다. 이 책은 기도를 처음으로 하게 되었거나 기도가 어렵다고 생각되어 멀리해온 사람들을 위해 하나님의 임재를 체험하는 기도를 쉽게 배울 수 있도록 구성되어 있다.

첫째로 귀용은 우리가 그리스도에게 부름을 받은 것처럼 우리는

기도에 부름을 받았다고 말한다. 따라서 모든 그리스도인은 기도할 수 있고 또 기도해야만 한다. 우리가 사랑하며 살아가야 하는 것처럼 기도하며 살아가야 한다. 기본적으로 기도는 매우 쉽다는 것이 잔 귀용의 생각이다. 우리는 하나님의 자녀다. 하나님의 자녀라면 누구나 아버지 곁으로 자연스럽게 그리고 담대하게 나올 수 있고, 그분은 우리를 사랑의 팔로 감싸주신다.

우리는 기도만으로도 하나님의 임재를 느낄 수 있고, 끊임없이 그분을 만날 수 있다. 그래서 언제 어느 때라도 할 수 있는 기도를 배워야 한다. 혹시 서툴더라도 기도를 해야 한다. 귀용은 기도가 하나님을 만나고 체험하는 가장 쉬운 길이라고 말한다.

둘째로 귀용은 기도하는 두 가지 방법을 소개한다. 그 첫째는 일반적인 묵상이고, 둘째는 '말씀을 묵상' 하는 것이다. 말씀을 묵상하려면 읽은 말씀을 그대로 행동으로 옮기고 확실한 진리를 찾으면서 《성경》을 읽으라고 권한다. 두세 줄 읽어나가면서 그 깊은 의미를 알려고 애쓰고, 읽으면서 마음에 와 닿는 곳에서 읽기를 멈추고 그 말씀을 깊게 음미해 보라. 가장 좋은 《성경》 읽기는 그날에 읽은 양이 아니라, 읽는 방법이다.

그러나 말씀을 빨리 읽은 사람은 마치 꽃 주위를 날아다니면서도 꿀을 얻지 못하는 꿀벌과 같이 말씀의 깊은 의미를 찾지 못한다.

마찬가지로 영성을 다루는 책에서 도움을 얻으려면 이 방법으로 정독해야 한다. 우리가 이렇게 《성경》을 조금씩 읽어간다면 기도에 곧 익숙해지면서 기도할 수 있다는 확신이 들게 된다.

정해 놓은 시간에 묵상하는 것도 좋은 방법이다. 가장 중요한 것은 하나님의 임재를 경험하는 순간이다. 그러므로 더욱 집중해서 기도해야 하고, 주위가 산만해질 때 우리의 영혼을 다시 한곳으로 불러 모아야 한다. 우리의 마음이 분주해지면 바로 집중해서 기도해야 한다.

셋째로 귀용은 기도에서 '내려놓음'이 필요하다고 가르친다. 기도생활의 중심은 바로 자신을 내려놓는 일이다. 그리고 이런 내려놓음은 전적으로 자기 마음속에만 있는 열쇠다. 내려놓음은 완전에 이르는 길이다. 자신의 내면에 귀 기울이지 않는 내려놓음은 마음의 문을 닫게 할 수도 있기 때문에 조심해야 한다. 큰 믿음이란 바로 자신을 얼마만큼 내려놓느냐에 달렸다.

하나님이 이끄시는 대로 모든 걸 맡기고 모든 근심을 떨쳐버리는 것이 진정한 내려놓음이다. 모든 그리스도인은 하나님 앞에 자신을 내려놓도록 권유받고 있다. 내려놓음은 자신을 모두 잊고 하나님만을 생각하면서 그분의 손길에 모든 것을 맡긴다. 여기에는 내적인 것도 외적인 것도 모두 포함된다. 이렇게 우리가 진정 자신을 내려놓게 될 때 우리의 마음은 자유롭고 행복하게 된다. 그러므로 내려놓기 위해서 과거는 잊어버리고 미래는 하나님의 섭리에 맡겨야 한다. 그리고 현재를 하나님께 드려야 한다.

넷째로 말씀을 영혼 속에 받아들이려면 침묵으로 조용히 준비해야 한다고 말한다. 하나님 앞에 잠잠하고 참고 기다려야 한다(시 37:7). 기도할 때 우리는 하나님께 귀 기울이고 그분에게 마음을 다해야 한다. 우리 자신과 모든 이익을 잊어야만 한다. 듣고 마음을 기울이는 이 두 가지 행동은 수동적이기에 기다림의 인내가 필요하다고 할 수 있다.

말씀을 읽을 때는 귀 기울이고 마음을 다해야 한다. 그래야 하나님과 대화할 수 있는 아름다운 사랑을 이끌어낼 수 있다. 외적인 침묵은 내적인 침묵을 키우는 데 꼭 필요하다. 조용하고 고요하게 있어야만 내면으로 빠져들 수 있기 때문이다. 만약 마음의 평화가 없다면 종일이라도 침묵으로 기도하면서 마음의 평안을 되찾아야 한다.

귀용은 우리가 무슨 일을 하든지 하나님과 더불어 지내기 위해 항상 기도해야 한다고 생각했다. 기도는 완전과 최상의 행복에 이르는 열쇠이기 때문이다. 또한 기도는 모든 악덕을 제거하고 모든 덕을 얻을 수 있는 효과적인 방편이기 때문이다.

오직 기도만이 우리를 하나님의 임재 가운데로 인도하고, 그리고 계속 그 임재 가운데 머물게 해준다는 것이 귀용의 확신이었다.

하나님의 임재를 깊이 체험한 영성 작가, 잔 귀용

잔 귀용Jeanne Guyon(1648~1717년)은 1648년 4월 13일 프랑스의 루이 14세Louis XIV 때 부유한 귀족 가에서 태어났다. 귀용은 몽타르지 법정의 (소송) 대리인 클로드 보비에Claude Bouvier의 딸이었다.

감수성이 예민했던 그녀는 어린 시절 건강이 좋지 않아 교육받을 기회를 놓쳤다. 그녀는 어린 시절 10년 동안 아홉 차례나 수녀원과 훌륭한 부모가 있는 집을 왕래하며 지냈다.

귀용의 부모는 매우 경건한 분들이었다. 그들은 귀용에게 특별한 경건 훈련을 시켰다. 한때 그녀는 수녀가 되려고 했으나 곧 마음을 바꾸었다. 열여섯 살이 되었을 때 자크 귀용Jacques Guyon과 결혼을 하지만, 시어머니와 하녀에게서 말할 수 없을 정도로 심한 고통을 겪게 된다. 게다가 그녀의 이복누이와 어머니와 사랑하는 아들과 그리고 며칠 사이에 그녀의 딸과 아버지가 세상을 떠나는 비극을 경험한다.

귀용은 하나님의 온전한 계획을 끝까지 신뢰하면서 고난을 감당한다. 이 비극은 그녀의 남편이 죽기 얼마 전에 아들과 딸을 출산하는 것으로 끝이 났다. 12년 동안의 불행한 결혼생활이 끝나고 귀용 부인은 28세에 과부가 되었다. 결혼 기간에 귀용은 바나비테 Barnabite 수도사 페르 라콤Pére Lacombe에게서 신비주의를 소개받아 그의 가르침을 받았다.

귀용 부인은 투린Turin으로 갔다가 이어서 프랑스로 이주하여 그르노블Grenoble에 머무르면서 1685년 1월에 본서 《기도의 비밀》(원제 : 매우 짧고 간단하게 기도하는 수단)을 세상에 내놓았다. 그러나 그녀의 책은 당시 형식에 사로잡혀 있던 가톨릭 성직자들의 반발을 불러일으켰고 결국 그르노블의 주교인 추기경 카뮈Cardinal Le Camus의 요청으로 귀용은 그 도시를 떠났다. 그녀는 베르첼리에서 다시 라콤 신부와 합류했고 1년 후(1686년 7월), 그들은

●●●
귀용은 프랑스 바스티유 감옥에 있으면서도 오직 하나님만을 의지했고, 그녀가 죽을 때 그녀의 마음은 사랑하는 주님을 보리라는 생각으로 벅차올라 있었다. "내 일이 끝났을 때 갈 준비가 되었다고 생각합니다. 나는 이미 한 발이 말 위에 올라 있습니다. 이제 나는 하늘에 계신 아버지께서 기뻐하시는 곳에 올라갈 준비가 되었습니다."

《금서목록》의 표제지(1564년 베네치아)
16세기부터 20세기까지 로마 가톨릭교회에서 금지한 출판물의 목록을 말한다. 《금서목록》의 궁극적인 목표는 외설적이거나 신학적으로 올바르지 못한 내용을 담고 있는 글을 읽지 못하게 함으로써 신앙과 정숙함을 지키기 위해서였다. 검열을 통과한 책은 표제지에 Nihil Obstat("저촉 없음") 또는 Imprimatur("출판 인가")라는 발행 인가 표시와 함께 인쇄되었다.

파리로 돌아갔다.

귀용은 바로 그녀의 신비적 이론의 추종자들을 얻기 시작했다. 그러나 때를 잘못 선택하였다. 당시 정적주의靜寂主義(Quietism)는 박해를 받았다. 귀용은 프랑스 신비주의자神秘主義者이고 정적주의의 중요한 옹호자 중 한 사람이었다. 한때 로마교회는 정적주의를 이단으로 여겼고, 잔 귀용은 '짧고 쉬운 기도방법'에 관한 책을 출판한 후, 1695년부터 1703년까지 투옥되었다.

그녀의 작품들은 1688년 가톨릭의 《금서목록禁書目錄》에 포함되었다. 귀용 부인 사후에 가장 열렬한 제자들은 개신교 중에서, 특히 퀘이커교Quakers도 가운데 있었다. 그녀의 작품은 영어와 독일어로 번역되었고, 독일과 스위스와 영국과 미대륙에서 읽혔다. 귀용 부인은 68세에 블르와에서 세상을 떠났다.

더 읽어볼 책

* 잔느 귀용 지음, 유평애 옮김, 《영혼의 폭포수》, 기독교문서선교회, 2002.
* 잔느 귀용 지음, 최재훈 옮김, 《하나님을 경험하는 기도》, NCD, 2008.

> 하나님께 자신의 의지를 완전히 드린 후에 당신에게 필요한 것은 그 헌신 안에서 걸어가는 것뿐입니다. 당신이 가지고 있는 모든 것을 당신의 왕에게 드림으로써 그분 안에서 쉼을 얻으십시오. 침묵기도는 우리의 영혼을 고귀하고 강하게 움직이며 성령으로 변화되는 기도입니다. 순수함으로 하나님을 바라보고, 자신을 내어 드립시다.
>
> - 잔 귀용

예수께서 우리 마음에
들어오시게 하라

오 할레스비 Ole Hallesby

노르웨이 신학자로 한때 회의 가운데 빠졌다가 회심을 체험하고 믿음과 경건으로 되돌아 왔다. 20세기 전반부 동안 노르웨이의 영적 지도자로 큰 영향을 미쳐 온 그는 자유 신학에 대한 반대 운동과 나치 정권에 대한 반항으로 유명하다.

《기도》
오 할레스비 지음 | 생명의말씀사 | 2009년

기도란 무엇인가? 오 할레스비는 마음속에 예수님을 모셔 들이는 일이라고 한다.

"기도는 우리가 겪고 있는 궁핍 속에 예수님을 모셔 들이는 일이다. 예수님의 허락을 받아 우리의 어려움을 해결하기 위해 그분의 능력을 사용하는 일이다. 우리의 궁핍함 중에서 주님의 이름이 영광을 얻도록 역사하시게 하는 일이다. 그러므로 기도의 결과는 기도하는 사람의 힘에 달려 있지 않다. 사람의 강한 의지, 뜨거운 감정, 기도하는 내용에 대한 명확한 분별력 때문에 응답받는 것이 아니다. 기도의 효과는 결코 이런 것에 달려 있지 않다."

이처럼 우리의 기도가 예수님을 움직이는 것이 아니라, 사실은 예수님이 우리를 기도하도록 움직이신다.

기도는 말보다 깊은 것이다. 말로 표현되기 전에 이미 영혼 속에 존재한다. 그리고 마지막 말이 입술 밖으로 나온 후에도 영혼 속에 남아 있다. 기도는 하나님에 대한 우리의 분명한 마음의 태도. 하나님은 이런 태도를 하나님의 마음을 향해 드리는 기도와 호소로 인정하신다. 그것이 말의 형식을 취하든지 취하지 않든지 하나님에게는 문제가 되지 않는다.

그러면 하나님께서 기도로 인정하시는 마음의 태도란 어떤 것인가? 두 가지가 기본적으로 요구된다.

첫째로 무력함을 자각하는 태도이다. 기도는 무력한 자가 최후로 의지하는 수단으로 마지막 돌파구다. 사람들은 온갖 것을 다 해보고 나서야 마지막으로 기도에 의지한다. 기도와 무력함은 나눌 수 없다. 무력한 자만이 참으로 기도할 수 있다. 할레스비에 의하면 무력함, 바로 그것이 가장 훌륭한 기도다. 무력함은 하나님의 부성父性을 향해 부르짖는 우리의 끊임없는 호소이기 때문이다.

둘째로 믿음으로 기도해야 한다. 무력함이 아무리 크다 해도 믿음이 없는 곳에 기도는 있을 수 없다. 무력함이 믿음과 연합할 때 기도를 낳는다. 《성경》은 많은 곳에서 믿음으로 드리는 기도를 하나님께서 들으신다고 말한다. "너희가 기도할 때에 무엇이든지 믿고 구하는 것은 다 받으리라"(마 21:22) "오직 믿음으로 구하고 조금도 의심하지 말라"(약 1:6)

하나님께 기도할 사람은 하나님을 믿어야 한다. 하나님께 기도한다고 하면서 그분이 응답해 주실 것을 믿지 않는다면 그것은 하나님에 대한 모독이다. 믿음의 본질은 그리스도께 나오는 것이다. 참된 믿음은 스스로 궁핍을 알며 스스로 무력함을 인정해 예수님께 나아가 사태가 얼마나 나쁜지 말씀드리고 모든 것을 그분에게 맡긴다. 무력한 중에도 주님께 나아가는 믿음이 있어야 한다. 진정한 기도는 무력함과 믿음의 열매이다.

하나님의 자녀가 기도를 등한히 하는 것은 있을 수 없는 일이다. 왜냐하면 그리할 때 주님과의 관계가 서먹해지기 때문이다. 기도를 등한히 하면 영적 정체성도 약해지고 제 발로 일어설 기운도 없는 영적인 무력감에 사로잡힐 뿐이다.

육적인 사람은 기도를 거추장스러운 일로 여긴다. 그래서 그의 내적 생명은 약해진다. 하나님 앞에 정직하게 죄를 고백하지 않게 되므로 죄 가운데 사는 고통이 전과 같이 날카롭게 느껴지지 않는다. 더 나아가 그의 영적 시력은 희미해져 죄와 죄가 아닌 것을 분별하지도 못한다.

기도가 신앙생활의 중심이며 하나님 안에 있는 우리 생명의 심장의 고동鼓動이라면, 우리의 기도생활이야말로 사탄의 주된 공격 목표와 표적이 될 것이 명백하다. 우리는 영적 전투의 현장에 있다는 사실을 언제나 명심해야 한다. 무엇보다도 기도의 사람으로서 깨어 있어야 한다. 그러므로 매일 영원한 곳으로부터 새로운 힘을 얻는 기도의 비밀을 아는 사람만이 승리하는 신앙생활을 할 수 있다.

다니엘은 다른 신에게 기도하지 말라는 조서가 있었어도 예루살렘을 향해 하나님께 기도하는 생활을 멈추지 않았다. 기도생활이야말로 사탄의 주된 공격 목표와 표적이다.

할레스비는 기도가 안식의 자리인 동시에 씨름의 장소라고 말한다. 기도는 믿음과 의심 사이에서 벌어지는 씨름이다. 또한 그는 기도가 성령 충만을 받는 가장 중요한 방편이라고 말한다. 성령께서 신자의 마음 안에 계시어 그를 거룩하게 만들 때 신자는 성숙의 단계에 들어가기 시작한다.

●●●
〈천사와 씨름하는 야곱〉

영성 작가 리차드 포스터는 "이 책은 은혜와 자비와 그리고 도전이 가득 찬 책이다. 이 책에서 나는 모험으로 초대하는 예수님을 느낀다"라고 하였다.

기도에 관한 베스트셀러이며 지금도 많은 사람이 찾는 스테디셀러인 《기도Prayer》는 영적 전망에 도움을 준다. 읽기에 어렵지 않고 또한 지나치게 '학문적Academic'이지도 않다. 세계적으로 유명한 이 고전은 독자의 기도생활을 심화시키고 풍성케 할 것이다. 이 책은 기도에 대한 독자의 태도를 변화시킬 뿐 아니라, 삶에 체험을 얻게 하기에 충분하다.

기도로 우뚝 선 영적 거인, 오 할레스비

노르웨이의 루터교회 목사 오 할레스비Ole Hallesby(1879~1961년)는 1879년 8월 5일 태어났다. 그는 목사와 신학자로서 영향력 있는 지도자와 경건한 작가 중 한 사람이었다. 복음주의 진영에서 강력하고 경건한 지도자였던 그는 제2차 세계대전 당시 나치Nazi 정권이 노르웨이를 점령하자 이에 노골적으로 항거하다가 그리니Grini 포로수용소에 투옥되기도 했다. 20세기 전반부 동안 노르웨이의 영적 지도자로 큰 영향을 미쳐 온 그는 자유 신학에 대한 반대 운동으로도 유명하다. 그는 67권의 책을 썼는데 주로 신학과 윤리학에 관한 저술들이다. 그러나 그는 경건 서적의 저자로 유명하다.

할레스비와 관련된 유명한 논쟁이 있는데 소위 '지옥 논쟁Hell Debate'이다. 1953년 그는 한 라디오 연설에서 지옥의 존재에 관하여 주요한 논쟁을 불러일으켰다. 그 연설에서 그는 비종교인들을 향해 "만일 이 순간 당신이 숨을 거둔다면, 당신은 동시에 지옥으로 떨어집니다. 회심하지 않은 당신이, 침대에서 깨어날지 지옥에서 깨어날지 알지 못하는 당신이 어떻게 밤에 평안히 잠을 잘 수 있습니까?"라고 말했다.

다음날 스웨덴에서 세 번째로 큰 일간지 《다그블라데트Dagbladet》는 제1면에서 그 연설을 비난했다. 또한 많은 사람이 할레스비의 연설 때문에 노르웨이 국영방송NRK도 공격했다. 노르웨이 국영방송은 국가교회가 지켜온 신앙이므로 그대로 받아들인다고 응답했다.

그 논쟁은 교회 안에서 《성경》에 관한 자유주의적 해석과 문자적 해석 사이의 갈등에 불을 붙였다. 하마르Hamar의 크리스티안 셸데루프Kristian Schjelderup 주교는 자유주의 편의 주요한 대변인이었다. 그는 지옥의 형벌이 사랑의 기독교와 양립할 수 없다고 주장했다.

대부분 교회는 지옥에 관한 할레스비의 견해를 지지했으나, 일부는 그 연설에서 사용된 용어를 지지하지 않았다. 그 논쟁은 국가 교회가 있어야 하느냐 하는 논란까지 일으켰다. 결국 이 논쟁은 노르웨이 인본주의자 협회의 형성을 촉진하게 되었다.

더 읽어볼 책

* 오 할레스비 지음, 문창수 옮김, 《종교적인가 기독교적인가》, 정경사, 2000.
* 오 할레스비 지음, 문창수 옮김, 《왜 나는 기독교인인가》, 정경사, 2001.

> 무력함 때문에 염려하지 마십시오. 무엇보다도 그것 때문에 기도를 멈추지 마십시오. 무력함이야말로 기도의 참 비결이며 추진력입니다. 우리의 기도에서 우리가 간섭해서는 안 되며 전적으로 하나님께 맡겨야 할 것은 우리의 기도를 이루시는 때와 방법입니다. 이에 대한 결정은 주님께 맡겨야 합니다. 기도를 소홀히 하면, 하나님을 소홀히 하게 됩니다.
>
> - 오 할레스비

Jean Calvin

Søren Aabye Kierkegaard

Gilbert Keith Chesterton

James Innel Packer

Horatius Bonar

제 2 장

지식이 있는 믿음

"For wisdom will enter your heart, and
knowledge will be pleasant to your soul."

(Proverbs 2:10)

16세기 개신교도를 위한 교리문답서

장 칼뱅   Jean Calvin

프랑스의 종교 개혁자다. 칼뱅파의 교조로, 제네바에서 종교개혁을 단행하여 일종의 신권 정치를 하였다. 그가 여러 나라의 지도자들에게 베푼 적극적 지원으로 프로테스탄트의 교설(敎說)을 체계화하고, 예정설에 따른 금욕의 윤리와 같은 엄한 규율을 만들었다.

《기독교강요》(초판)

존 칼빈 지음 | 양낙흥 옮김 | 크리스챤다이제스트 | 2008년

장 칼뱅의 불후의 고전 《기독교강요Institutes of the Christian Religion》 초판이 1536년 세상에 나왔을 때, 이 걸작은 16세기 기독교계를 뒤흔들었다. 당시의 로마 가톨릭교회는 《기독교강요》를 두려워했지만, 이 책을 통해 개혁교회는 체계가 잡히고, 그는 일류 신학자로 인정받았다.

종교개혁에 있어서 《기독교강요》는 포괄적이고 체계적인 가장 영향력 있는 신앙과 신학의 지침서가 되었다. 초판의 사상이 거의

변함없이 최종판에도 이어진다는 점에서 이 초판은 칼뱅 신학의 정수요 핵심이라고 불린다. 초판은 그 역사적 공헌 때문에 1559년의 최종판에 버금가는 위치에 있다.

《기독교강요》 초판은 '교리문답서'이고 동시에 '기독교 변증서'다. 칼뱅은 박해받는 프랑스의 개신교도들을 위하여 외국의 공감을 불러일으키려고 당시 공용어인 라틴어로 썼다. 이어서 그는 프랑스어 판을 출간했다.

당시에 프랑스의 신교도(위그노Huguenot)들은 프랑스의 정치 질서를 파괴하고자 한다는 비난을 받았다. 프란시스 1세Francisci I는 당시 프랑스에서 발흥하고 있던 모든 혁신적인 경향이 국가와 교회를 위협하는 이단적이라고 단정하는 소르본Sorbonne 대학교 측의 견해에 동의했다. 그는 이단을 숙청함으로써 프랑스의 복음주의자들과 외국의 복음주의자들을 격리시키고자 했다. 이런 방안의 지지자들은 프랑스의 모든 복음주의자를 재세례파로 몰아붙이거나, 무식한 오합지졸로 보았다. 또한 그들의 운동을 국가의 내적 질서에 대항하는 무정부적 행동과 반란으로 정죄했다. 프랑스 개신교도들은 독일 개신교도들과는 달리 재세례파와 똑같아서 선동적인 사람들이라는 오해를 받았다.

칼뱅은 개혁신앙을 따르는 신자들을 위한 교리문답서의 필요성을 느꼈다. 또한 그는 신앙의 형제들을 변호하고 박해를 중단시키기 위해 진실을 알려야 한다고 생각했다. 그는 이런 동기를 가지고 《기독교강요》를 집필했다.

《기독교강요》 초판은 모두 6장으로 이루어져 있다.

1. 율법(십계명 해설 포함)

2. 믿음(사도신경 해설 포함)

3. 기도(주기도문 해설 포함)

4. 성례

5. 거짓 성례

6. 그리스도인의 자유, 교회의 권능, 그리고 정치 조직

《기독교강요》는 1536년의 초판 이후, 계속 조금씩 증보되었다. 중요한 판은 1536, 1539, 1543, 1559년도 판들이다.

1539년 판은 17장으로 이루어져 있으며, 교부敎父(특히 아우구스티누스)들의 글을 많이 인용하고 있다. 또한 플라톤, 아리스토텔레스, 키케로, 세네카가 자주 언급되고 있고, 《성경》 인용도 많아지고 있다. '하나님을 아는 지식', '구약과 신약의 유사점과 차이점', '예정과 섭리' 등의 장들이 추가되었다. 칼뱅은 이 라틴어 판을 1541년

프랑스어로 옮겼다.

1543년 판은 21장으로 이루어져 있으며, 계속 나타나는 명백한 목적은 가르침이다. 1539년 판과 비교하면 이 판에서의 개정이나 증보는 훨씬 약하다는 것을 알 수 있다. 여기서 새로이 주요하게 다루는 문제는 수도 서약과 인간의 전통에 관한 내용이다.

1559년의 최종판은 교리의 순서와 문맥에 있어서 중요한 의의를 지닌다. 그리고 모두 80장으로 이루어진 이 최종판은 칼뱅의 견해를 이해하는 데 매우 중요한 저작이다.

1536년도 초판의 교리문답 형식은 이제 사라졌다. 최종판은 다음과 같이 4부로 구성되어 있다. 제1부 창조주 하나님에 관한 지식, 제2부 그리스도 안에 계신 구속자로서의 하나님에 관한 지식, 제3부 그리스도의 은혜를 받는 길, 제4부 하나님께서 우리를 그리스도의 공동체로 인도하시며 우리를 그 안에 있게 하시려는 외적인 은혜의 수단.

이 최종판에서 '섭리의 교리'는 제1부에서 다루어지고 있고, '그리스도인의 생활'에 관한 것은 제3부에 배치되어 있다. 그리고 이 최종판은 기념비적인 걸작으로 개혁교회의 신학적 총체라고 말할 수 있다. 칼뱅이 살아 있을 당시에도 《기독교강요》에 대한 반응은 뜨거웠으며, 그 후에도 인기는 그칠 줄 몰랐다.

칼뱅은 항상 하나님을 의식하는 삶을 살면서 우리와 세계와의 관계 속에서 하나님을 이야기하며 글을 썼다. 그는 공동체와 이웃, 그리고 세계와의 관계 속에서 하나님께 관심이 있었다. 그에게 있어서 경건은 신학의 배경이며 목표였다. 따라서 그는 자기의 책을 '경건대전敬虔大典(Summa Pietatis)'이라고 불렀다. 칼뱅을 깊이 있게 이해하려면 반드시 이 책을 읽어야만 한다.

가장 뛰어난 기독교 신학자, 장 칼뱅

장 칼뱅Jean Calvin(1509~1564년)은 1509년 7월 10일 불란서 파리의 북서쪽에 있는 노용Noyon에서 출생했다. 그는 어릴 때부터 인문주의와 접촉이 있었음이 틀림없다. 칼뱅은 자신을 학자적인 소질을 지닌 사람이라고 생각해서 연구와 저술에 전념하려고 했다. 그는 1528년에 문학사 학위를 취득했고 오를레앙Orleans 대학교로 옮기면서 법학으로 전과하였다. 이때 그는 종교개혁에 대한 호감을 갖고 있었던 헬라어의 권위자인 멜키오르 볼마르Melchior Wolmar 교수 아래서 헬라어에 정통하도록 훈련을 받게 된다. 그 후 1529년 볼마르 교수가 부르지 대학교University of Bourges로 초빙되자 칼뱅도 학교를 옮겨 거기서 이탈리아의 유명한 법학 교수인 안드레아 알시

아티Andrea Alciati를 만나게 된다.

이 두 교수는 장차 칼뱅이 종교개혁자가 되도록 훈련시킨 중요한 인물이었다. 결국 칼뱅이 법학을 공부한 것은 조직적인 판단력과 교회조직을 위해서 유익했다. 그 후에 칼뱅은 자신의 소원대로 다시 고전을 공부하게 되었고, 1531년 파리 대학교에 다시 등록하였다. 칼뱅이 언제 회개하고 개종했는지는 기록이 없지만, 1557년에 출판된 《시편주석》에 간단하게 언급되어 있을 뿐이다.

후에 파리를 떠난 칼뱅은 제네바에 들렀는데, 그곳에서 파렐Guillaume Farel(1489~1565년)은 칼뱅을 붙잡으며 종교개혁에 동참해 달라고 부탁하였다. 칼뱅이 이런 부탁을 받아들이지 않으려 하자, 파렐은 하나님의 영원한 저주를 퍼부으면서 강력하게 요구했다. 이렇게 해서 칼뱅은 제네바에 머물기로 결심했으며, 종교개혁의 지도자로의 새로운 삶을 시작하였다. 그는 제네바를 '그리스도의 학교'로 만들었다.

그는 성경주석과 많은 논문을 썼고 2천여 편의 설교와 수많은 편지를 남겼다. 《기독교강요》로 대표되는 칼

개혁에 동참하기보다 학업에 관심을 갖고 있는 칼뱅에게 저주까지 하면서 종교개혁에 가담할 것을 설득하고 있는 파렐.

뱅은 분명히 모든 시대에 걸쳐서 가장 뛰어난 기독교 신학자 가운데 한 사람이다. 동시에 그는 탁월한 목회자요 상담가이기도 했다.

더 읽어볼 책

* 백금산 지음, 《기독교강요 특강》, 부흥과개혁사, 2004.
* 장수민 지음, 《칼빈의 기독교강요 분석 1, 2》, 칼빈아카데미, 2006.
* 와타나베 노부오 지음, 이상규 임부경 옮김, 《기독교강요란 어떤 책인가》, SFC출판부, 2009.

> 순결하고 순전한 신앙이란 바로 이것이니, 곧 하나님에 대한 신뢰가 진지한 두려움과 완전히 하나가 되어, 이 두려움 때문에 기꺼운 공경심이 나타나고 또한 율법이 제시하는 정당한 예배가 생겨나는 그런 것이다. 또한 우리가 더욱더 부지런히 명심해야 할 사실은 이것이니, 곧 모든 사람이 다 하나님을 향하여 어렴풋하고 희미한 공겸심을 갖고 있기는 하나, 하나님을 진정으로 높이 공경하는 사람은 별로 없으며, 또한 화려한 예식들이 즐비한 곳에서는 진실한 마음을 보기가 정말로 어렵다는 사실이다.
>
> - 장 칼뱅

죽음을 향해 가는 인간에 관한 통찰

쇠렌 키르케고르   *Søren Aabye Kierkegaard*

덴마크의 철학자. 그는 대중의 비자주성과 위선적 신앙을 엄하게 비판하였다. 다른 한편에서는 절망의 구렁텅이에서 단독자單獨者로서의 신神을 탐구하는 종교적 실존의 존재방식을 《죽음에 이르는 병》 등의 저작을 통해 추구하였다.

《죽음에 이르는 병》
쇠렌 키르케고르 지음 | 임규정 옮김 | 한길사 | 2007년

    쇠렌 키르케고르는 덴마크의 철학자 및 기독교 사상가다. 1849년에 발표한 《죽음에 이르는 병Sygdommen til Døden》은 그의 대표 저작이며, 부제는 〈교회의 깨달음을 위한 그리스도교적인 심리학적 탐구〉이다. 이 책의 내용은 제1부 '죽음에 이르는 병은 절망이다'와 제2부 '절망은 죄이다'로 구성되어 있다.

    키르케고르는 이 저서에 대해 "이루 말로 할 수 없을 정도로 중요하다"는 평가를 하고 있다. 그는 이렇게 중요한 저서를 1848년 3월

에서 5월까지 단 두 달 만에 저술했다. 이처럼 짧은 기간에 저술될 수 있었던 것은 그의 천재성 덕분이기도 하지만, 그가 장기간에 걸쳐 이 책의 주제에 관해 사색을 거듭했기 때문이다.

이 책의 주제는 '절망이 가진 본성과 의미'이다. 절망은 《죽음에 이르는 병》을 저술하기 10년 전부터 그를 사로잡아 왔던 문제였다. 그는 "현대는 절망의 시대이다"라고 쓰고 있다. 키르케고르는 코펜하겐의 소크라테스였다. 그는 절망에 빠져 종교적으로 허우적거리는 사람들의 고통을 잘 알고 있었다. 그러기에 그는 그들을 도와주어야 한다는 일종의 사명감을 가진 사상가였다.

키르케고르는 인간이 무한한 것과 유한한 것의 종합이요, 시간적인 것과 영원한 것의 종합이라고 말한다. '자유와 필연의 종합'인 인간의 과제는 자기가 되는 데 있다. 그런데 그것은 오직 신(하나님)과의 관계를 통해서만 수행될 수 있다. 자기가 된다는 것은 구체적으로 된다는 것이다. 그러나 구체적으로 된다는 것은 유한적으로 되는 것도 아니고 무한적으로 되는 것도 아니다. 왜냐하면 구체적으로 된다고 하는 것은 실로 하나의 종합이기 때문이다.

그는 절망에는 두 가지 형태가 있다고 말한다. 첫 번째 형태는 자기 자신이기를 원하지 않는 것, 즉 자신을 제거하려는데 있다. 그는 이것을 '연약함'이라고 부른다. 두 번째 형태는 절망적으로 자기 자신이기를 원하는데 있다. 그는 이런 형태를 반항이라고 부른다. 그런데 반항의 형태는 연약함의 형태와 본질적으로 다르지 않으며, 따라서 연약함의 형태로 환원될 수 있다고 하였다.

절망은 결국 사람의 연약함에서 기인한다. 연약함에 매여 있는 것이 바로 절망이다. 얽매임이 강할수록 절망도 깊어진다. 키르케고르에 의하면, 죄는 강화된 연약함 혹은 강화된 반항이며, 죄는 절망의 강화이다. 그러나 절망이 강화될수록, 즉 죄가 깊어질수록 역설적으로 구원의 가능성도 커진다. 왜냐하면 절망이 강화될수록 결단의 중요성에 대한 자기의 이해도가 깊어지기 때문이다.

사람에게 닥칠 수 있는 가장 커다란 불행은 그리스도로 인해 넘어져서 계속해서 넘어진 상태로 있는 것이라고 그는 말한다. 그래서 그리스도는 "나에게 걸려 넘어지지 않는 자는 복이 있도다"(마 11:6)라고 말씀하셨다. 그러므로 "나는 그리스도에 대해 어떤 의견도 갖고 싶지 않다"고 말하는 것은 일종의 걸려 넘어짐이다.

가장 낮은 형태의 걸려 넘어짐은 그리스도의 문제 전체를 해결하지 못하고 남겨두는 것인데, 다음과 같은 결론에 도달한다. "나는 그것에 관해서는 아무런 결정도 하지 않을 작정이다. 나는 믿지 않지만, 아무것도 결정하지 않겠다." 이것이 걸려 넘어짐의 형태라는 것을 대다수의 사람은 알지 못한다.

그리스도가 우리에게 선포되었다는 것은 우리가 그리스도에 대해 하나의 의견을 가져야 한다는 것을 의미한다. 그리스도가 현존한다는 것, 그리스도가 현존했다는 것은 모든 실존과 관련된 결단이다. 만일 그리스도가 우리에게 선포되었다면, "나는 그것에 대해 어떤 의견도 가지고 싶지 않다"고 말하는 것은 걸려 넘어짐이 된다.

두 번째 형태의 걸려 넘어짐은 부정적이지만, 수동적인 형태를 띤다. 이 형태의 걸려 넘어짐은 그리스도를 무시할 수 없다는 것을 분명하게 느낀다. 그는 그리스도와의 관계를 해결하지 못하고 달리 바쁜 인생을 살 수 없다는 것을 안다. 그렇다고 믿을 수도 없다. 이 형태의 걸려 넘어짐은, "그대는 그리스도를 어떻게 생각하는가?"라는 물음이 실제로 모든 물음 중에서 가장 핵심적인 물음이라는 것을 알고 그리스도에게 경의를 표하지만, 넘어진 사람은 그림자처럼 살아갈 수밖에 없다. 자기 내면의 깊은 곳에서 그는 항상 이런 결정에 사로잡혀 있기 때문에 그의 삶은 황폐해질 수밖에 없다.

걸려 넘어짐의 마지막 형태는 적극적인 형태이다. 이 형태는 그리스도교를 비진리라고, 거짓이라고 선언한다. 이런 걸려 넘어짐은 그리스도교가 역설이라는 사실을 받아들이지 못한다. 따라서 죄와 죄의 용서뿐만 아니라, 그리스도교의 핵심 진리를 부정하게 된다. 키르케고르에 의하면, 이런 형태의 걸려 넘어짐은 성령을 거역하는 죄이고, 그리스도를 악마가 꾸며낸 것으로 만들어 버린다. 따라서 이 형태의 걸려 넘어짐은 죄가 최고도로 강화된다.

걸려 넘어지지 않는 사람은 믿음으로 예배를 드린다. 그러나 예배를 드리는 것은 믿음의 표현으로써 예배를 받는 자와 드리는 자 사이에 무한한 질적 심연이 있다는 것을 확증한다.

《죽음에 이르는 병》은 키르케고르의 저작 중 그 의도와 서술이 가장 알기 쉬운 책이다. 그래서 가장 많이 읽히고 있으며, 대표작으로 높이 평가받고 있다. 또한 인간의 심리를 깊이 통찰하고 있다는 점에서도 높이 평가되고 있다.

신앙의 역설을 믿은, 쇠렌 키르케고르

쇠렌 키르케고르Søren Aabye Kierkegaard(1813~1855년)는 1813년 5월 5일 덴마크의 수도 코펜하겐Copenhagen에서 일곱 형제 중 막내로 태어났다. 그는 1830년에 코펜하겐 대학교에서 석사 과정을 마치고 아버지의 소원에 따라 신학을 선택했다. 그러나 그는 신학보다는 철학, 문학, 역사에 더욱 관심이 많았다. 그는 1848년 부활절에 그의 성격을 완전히 변화시키는 종교적(신비적) 체험을 했다. 이 체험 후에 쓴 종교적 작품이 바로 《죽음에 이르는 병》이다.

키르케고르는 아버지 미카엘 페데르센 키르케고르Michael Pedersen Kierkegaard로부터 '우울'이란 유산을 물려받았다. 거기에는 성격적인 것과 경험적인 것이 함께 포함된다. 키르케고르의 생애에 결정적인 영향을 미친 사건 중의 하나는 소녀 레기네 올센 Regine Olsen과의 만남이다. 당시 키르케고르의 나이는 24세였고, 올센은 불과 14세의 소녀였다. 두 사람의 사랑은 삼 년 동안 지속하였으나, 약혼 후 일 년 만에 키르케고르가 알 수 없는 이유로 이를 파기함으로써 비극으로 끝났다. 키르케고르는 그의 모든 작품을 그녀에게 바쳤고, 죽기 전 모든 유산을 그녀에게 주라는 유서를 남겼다.

그는 당시의 덴마크 국가교회를 비판적으로 바라보았고, 제도화된 교회의 '거세된 기독교'는 진정한 기독교가 아니라고 믿었다. 그의 사색을 일관하는 근본 문제는, "사람은 어떻게 해야 참다운 그리스도인이 될 수 있느냐" 하는 것이었다. 기독교의 본질을 하나님과 인간과의 절대적인 차이에 두고서, 신앙이란 이성으로는 다다르지 못하는 역설(패러독스 Paradox)이라고 생각했다. 그의 사상

키르케고르가 사랑했던 올센
그의 저작에서는 뮤즈라는 이름으로 등장한다.

은 카를 바르트의 변증법적 신학에도 큰 영향을 미쳤다.

그는 아버지의 유산으로 저작생활을 하면서 평생을 독신으로 보면서 1855년 11월 4일 마흔넷의 나이로 프레데릭 병원에서 외롭게 세상을 떠났다.

더 읽어볼 책

* 김종두 지음, 《키에르케고르의 실존사상과 현대인의 자아이해》, 엠애드, 2002.
* 월터 라우리 지음, 임춘갑 옮김, 《키르케고르 평전》, 다산글방, 2007.
* 쇠얀 키르케고르 지음, 임춘갑 옮김, 《이것이냐 저것이냐》, 다산글방, 2008.

> 사람에게 닥칠 수 있는 가장 커다란 불행, 죄보다 훨씬 더 큰 불행은 그리스도에게 걸려 넘어져서 계속해서 걸려 넘어진 상태로 있는 것이다. 《성경》은 이해하기 쉽다. 그러나 우리 크리스천들은 교활한 협잡꾼 패거리이다. 우리는 말씀을 깨닫는 순간, 즉시 그에 따라 행동할 의무를 갖게 된다는 것을 너무나 잘 알기 때문에 이해하지 못하는 척한다.
>
> - 쇠렌 키르케고르

추리작가가 역설적 진리에 빠지다

길버트 K. 체스터턴　　　　　　　　　*Gilbert Keith Chesterton*

20세기의 가장 영향력 있는 영국 작가 중 한 사람이다. 그는 기발한 착상과 역설적인 논법의 평론을 발표하였으며, 보어전쟁Boer War에서의 국책 비평 후기 빅토리아 왕조의 데카당스 진상규명 등에서 보여 준 그의 통렬한 역설은 가히 '역설의 거장' 다운 면모가 있다.

《오소독시》
길버트 K. 체스터턴 지음 | 윤미연 옮김 | 이끌리오 | 2005년

　　《오소독시Orthodoxy》는 지난 1,500년간의 도서 가운데 '꼭 읽어야 할 종교관련 고전 10'으로 꼽힌 책이다. 이 정도의 평가를 받은 책이지만 이 책을 접한 독자가 그리 많지는 않다. 추리소설을 좋아하는 사람이라면, 아마 그는 브라운 신부가 주인공으로 등장하는 체스터턴의 종교적 추리소설을 먼저 읽었으리라.

　　체스터턴에 의하면, 이 책은 교회에 관한 논문이 아니라, 붓 가는 데로 써 내려간 일종의 자전적인 글이다. 분명히 이 책은 말랑말

랑한 책이 아니다. 체스터턴의 작가로서의 재능은 행간에 스며들어 있다. 그는 바깥에 서서 삶을 바라보는 사람들의 명확하고 논리적인 시선보다는 내부로부터 인생을 바라보는 사람들의 상상과 편견을 더 좋아한다. 그리고 이야기를 전개해가는 다이내믹한 구성과 마음을 낚아채는 역설적 진술들은 그의 장기長技다. 그는 "시인은 우주의 일부가 됨으로써 우주를 이해하려고 하지만, 논리적인 과학자는 우주를 자신의 머릿속에 집어넣으려 하고 있다"고 했다.

그의 범상치 않은 통찰이 빛나는 대목도 눈에 띈다. 그는 그리스도교와 불교의 패러다임 또는 중심원리 가운데 하나를 이렇게 정리하고 있다. "불교는 구심적이지만 그리스도교는 원심적이다. 그리스도교는 원을 부수고 밖으로 나간다. 원은 그 본질 내에서는 완벽하고 무한하지만, 그 크기 내에서는 영원히 고정되어 결코 더 커지거나 더 작아질 수 없기 때문이다. 그래서 십자가다. 십자가는 비록 그 중심에 하나의 충돌과 모순을 가지고 있지만, 네 개의 가지를 끝없이 뻗어 나갈 수 있다. 오히려 중심에 하나의 역설을 지니고 있기에 모습을 변형시키지 않고도 성장할 수 있다. 원은 그 자체의 자리로 되돌아오며 갇혀 있는 반면, 십자가는 그 가지가 사방으로 열려 있다. 그것은 자유로운 여행자들을 위한 이정표이다." 그에 의하면 불교 신자는 특별히 집중된 시선으로 내부를 향하고 있는 반면, 그리스도교 신자는 극도로 집중된 시선으로 외부를 노려보고 있다.

이 책에서 체스터턴은 인생이 일종의 모험이기 때문에 황홀경이라고 말한다. 동시에 인생은 일종의 기회이기 때문에 일종의 모험이다. 또한 인생은 한 권의 잡지에 실린 연재소설과 아주 비슷하다고 말한다. 인생은 고귀한 천박함으로 연재소설을 모방하며 가장 흥미로운 순간에 멈추고 만다.

또한 자살에 관해 단호하게 말한다. "자살은 단연코 죄악이다. 그것은 근본적이고 절대적인 최고의 악이며, 존재에 대해 관심 두기를 거부하는 행위이고, 인생에 대한 충성의 맹세를 거부하는 행위이다. 한 사람을 살해한 인간은 단지 한 명의 인간을 살해한 것이지만, 자기 자신을 죽이는 인간은 모든 인간을 죽이는 것이다. 자기 자신을 죽인 인간은 이 세상 자체를 말끔히 없애버린 행동을 한 것과 다름없다. 그의 행동은 강간이나 다이너마이트 폭파 같은 잔인 무도한 행위보다 더 나쁘다(상징적 의미에서). 그의 행위는 이 세상의 모든 건물을 파괴하고, 이 세상의 모든 여자를 모욕하기 때문이다. 도둑은 다이아몬드로 만족하지만, 자살자는 그렇지 않다. 그것이 바로 그의 죄이다. 그는 '하늘의 도시'의 빛나는 보석들을 손에 넣는다 해도 결코 만족하지 못한다. 도둑은 비록 제 것은 아니지만, 자신이 훔친 물건에 찬사를 보낸다. 그러나 자살자는 물건을 훔치지 않음으로써 이 세상의 모든 물건을 모욕한다." 참으로 놀라운 논법論法이다. 범인凡人이 따라잡기 어려운 그의 논리는 새로운 지평에서 사물을 바라보게 하는 힘을 갖고 있다.

체스터턴에 의하면, '정통신앙'은 엄숙하고 지루하고 무사 안일한 것이 아니다. 그것은 대단히 어리석은 착각이다. 이제껏 '정통신앙' 만큼 모험에 가득 차고 흥미진진한 것은 없었다. 정통신앙은 건전한 정신에 따르는 것이었고, 올바른 정신을 유지하는 것은 미치는 것보다 더 극적이라고 그는 말한다.

그리스도교는 가장 침체하여 있을 때조차도 현대 사회 전체를 끓어오르게 할 수 있을 만큼 충분히 열광적이다. 교회가 지니는 최소한의 존재 의미는 이 세계에 대한 날카로운 최후통첩에 있다. 역사적으로 볼 때 "그리스도교 사회에는 일종의 불가사의한 생명력이 숨어 있다"라는 말은 과장이 아니다. 왜냐하면 그리스도교는 초자연적인 생명력을 가진 공동체이기 때문이다.

체스터턴은 대부분의 정통파 그리스도인들과 달리, 정통신앙을 마치 처음 대하듯 신선한 눈과 경탄하는 마음으로 보았다. 이 책에서 저자는 특유의 작가적 성실성과 섬세함으로 기독교에 대한 오해와 고정관념들을 독특한 화법으로 깨고 있다.

체스터턴의 이런 견해는 《반지의 제왕》을 쓴 톨킨John Ronald

톨킨(右)과 루이스(左)의 깊은 우정은 서로의 배경을 뛰어넘어 그들의 작품 세계는 물론 신앙생활에 영향을 끼치며 37년간 이어졌다.

Reuel Tolkien에게, 또 체스터턴의 작품을 읽고 그리스도교로 개종했다는 루이스Clive Staples Lewis에게 많은 영향을 주었다. 서른넷이라는 혈기 왕성한 젊은 나이에 집필한 이 책은 그의 독창적인 문체와 탁월한 사상을 드러내며 현대인에게 '정통 신앙'에 대한 깊은 메시지를 전해주고 있다.

이 책은 기독교 진리를 표현하는데 있어 수사학적으로 창조적인 논리의 일관성을 보이고 있는 작품이라는 평가를 받고 있다.

역설의 거장, 체스터턴

길버트 K. 체스터턴Gilbert Keith Chesterton(1874~1936년)은 영국의 언론인, 문학비평사, 사회비평가, 역사가, 희곡 작가, 변증가, 논쟁가, 시인, 수필가, 그리고 추리소설가로 활약했던 20세기 최고 문필가 중 한 사람이다.

체스터턴은 열두 살에는 무신론자였고, 열여섯 살에는 철저한 불가지론자였다. 그는 프리랜서 예술문학 비평가로 활동한 적이 있고, 일간신문 등 여러 매체에 칼럼을 쓰기도 했다. 그는 어떤 개인적이고 절대적인 철학을 발전시켜 나가다가 그 철학이 그리스도교 정통신앙임을 깨닫게 되는 특별한 경험을 했다.

1901년 그는 프랜시스 블록Frances Blogg과 결혼했다. 그는 체구가 아주 컸고, 키는 193센티미터, 몸무게는 약 134킬로그램이었다. 어느 날 그는 친구 조지 버나드 쇼George Bernard Shaw에게 "누군가 당신을 보면, 영국에 기근이 있었다고 생각할 겁니다"라고 말했다. 그러자 쇼는 그에게, "누군가 당신을 보면, 그 사람은 당신이 그 기근을 일으켰다고 생각할 겁니다"라고 맞받아 쏘아붙였다.

그는 보통 어깨 망토를 입었고, 쭈글쭈글한 모자를 썼으며, 속에 칼이 든 지팡이를 들었다. 때로는 나이프knife와 장전한 연발권총을 소지했다. 그는 종종 그가 가야 할 곳을 잊어버렸고, 그래서 기차를 놓치곤 했다.

논쟁을 좋아한 그는 서로 의견이 일치하지 않는 버나드 쇼, 웰스 H. G. Wells, 버트런드 러셀Bertrand Russell 같은 사람들과 정다운 공개토의에 참여하곤 했다.

체스터틴은 80어 권의 책과 수백 편의 시, 2백 편의 짧은 이야기와 4천 편의 에세이 그리고 몇 편의 희곡을 남겼으며, 1936년 6월

14일에 세상을 떠났다.

　엘리엇Thomas Stearns Eliot은 "체스터턴은 영원토록 후대에 존경을 받아야 마땅한 사람"이라고 칭송하였고, 버나드 쇼는 "세상이 체스터턴에 대한 감사의 말에 인색하다"는 말로 그의 업적을 기렸다.

더 읽어볼 책

* G. K. 체스터튼 지음, 《브라운 신부 전집》, 북하우스, 2002.
* G. K. 체스터튼 지음, 박용숙 옮김, 《브라운 신부의 동심》, 동서문화사, 2003.
* 길버트 키스 체스터튼 지음, 최재경 옮김, 《아폴로의 눈》, 바벨의도서관, 2009.

> 그리스도교 신앙은 모든 것을 올바른 방향으로 제대로 돌아가게 할 뿐 아니라(이렇게 말해도 된다면), 잘못된 방향으로 가야 할 것은 잘못된 방향으로 이끈다. 그리스도교 신앙의 목적은 은밀하고 불규칙한 것들에 맞아떨어지며 뜻밖의 것을 예측한다. 그리스도교 신앙은 단순한 진실에 관해서는 유순하고 겸손하지만, 미묘한 진실에 관해서는 완강하다.
>
> － 길버트 K. 체스터턴

경건 훈련으로 하나님을 알아가기

제임스 패커 **James Innel Packer**

성공회 사제이자 복음주의 신학자다. 1952년에는 부제 서품을, 1953년에는 사제 서품을 받았으며, 성공회 사제들인 존 스토트 신부, 앨리스터 맥그래스 신부와 더불어 성공회의 복음주의 신학조류인 저교회파의 대표적인 신학자 중 한 사람이다.

《하나님을 아는 지식》
제임스 패커 지음 | 정옥배 옮김 | IVP | 2008년

오늘날 교회 안에 하나님에 대한 무지가 자리 잡고 있다. 이런 사태는 두 가지 불행한 경향에서 비롯된 듯하다.

첫 번째는 기독교적 지성이 현대의 풍조를 따르게 되었다는 데 있다. 현대인들은 하나님을 완전히 부인하지는 않는다 하더라도 그분을 멀리 떨어져 있는 존재로 여긴다. 그리고 기이한 것은 현대 그리스도인들 자신이 하나님이 멀리 떨어져 있는 존재가 되게끔 만들었다는 것이다. 하지만 이처럼 현대의 풍조에 항복해 버리는 것은

그리스도인의 삶에 관한 한 정말로 자살행위와 같다.

두 번째는 기독교적 지성이 현대의 회의주의에 의해 혼란을 겪게 되었다는 사실이다. 3세기 동안 르네상스식 사고방식 안에 있는 자연주의라는 누룩은 서구의 사상에서 암적 존재가 되어 왔다. 그 이래로 신학과 철학은 과학과 한데 결합하여 과학의 주장을 따라왔다. 그 결과 《성경》은 과학의 관점에서 맹렬한 비판을 받게 되었으며, 사람들은 믿음의 토대가 되는 사실에 대해 이의를 제기하기 시작하였다.

현재 우리가 사는 시대의 특징인 하나님에 대한 불확실함과 혼란은 다른 무엇보다도 심각하다. "너희는 길에 서서 보며 옛적 길 곧 선한 길이 어디인지 알아보고 그리로 가라 너희 심령이 평강을 얻으리라"(렘 6:16) 이 책은 바로 이와 같은 목적을 위해 쓰였다. 그리고 그 주장하는 바는 새로운 길들에 대한 비판이 아니라, 옛적 길로 되돌아오라는 소환이다. '선한 길'은 여전히 늘 있던 바로 그 길이기 때문이다.

제1부 '여호와를 알라'에서 저자는 "우리 가운데 하나님을 알고 있다고 자연스럽게 말할 수 있는 사람은 많지 않다"고 말한다. 본래 하나님을 '안다'는 말은 어떤 명확하고 사실적인 체험을 암시하는 말이다.

우리는 하나님을 많이 알지 못하면서도 하나님에 대해서 많은 것을 알 수도 있다. 즉, 직접 체험을 통해서 하나님을 알지는 못하지만, 하나님에 대한 지식은 많이 가지고 있을 수 있다. 하지만 이런 신학에 대한 관심, 하나님에 대한 지식 그리고 기독교의 주제들에 대해 명료하게 생각하고 잘 말할 수 있는 능력 등이 결코 하나님을 아는 것과 같지 않다. 이런 사람들은 어쩌면 거의 하나님을 알지 못할 수도 있다.

그렇다면 어떤 사람이 하나님을 잘 아는 사람들일까? 하나님을 진정으로 아는 사람들에게는 증거가 나타난다.

첫째, 하나님을 아는 사람들은 하나님을 위한 엄청난 정력을 내보인다. 자기의 하나님을 아는 사람들은 무엇보다도 먼저 기도하는 사람들이며, 하나님의 영광을 위한 그들의 열심과 정력은 기도 안에서 최초로 표현된다. 그리고 하나님을 아는 지식이 많아질수록 기도하고자 하는 열망은 더욱 커진다. 따라서 우리에게 그런 기도를 하고자 하는 열망이 없다면, 그리고 실제로 그런 기도를 거의 하지 않는다면, 이는 아직 하나님을 거의 모른다는 분명한 표시이다.

둘째, 하나님을 아는 사람들은 하나님에 대한 위대한 생각들을 가시게 된다. 하나님은 모든 것을 아시되 미리 아시며, 하나님의 미리 아심은 예정豫定(인간과 천사와 마귀 등 모든 이성적 피조물의 구원에 관

제2장 지식이 있는 믿음 **85**

한 하나님의 특별 계획)하심이다. 그러므로 하나님은 세계 역사와 각 인간의 운명에 대해 최후의 결정을 내리시며, 하나님의 나라와 의는 결국 승리한다. 인간들도 천사들도 하나님을 저지하지 못할 것이기 때문이다. 우리는 하나님을 이런 분으로 생각하고 있는가?

셋째, 하나님을 아는 사람들은 하나님을 위한 담대함을 보여준다. 다니엘Daniel과 그의 친구들은 위험을 자초한 사람들이었다. 그러나 그것은 저돌적인 무모함이 아니었다. 그들은 자신들이 무엇을 하고 있는지를 알았다. 그들은 하나님이 기적적으로 간섭하시지 않는다면 그들의 행동이 어떤 결과를 가져올 것인지를 잘 알고 있었다. 하지만 그런 것들로 해서 마음이 흔들리지 않았다. 이것이 바로 다니엘과 사드락Shadrach, 메삭Mesha, 아벳느고Abednego가 가지고 있던 마음이었다. 또한 그것은 하나님을 아는 모든 사람의 마음이다.

넷째, 하나님을 아는 사람들은 하나님 안에서 커다란 만족을 얻는다. 자신들이 하나님을 알고 하나님은 자신들을 알며, 이런 관계가 삶 속에서 죽음을 넘어서, 그리고 영원토록 계속해서 그들에게 향하신 하나님의 사랑을 보증해 준다는 확신에 마음이 사로잡힌 사람들이 지니고 있는 평화는 무엇과도 비교할 수 없다.

이처럼 하나님을 아는 지식을 원하는가? 그렇다면 먼저 자신에게 하나님을 아는 지식이 얼마나 부족한가를 인식해야 한다. 그 다

● ● ●
〈불가마 속에 던져진 다니엘의 세 친구〉(1866년)
폴 귀스타브 도레Paul Gustave Doré, "우리가 섬기는 하나님이 계시다면 우리를 맹렬히 타는 풀무불 가운데에서 능히 건져내시겠고 … 그렇게 하지 아니하실지라도 왕이여 우리가 왕의 신들을 섬기지도 아니하고 왕이 세우신 금 신상에게 절하지도 아니할 줄을 아옵소서"(단 3:17~18) 사드락, 메삭, 아벳느고는 그들의 신앙고백처럼 삶을 살았다.

음에는 구세주를 찾아야만 한다. 주 예수 그리스도께서 지금 몸으로는 우리와 함께 계시지 않지만, 영적으로 볼 때는 아무런 차이가 없다. 여전히 우리는 예수님을 찾고 발견하는 것을 통해 하나님을 발견하고 알 수 있다. 우리가 마음을 다해서 예수님을 찾으면 우리는 분명히 예수님을 발견하게 되고, 예수님을 통해서 하나님을 알 수 있게 된다. 이것이 예수님의 약속이다.

우리는 무엇을 위해 창조되었는가? 하나님을 알기 위해서이다. 우리는 인생에서 어떤 목표를 세워야 하는가? 하나님을 아는 것이다. 이 땅에서 우리가 해야 할 주된 일이 하나님을 아는 것이라는 사실을 알고 나면, 삶의 문제들 대부분은 저절로 자기 위치를 찾게 된다는 것이 저자의 주장이다.

저자 패커는 이 책에서 '성경적 경건'과 '신학적 이해' 사이에 조화와 통합을 추구하였다. 이런 특징들이 가장 잘 드러난 작품이 바로 《하나님을 아는 지식Knowing God》이라고 했다.

찰스 콜슨Charles W. Colson은 "'기독교 클래식'이라 불릴 만한 책은 많지 않지만, 이 책은 단연코 그 가운데 하나다"라고 했다. 그만큼 이 책은 1973년 초판이 나온 이후로 전 세계 수많은 사람이 애독한 '현대의 고전'으로, 수많은 기독교 지도자들로부터 '《성경》 다음으로 중요한 책'이라는 격찬을 받고 있는 책이다.

영향력 있는 복음주의 신학자, 제임스 패커

영국에서 태어난 제임스 패커James Innel Packer(1926~)는 성공회 사제이자 복음주의 신학자다. 그는 회심한 후 얼마 안 되어 우연하게 청교도 신학자인 존 오웬John Owen의 책을 접했고, 이것을 인연으로 하여 16~17세기 청교도들의 작품을 탐독하기 시작했다. 그가 쓴 옥스퍼드 대학교 박사 학위 논문도 청교도 지도자인 리처드 백스터Richard Baxter의 사상에 관한 것이었다.

1950년부터 패커는 마틴 로이드 존스David Martyn Lloyd-Jones를 의장으로 추대하여 청교도 연구 대회를 시작했고, 매해 청교도 신앙과 신학에 관한 다양한 논문 발표와 토론 모임을 주도했다. 이 모임은 1969년까지 계속되었고, 패커는 매해 청교도적 신앙과 삶에 대한 주제를 발표했다.

옥스퍼드 대학교에서 박사 학위를 받은 후, 영국에서 27년 동안 교수 및 설교 사역을 했다. 이후 캐나다 밴쿠버의 리젠트 대학교에서 역사신학 및 조직신학 교수로 가르쳤고, 현재는 명예교수로 있다. 〈크리스챠니티 투데이〉 지의 수석 편집자로 섬기며, 다양한 신학 잡지에 기고해 왔다.

더 읽어볼 책

* 제임스 패커 지음, 홍종락 옮김, 《성령을 아는 지식》, 홍성사, 2002.
* 제임스 패커 지음, 손영배 옮김, 《은혜를 아는 지식》, 쉴만한물가, 2002.
* 제임스 패커 지음, 정옥배 옮김, 《제임스 패커의 기도》, IVP, 2008.
* 제임스 패커 지음, 정옥배 옮김, 《하나님의 놀라운 계획》, 넥서스CROSS, 2009.

> 그분은 우리를 막대기처럼 다루거나 그분의 뜻대로 이곳저곳으로 마구 끌고 다니지 않으신다. 그분은 우리를 인격 대 인격으로 대하신다. 그분은 그분의 말씀을 통해 우리의 마음에 말씀하신다. 그분은 우리에게서 사랑의 반응을 이끌어내신다.
>
> - 제임스 패커

하나님이 주신 영원한 의를 소유하다

호라티우스 보나르　　　　　　　　　　Horatius Bonar

호라티우스 보나르의 신학적인 진리들을 경건하게 표현한 그의 찬송시는 가사만 읽어도 은혜가 될 만큼 참으로 뛰어나다. 특별히 그의 마음을 사로잡았던 주제는 '그리스도를 높이는 것과 인간의 교만함을 낮추는 것'이었다. 그는 1887년 하나님의 거룩한 품으로 갔다.

《내게는 영원한 의가 있다》
호라티우스 보나르 지음 | 송용자 옮김 | 지평서원 | 2003년

종교개혁자 마르틴 루터는 "〈로마서〉야말로 신약의 핵심이며 가장 분명한 복음이다"라고 말한 적이 있다. 그는 〈로마서〉 1장 17절의 말씀, "복음에는 하나님의 의가 나타나서 믿음으로 믿음에 이르게 하나니 기록된바 오직 의인은 믿음으로 말미암아 살리라"에서 종교개혁의 영감을 얻었다. 이 구절은 16절과 더불어 〈로마서〉 전체의 주제 구절이나. 복음 안에서 혹은 복음을 통하여 제시되고 드러나고 나타나는 것은 하나님의 의라는 것이다.

여기서 "하나님의 의"란 의로운 방식으로 죄인을 용서하시고 의인이라고 인정하시는 하나님의 의를 말한다. 예수 그리스도께서 율법에 대한 완벽한 순종과 십자가에서 대신 형벌 받으시는 죽음을 통하여 이루시고 획득하신 완전한 의가 우리 죄인들의 것으로 여겨지고, 인정되게 하는 통로는 오직 믿음이다.

이 말씀에 근거하여 루터는 '이신칭의以信稱義'(오직 믿음에 의해 하나님과 바른 관계를 회복하게 된다는 뜻) 교리를 새롭게 밝힐 수 있었다. 19세기의 경건한 복음전도자인 호라티우스 보나르도 이 책에서 이 교리의 성경적 의미를 밝히고 있다.

그는 《내게는 영원한 의가 있다The Everlasting Righteousness》에서 예수 그리스도를 믿는 자들에게 '영원한 의'가 있다고 외치고 있다. 예수님은 십자가 위에서 "다 이루었다"(요 19:30)라고 말씀하셨다. 무엇을 다 이루었다는 말씀일까? 그것은 그리스도의 대속代贖(남의 죄를 대신하여 벌을 받거나 속죄하는 것을 말함)의 죽음이 죄인들을 하나님 앞에서 법적으로 의롭게 여김을 받도록 하는 일을 다 이루었다는 것이다.

대속을 통한 구원은 여자의 후손과 그의 상한 발꿈치에 관한 최초의 약속(소위 '원복음') 안에서 예언되었다(창 3:15). 그리고 처음 사람들의 옷으로 쓰인 희생양의 가죽도 죄없는 동물의 희생을 통한 죄사함의 요소를 보여준다.

저자에 의하면, 예수님은 십자가 위에서 모든 죄를 감당하셨을 뿐만 아니라, 십자가에 이르기까지 이 모든 죄를 지고 가신 분이다. 따라서 그리스도인에게 있어 십자가는 결코 끝난 것도 아니며 결코 끝날 수도 없다. 십자가의 경이로움은 항상 새로운 것이어야 하며 항상 기쁨으로 충만해야 한다. "죽임을 당하신 어린양"(계 5:12)은 항상 우리가 올려 드리는 찬양의 주제이다.

십자가를 어떻게 바라보느냐에 따라 우리에게 주어지는 유익은 달라진다. 갈보리에서의 희생적인 사역의 온전함은 모든 죄로부터 해방된 그리스도인들이 계속 묵상해야 할 주제이다. 그래서 보나르는 "그러므로 우리는 십자가의 죽음으로부터 우리의 생명이 왔고 십자가의 심판으로부터 죄사함과 의가 왔다는 것을 알며 십자가를 바라보고 그 앞으로 나아갑시다"라고 호소한다.

또한 보나르는 어린양은 그분의 특별하고도 영원한 이름 중 하나라고 말한다. 그 이름은 하늘의 천사들도 알고 있는 이름이다. 천사들은 그분에게 순종하고, 그분에게 존귀를 올려 드리며, 그분을 경배한다. 따라서 우리도 그분을 높이고 순종해야 한다.

하나님의 '영원한 의'는 믿음을 통해서 우리에게 온다. 그래서 우리는 믿음으로 의롭다하심을 얻는다(롬 5:1). 그 결과는 "우리 주

〈십자가에 못 박히신 그리스도〉(1610~1611년) 페테르 파울 루벤스Peter Paul Rubens. 예수님은 십자가에 못 박히신 후 "엘리 엘리 라마 사박다니"라고 외치시며 "다 이루었다"고 하셨다. 인간은 이렇게 온 인류를 위해 십자가 죽으신 예수 그리스도를 믿어야 지만, 의롭다함을 얻을 수 있고, 구원받을 수 있다.

예수 그리스도로 말미암아 하나님으로 더불어 화평을 누리는 것"이다(롬 5:1). 믿음으로 우리는 우리의 의가 되시는 그분이 나타나시는 그날에 우리의 것이 될 의의 면류관을 얻는다(딤후 4:8, "의로우신 재판장이 그날에 내게 주실 것이며).

참된 믿음은 우리 안에 아무 선이 없다는 것을 인정하고, 오직 그리스도의 십자가만를 의지한다.

진정 구원의 주도권은 하나님께 있다. 그러므로 죄인 된 인간은 십자가에 나타난 하나님의 사랑에 믿음으로 응답함으로 하나님과의 바른 관계를 회복할 수 있으며, 유월절 어린양이신 그리스도를 통해 하나님의 용서를 받고 '의인'으로 간주된다.

이 책은 우리가 오직 예수 그리스도에 대한 참된 믿음으로써만 하나님 앞에서 의로운 자가 된다는 '이신칭의' 교리의 진수를 보여준다. 호라티우스 보나르는 이 '영원한 의'가 믿음을 통해서 우리에게 온다는 점을 거듭 강조한다. 동시에 불의한 자를 의롭다 하시는 재판장으로서의 하나님을 보여주고 있다.

무엇이 복음의 진수인지를 알고자 하는 사람, 복음의 기초 위에서 더욱 풍성한 신앙과 삶을 누리기 원하는 이들에게 이 책은 큰 가르침을 준다. 이 책을 통하여 우리는 오직 그리스도를 믿는 믿음으로만 하나님 앞에서 의로운 자라는 신분을 얻을 수 있음을 확인케 된다. 또한 그리스도가 우리의 죄를 사하시는 분이요, 우리의 의가 되시며, 우리의 평화가 되신다는 진지를 중거한다.

19세기 스코틀랜드의 경건한 복음 전도자, 호라티우스 보나르

호라디우스 보나르Horatius Bonar(1808~1887년)는 19세기 스코틀랜드의 경건한 복음 전도자이자 찬송가 작시자다. 무려 364년이나 되는 긴 세월 동안 많은 목사를 탄생시킨 경건한 집안에서 호라티우스 보나르는 1808년 열한 명의 형제 중 한 사람으로 태어났다.

에든버러Edinburgh 대학교에서 신학을 공부하게 된 그는 스승인 토머스 차머스Thomas Chalmers를 만나 크게 영향을 받았다. 토머스 차머스는 19세기 스코틀랜드의 위대한 설교자였다. 대학을 졸업한 후 1833년에 설교할 자격을 획득하고 1830년대와 1840년대 스코틀랜드의 여러 지역에 영향을 미쳤던 영적운동에 쓰임을 받았다.

보나르는 600편에 달하는 찬송시를 작시했는데, 우리가 현재 부르는 찬송가에도 그의 찬송시가 여러 편이 실려 있다(〈성부의 어린 양이〉, 〈기뻐 찬송하세〉, 〈나 행한 것으로〉, 〈오 나의 주님 친히 뵈오니〉, 〈양 떼를 떠나서〉, 〈날 위하여 날 위하여〉, 〈내게로 와서 쉬어라〉)

그는 또한 《고난을 주시는 하나님When God's Children Suffer》, 《거룩한 길로 나아가라God's Way Of Holiness》, 《복음의 진수로 나아가라God's Way of Peace》 등의 저작을 통해 교회를 위협하는 시대적 조류에 대해서 계속 경고하고 진리 사수에 결연한 자세를 끝까지 유지한 사람이었다. 그는 무엇보다도 종교개혁의 신학을 가장 잘 계승한 사람 가운데 하나이다.

더 읽어볼 책

* 호라티우스 보나르 지음, 이태복 옮김, 《거룩한 길로 나아가라》, 지평서원, 2002.
* 호라티우스 보나르 지음, 이태복 옮김, 《복음의 진수로 나아가라》, 지평서원, 2002.
* 호라티우스 보나르 지음, 황의무 옮김, 《고난을 주시는 하나님》, 지평서원, 2008.

우리가 의롭다 여김을 받는 것은 복음을 믿는 것의 직접적인 결과입니다. 우리가 자신의 칭의에 대하여 아는 것은 이런 기쁜 소식을 믿는 모든 사람을 의롭게 칭하실 것이라는 하나님의 약속을 믿는 데서 비롯됩니다. 왜냐하면 그것에 대한 하나님의 증거가 있을 뿐만 아니라, 그 증거를 받는 모든 이에게 영원한 생명을 확신시켜 주는 약속이 있기 때문입니다.

- 호라티우스 보나르

William Law

Philip Jacob Spener

John Owen

Jeanne Guyon

Reinhold Niebuhr

Dietrich Bonhoeffer

William Wilberforce

제 3 장

행동하는 믿음

"So those who have faith are blessed along
with Abraham, the man of faith."
(Galatians 3:9)

경건한 삶으로의 진지한 도전

윌리엄 로   William Law

윌리엄 로는 존 웨슬리, 조지 휫필드, C. S. 루이스 등 거장들의 신앙생활에 지대한 영향을 끼친 영성의 대가이며, 특히 존 웨슬리의 사상에 많은 영향을 주었으며, 후에 《경건한 삶을 위한 부르심》은 웨슬리주의적 감리교 창설에 한 부분을 차지하기도 했다.

《경건한 삶을 위한 부르심》
윌리엄 로 지음 | 서문강 옮김 | 크리스챤다이제스트 | 2002년

18세기 영국의 영성 작가 윌리엄 로는 그의 대표작 《경건한 삶을 위한 부르심A Serious Call to a Devout and Holy Life》에서 경건에 관하여, "경건은 사적이든 공적이든 기도 그 자체는 아니다. 사적이든 공적이든 기도가 경건의 실제이기도 하고 특별한 부분이기도 하지만 말이다. 경건은 하나님께 드려지고 바쳐진 삶을 의미한다. 그러므로 더는 자기의 뜻이나 자기의 방식이나 세상 정신을 따라서 삶을 영위하지 아니하고 오직 하나님의 뜻을 따라서 삶을 영위하는

사람이 바로 경건한 사람이다. 무슨 일을 하든지 하나님을 생각하고, 무슨 일을 하든지 하나님을 섬기고 모든 일을 하나님의 이름으로 행함으로써 자기의 일상적인 삶의 모든 부분을 다 경건의 부분으로 만드는 사람, 바로 그 사람이 경건한 사람이다"라고 정의하였다.

경건의 사람은 하나님의 영광에 초점을 맞추어 생각하면서 모든 일을 행하는 사람이다. 한마디로 경건의 본질은 정해진 때마다 어떤 종교적인 의무를 실천하는 것이 아니라, 일상의 의무들을 하나님 앞에서 성실하게 수행하는 정신이다(제1장 '경건의 본질과 범위' 참고).

그러면 대다수의 그리스도인이 기독교의 경건과 거룩에 크게 미치지 못하는 이유는 무엇인가? 기독교의 가장 근본적인 원리는 모든 행동을 통하여 하나님을 기쁘시게 하려는데 있다. 그런데 대부분의 그리스도인이 참된 경건에 크게 부족한 것은 그런 소원과 열망을 가지지 않기 때문이다.

모든 그리스도인은 신앙적 덕행을 실행하는데 모본을 보여야 한다. 만일 그가 있는 힘을 다하여 하나님을 섬기려는 마음이 부족하여 참된 경건에 미치지 못한다면 어떤 핑계도 댈 수 없다. 왜냐하면 참된 경건의 사람은 언제 어디서나 하나님 앞에서 사는 그리스도인이기 때문이다.

'경건과 시간사용'과 관련하여 윌리엄 로는 말하기를, "자신의 시간을 자기 마음대로 쓸 수 있는 사람은 하나님께 그 시간을 전적으로 바쳐야 하는 특별한 소명을 받은 사람들이다"라고 했다. 로는 아마 목회자와 같은 전임사역자를 염두에 두고 이 말을 했으리라.

또한 그는 참된 경건이 있다면 우리가 돈이나 세상의 소유들을 신앙적으로 바르게 사용하게 된다고 했다. 재산을 신중하지 못하게 사용하는 사람은 탐욕에 마음을 빼앗기고 만다. 그렇게 많은 사람이 신앙에 진보가 없는 까닭은 그들의 돈을 신앙적으로 사용하지 못하기 때문이다. 따라서 재산을 지혜롭고 경건하게 사용하면 그리스도인은 자연스럽게 삶에 속한 모든 덕행에서 온전함을 잘 이루어 갈 수 있다. 이는 돈을 올바르게 사용하는 것이 그리스도인의 성품의 온전함에 도움을 주기 때문이다.

윌리엄 로에 의하면, 우리의 경건이 높아질수록 우리의 행복도 커진다. 만일 우리가 하나님의 거듭난 자녀답게 거룩하게 살고자 한다면, 우리 일상의 삶에서 어리석고 허무한 것들을 포기함으로써 그렇게 될 수 있다. 그 외에 다른 방법은 없다. 만일 우리가 그리스도 안에서 새로운 피조물이라면, 우리는 마땅히 새로운 삶의 방식을 취함으로써 새로운 피조물임을 보여주어야 한다. 이것은 매일의 일상적인 삶의 방식 속에서 그리스도를 따라가는 것을 뜻한다. 우리의 경건은 우리의 모든 덕행과 거룩한 기품 속에 드러나야 한다.

윌리엄 로는 그리스도인의 지상 생활이 장차 다가올 영원한 삶에 대한 준비라고 믿었다. 따라서 주어진 기회를 무시하는 자는 어리석은 자가 분명하다고 생각했다. 그러나 그는 자기의 관심을 사후 생활에 초점을 맞추지 않는다. 이 시간 이 자리에서 신앙의 원리에 따라 사는 생활이 이 세상의 시대정신에 따라 사는 생활보다 더 행복하고 즐겁다고 생각한다.

그러면서 그는 이 책에서 기도생활을 위한 구체적인 지침을 제시하고 있다(14~23장 참조). 먼저 〈시편〉을 찬양함으로 기도를 시작해야 한다. 그는 이 점을 특히 중요시하고 있다. 또한 그는 형식을 갖춘 기도문을 사용할 것을 추천한다. 그 기도문들은 정선된 언어를 통해 거룩함을 맛볼 수 있도록 도와준다. 그러나 우리의 마음이 스스로 찬양하고 간구할 수 있는 단계에 이르면 전통적인 기도문을 사용하지 않아도 된다.

오전 9시에는 겸손을 간구하는 기도를 드려야 한다. 정오에는 사랑을 간구하는 기도를 드려야 한다. 오후 3시에는 하나님의 뜻에 의탁하고 순응하는 기도를 드려야 한다. 6시에는 그날 행한 행위들을 되돌아보며 우리의 허물을 인정하면서 죄를 고백하는 기도를 드려야 한다.

이 책은 1728년에 쓴 작품으로 그의 대표작이다. 로는 겸손과 자기희생 같은 일상의 모든 덕목과 모든 인간 활동이 하나님께 온전히 영광을 돌리는데 이바지해야 한다고 주장했다. 그의 이런 생각은 당시 사람들에게 깊은 영향을 끼쳤다. 그뿐만 아니라 존 웨슬리와 조지 휫필드 등 수많은 기독교 지도자들은 본서를 걸작으로 강력히 추천하였다. 웨스트민스터 교회사 사전도 이 책이 모든 그리스도인으로 하여금 신비적인 신앙생활을 포용하도록 권면한다고 서술하였다.

이 책은 교회사에도 큰 영향을 끼쳤다. 《그리스도를 본받아》, 《천로역정》과 함께 최고의 경건 지침서로 꼽히며 종교개혁 이후 많은 사람의 사랑을 받았다. 로는 이 책에서 '윤리적 미덕과 묵상', '기도와 찬양', 그리고 '시간 및 재물 사용과 관련된 금욕적 훈련'을 권고하고 있으며 그 가르침의 단순성과 생동적인 문체가 이 책을 고전으로 만들었다. 많은 이의 영적 아버지인 작가 앤드루

●●●
앤드루 머리
19세기 남아프리카의 성자로 불린다. 열 살 때 영국으로 유학을 떠나 스코틀랜드와 네덜란드에서 교육을 받았으며, 목사이자 복음 전도자가 되어 남아프리카로 다시 돌아왔다. 1895년 케직 사경회와 노스필드 사경회에서 설교하면서 신학교와 선교 각성운동의 중심인물이 되었다.

머리Andrew Murray는 "이 책은 경건에 관한 역사상 최고의 고전이다. 나는 윌리엄 로를 최고의 저술가로 존경한다. 나는 다른 모든 사람도 내가 로의 책에서 얻은 유익을 얻게 되기를 바란다"라고 말했다. 결코 필적할 만한 인물이 없는 저자라는 평가를 받기도 하는 윌리엄 로의 이 책은 존 웨슬리, 조지 횟필드 등 많은 신앙의 위인들에게 큰 감동을 불러일으킨 기독교 고전이기도 하다. 한마디로 본서는 기독교적인 경건의 실천을 구체적으로 안내해주는 경건의 지침서이다.

실천적 영성 작가, 윌리엄 로

윌리엄 로William Law(1686~1761년)는 미국 독립 직전 시대에 살았던 영국의 성직자이다. 그는 케임브리지 대학교의 임마누엘 칼리지에서 공부하고, 그 대학교에서 1711년 안수 받고, 특별 연구원이 되었다.

후에 그는 조지George 왕에 대한 충성 맹세를 거부하므로 영국의 국교회에 의해 경계 인물이 되었다. 그와 같은 상황은 그로 하여금 활동을 불가능하게 만들어 명상과 기도에 전념하게 하였다. 그 거룩한 고독 속에서 하나님과의 연합의 본질과 그 실천에 대하여 훌륭한 사상들이 나왔다. 1727년부터 1737년까지 후에 역사가가 된 에드워드 기번Edward Gibbon의 가정교사로 일하다가 1740년 그는 고향 킹스클리프kingscliff로 돌아가서 저술과 자선활동으로 여생을 보냈다. 로는 영국의 가장 중요한 실천적 영성 작가 중 한 사람이다.

더 읽어볼 책

* 윌리엄 로오 지음, 정은영 옮김, 《내 안에 있는 하나님의 능력》, 브니엘, 2008.

> 경건은 하나님께 드려지고 바쳐진 삶을 의미한다. 그러므로 더는 자기의 뜻이나 자기의 방식이나 세상 정신을 따라서 삶을 영위하지 아니하고 오직 하나님의 뜻을 따라서 삶을 영위하는 사람이 바로 경건한 사람이다.
>
> - 윌리엄 로

고전에서 교회갱신의 길을 찾으라

필리프 야코프 슈페너　　　Philip Jacob Spener

독일의 신학자이자 경건주의의 창시자. 칼뱅주의자 라바디의 영향을 받았다. 루터파 교회의 정통주의에 반대하여 신앙의 내면화, 영혼의 경건, 신앙적 실천을 중요시하는 개혁적 이상을 도입하였다. 프랑크푸르트에서 '경건한 자들의 모임'을 창설하였다.

《경건한 열망》
필립 슈페너 지음 | 모수환 옮김 | 크리스챤다이제스트 | 2000년

경건주의는 시작된 때로 보아, 넓은 의미의 경건주의와 좁은 의미의 경건주의로 말할 수 있다. 넓은 의미로는 1600년경에 시작된 신앙적 흐름을 말하고, 좁은 의미로는 1670년경의 필리프 야코프 슈페너에 의해 시작된 운동을 가리킨다.

'경건주의의 아버지'로 불리는 슈페너는 침체기를 맞은 독일교회의 영적 부흥을 갈망하는 마음으로 《경건한 열망Pia desideria》('피아 데시데리아'는 '경건한 소원들Pious Wishes'이라는 뜻이며, 1675년 출간되

었다)을 썼다. 이 책은 교회 내의 영적 부패를 치료할 목적으로 저술되었다. 그는 부패의 원인이 참되고 살아 있는 신앙이 없기 때문이라고 믿었다.

슈페너는 많은 저작을 남겼으나 그에게 최초로 사람들의 주목을 받게 해 준 작품은 《경건한 열망》이다. 당시 프랑크푸르트의 한 출판업자가 요하네스 아른트Johann Arndt(1555~1621년)의 《복음서 설교집》(《교회력에 맞춘 설교집》, 1615년 초판 출간)의 개정판을 출판하려고 계획하였다. 그는 슈페너에게 이 개정판의 서문을 써달라고 부탁하였다. 슈페너는 그 기회를 이용하여 그가 오랫동안 심사숙고해 온 몇 가지를 기록하였다. 출간 후 이 서문은 즉시 큰 화젯거리가 되었다. 6개월 후에 슈페너는 이 서문에 별도의 제목을 붙이고 〈모든 관리와 목회자들에게〉라는 부제를 붙여 출판하였다.

《교회력에 맞춘 설교집》(1615년)
아른트의 복음서 설교집으로 추정하고 있다. 슈페너는 이 개정판에 서문을 싣게 됨으로써 사람들에게 주목을 받기 시작했다.

그러면 슈페너의 개혁안이 담긴 '대담한 작은 책' 《경건한 열망》은 어떤 내용을 지니고 있는가? 그가 제시한 교회개혁안은 무엇인가?

　이 책의 제1부에서 그는 먼저 지도자들의 문제점을 지적한 후, 제2부에서 개혁의 가능성을 주장하였다. 그에 의하면, 낙심할 이유가 없었다. 《성경》에 나타난 하나님의 약속들과 초대교회의 모범에서 보다 나은 교회의 상태를 기대할 수 있는 충분한 격려를 발견할 수 있었기 때문이다. 그리고 제3부에서 슈페너는 바람직한 개혁을 이루기 위한 여섯 가지의 구체적인 제안을 한다.

　첫 번째는 하나님의 말씀을 보다 광범위하게 사용해야 한다. 그리스도인이 하나님의 말씀을 잘 알수록 그만큼 더 많은 믿음과 그에 따른 열매를 얻을 수 있다. 각 가정의 가장들이 비록 매일 자신이 읽지 못하더라도 누군가가 읽을 수 있도록 《성경》, 특히 신약성경을 손쉽게 읽을 수 있도록 비치해 두라고 했다.

　두 번째는 영적 제사장직을 확립하고 부지런히 실행해야 한다. 모든 기독교인은 자기 자신과 자신이 소유하고 있는 것, 기도, 감사, 선행, 구호금 등을 바쳐야 한다. 그뿐만 아니라 하나님의 말씀을 부지런히 공부하며 하나님께서 자신에게 주신 은혜에 따라 한 지붕 밑에 사는 사람들을 가르치고, 그들을 위해 기도하고, 가능한 한 그들의 구원에 관심을 가져야만 한다고 했다.

　세 번째는 기독교인의 신앙에 대한 지식을 소유하는 것으로는 결코 충분치 못하다는 사실을 알아야 한다. 왜냐하면 기독교는 실천하는 종교이기 때문이다. 우리의 사랑하는 구주께서는 자신의 제자의 표로써 사랑을 거듭 요구하셨다. 모든 계명은 사랑 안에 요약되어 있다. 자신의 심령에 사랑이 깊이 뿌리박게 하려면 자신의 원수들에게도 선을 행할 기회를 부지런히 찾아야 한다.

네 번째는 불신자들이나 이단자들과의 종교적 논쟁에서 어떻게 행동해야 하는지를 알아야만 한다. 슈페너에 의하면, 이단자들이나 불신자들의 종교 때문에 그들을 모욕하거나 그들에게 부당한 행위를 하는 것은 옳지 않다. 만일 논쟁을 해야 할 경우는 기도하는 마음과 냉정한 태도로 해야 한다고 했다. 논쟁을 통해 하나님께 영광을 돌리고자 한다면, 그 논쟁은 상대방을 회심시키고 하나님께 마땅히 드려야 하는 감사와 거룩한 순종을 위해 변호되어져 온 진리를 적용하려는 목표를 향해 나아가야 한다.

다섯 번째는 목회의 직무를 위해 합당한 사람들만이 부르심을 받으며, 모든 부르심의 과정을 통하여 오직 하나님의 영광만을 고려하는 것이 교회의 개혁에 필요하다. 교회 안에 결점들이 존재하게 된 이유 중에는 목회자들을 임명하는 데에서 비롯된 것들도 많이 있다. 신학교는 성령의 작업장이 되고, 모든 사람을 위한 교회의 양육실이 되어야 한다.

또한 교수들은 모든 학문, 저서의 집필, 강의, 토론 등 모든 활동을 하나님의 영광과 구원 사역을 위해 수행해야 한다. 실제로 교수들의 모범 없이는 진정한 개혁은 거의 바랄 수 없다. 교수들은 학생들에게 살아 있는 본보기가 되어야 하고, 식사 중에도 교훈적인 담화를 해야 한다. 학생들은 거룩한 생활이 근면함과 학문만큼이나 중요하며, 경건이 없는 학문은 가치가 없다는 것을 항상 염두에 두어야 한다. 왜냐하면 신학은 실질적인 훈련이므로 모든 것이 신앙의 실천과 생활을 지향해야 하기 때문이다.

슈페너는 신학생들이 경건한 묵상을 하는 방법, 자기 성찰을 통해 자신을 더욱 잘 아는 방법, 자신의 욕망을 억제하고 세상에 대해 죽는 방법, 선이 자라는 것과 그것이 부족한 곳을 관찰하는 방법, 그들이 남에게 행하라고 가르친 대로 스스로 행하는 방법 등에 대해 구체적으로 배워야 한다고 주장했다.

여섯 번째는 설교의 목적(신앙과 열매)이 최대한 이루어질 수 있도록 설교를 준비해야 한다. 설교자는 소수의 지식인보다는 대부분을 차지하고 있는 일반인들을 염두에 두어야 한다. 슈페너는 자신들이 가르친 내용을 자신들의 삶에서 보여주고 있지 못하는 많은 설교자를 보고 한탄했다. 그리고 강단은 자기의 재주를 자랑삼아 표현하는 곳이 아니라고 가르쳤다.

슈페너는 이런 경건주의 운동이 반대에 부딪히자, 그는 경건의 중요성을 더욱 강조하게 되었다. 후에 경건주의 운동은 폴란드, 스위스, 스칸디나비아 반도, 그리고 러시아까지 급속히 전파되었다. 경건주의는 유럽과 북미 교회의 변화에 심대한 영향을 주었다.

경건주의의 고전인 이 책이 제시한 교회 개혁안은 오늘의 교회가 부흥과 갱신의 구체적 전략으로 수용할 수 있는 귀중한 통찰을 내포하고 있다.

루터교회 경건주의의 창시자, 슈페너

필리프 야코프 슈페너Philip Jacob Spener(1635~1705년)는 루터교회 경건주의의 창시자였다. '경건주의의 아버지' 라 불리는 그는 알자스Alsace 지방의 귀족 가문에서 출생하였고, 당시 최고의 개신교 대학교에서 신학을 공부하였다.

슈페너는 독실한 루터교 가문에서 태어나 성장했으나, 자신이 가정에서 받은 생동감 넘치는 신앙과 대학에서 가르치는 신학 사이에는 별로 관계가 없는 것을 알게 되었다. 그는 청년 시절 어느 책이든지 닥치는 대로 읽곤 하였고, 부친의 서재에서 읽은 책들로 영향을 많이 받았다.

그는 스트라스부르Strasbourg에서 역사와 신학을 공부했다. 1659년 그는 2년 동안 여행을 하면서 제네바를 방문하기도 했다. 스위스 여행을 통해서 그는 프랑스 출신의 개혁 설교자 장 드 라바디Jean de Labadie(1610~1674년)의 가르침을 접하였다. 라바디는 한때 예수회 회원으로서 성령의 직접적인 조명이 《성경》 이해에 필수적이라고 가르쳤다. 슈페너는 그의 가르침을 다 받아들이지는 않았어도, 라바디주의자들의 신앙의 활력에 깊은 감명을 받고서 루터파 교회도 이와 비슷한 열풍으로 각성시켜야겠다는 결심을 하였다.

그는 나중에 프랑크푸르트에서 소그룹 운동을 전개하였다. 그의 책 《경건한 열망》은 경건주의 운동의 실제적인 출발이었다고 볼 수 있다. 그 후 슈페너는 아우구스트 프랑케August Hermann Francke를 자신의 추종자로 삼게 된다.

후에 경건주의자들은 할레Halle 대학교를 세웠다. 할레는 경건주의자들의 영적 중심지가 되었고 장 칼뱅의 제네바와 비교될 수 있는 영향력을 끼쳤다. 특히 경건주의자들은 선교의 열정으로 전 세계에 영향력을 미쳤다.

더 읽어볼 책

* 피터 C. 어브 지음, 엄성옥 옮김,《경건주의자들과 그 사상》, 은성, 1991.
* 주도홍 편저,《독일 경건주의》, 이레서원, 2003.
* 이성덕 지음,《경건과 실천 : 독일 경건주의와 A. H. 프랑케 연구》, CLC, 2009.
* 카터 린드버그 지음, 이은재 옮김,《경건주의 신학과 신학자들》, CLC, 2009.

> 모든 기독교인은 자기 자신과 자신이 소유하고 있는 것, 기도, 감사, 선행, 구호금 등을 바쳐야 할 뿐 아니라, 하나님의 말씀을 부지런히 공부하며 하나님께서 자신에게 주신 은혜에 따라 한 지붕 밑에 사는 사람들을 가르치고, 징계하고, 권면하고, 개심시키며, 그들의 생활을 살펴보고, 그들을 위해 기도하고, 가능한 한 그들의 구원에 관심을 가져야만 한다. 이런 가르침을 알지 못하고, 또 실천하지 않을 때에 모든 자기만족과 게으름이 파생된다.
>
> - 필리프 야코프 슈페너

마음 안에 있는 죄의 성향을 소멸시키라

존 오웬 — John Owen

영국 청교도 신학자와 설교자 가운데서 가장 뛰어난 인물로 '청교도의 황태자' 또는 '영국의 칼뱅'이라고 불리며, 아우구스티누스, 루터, 칼뱅, 조너선 에드워즈 등과 어깨를 나란히 하는 교회사 최고의 영적 거인 중의 한 사람이다.

《죄 죽임》
존 오웬 지음 | 김귀탁 옮김 | 부흥과개혁사 | 2009년

이 책은 옥스퍼드 대학교의 교수와 학생들 앞에서 '청교도의 황태자' 존 오웬이 행한 연속 설교에 기초를 두고 있다. 당시 학생들의 나이가 13세에서 17세 정도 되는 나이였으니 지금으로 말하자면 청소년들에게 설교한 것이다. 설교 본문은 〈로마서〉 8장 13절 말씀이었다("너희가 육신대로 살면 반드시 죽을 것이로되 영으로써 몸의 행실을 죽이면 살리니") 이 말씀을 기초 본문으로 한 그의 메시지는 참된 복음적 경건의 핵심을 깊이 있게 증거하였다. 그 당시에 오웬은 영국

안에서 참된 복음적 경건이 사라지고 있으며 그 핵심인 죄 죽임의 삶이 잊혀버렸다고 탄식하였다.

오웬에 의하면, 참된 신자들은 한평생 내재하는 죄의 힘을 죽이는 일을 업무로 삼아야 한다. 그리고 이 의무를 이끄는 주도적인 분은 성령이다. 즉, 그리스도의 영으로서 우리 안에 거하고 우리를 살리는 하나님의 영이시다. 죄를 죽일 때 성령이 배제된 다른 모든 방법은 헛되고, 그런 방법을 통해 얻는 모든 도움도 무익하다. 죄를 죽이는 일은 오직 성령을 통해서만 행해져야 한다. 자기 힘이나 자신의 방법으로 죄를 죽이는 것은 결국 자기 의에 이르고, 이것은 세상에 있는 모든 거짓 종교의 본질이자 특징이다.

죄 죽임의 과정에서 성령과 관련된 두 가지의 잘못된 인식을 오웬은 잘 지적하고 있다. 하나는 고행이나 금식 등을 통해 성령 없이 자기 힘으로 하려는 어리석음이다. 또 다른 하나는 이 일을 성령께만 돌리고 자기는 힘쓰려 하지 않는 경우이다. 많은 복음주의적 신자들이 이런 경향을 보이고 있는데, 은혜에 대한 피상적 이해 때문이다.

오웬은 성령이 우리 안에서 우리와 함께 일하시는 분이지, 우리에게 억지를 가하거나 우리 없이 혼자서 일하는 분이 아니라는 사실을 강조한다. 죄 죽임을 위한 우리의 노력이 은혜를 무력화시키지 않는다는 것이다. 오히려 우리가 성령의 도움으로 죄 죽이기를 힘쓰게 될 때 우리 안에서 하나님의 은혜가 더욱 활성화된다.

존 오웬에게 있어서 '죄 죽임Mortification of Sin'은 영혼 안에 있는 죄 경향傾向의 약화이며, 마음 안에 있는 죄 성향의 소멸이다. 그러나 신자가 죄를 죽인다는 것은 완전히 죽여 존재하지 않게 한다는 의미가 아니다. 오웬은 신자의 가장 중요한 의무가 죄 죽임인 것을 강조한다.

구원받은 신자는 성화聖化(신자가 그리스도를 본받아 거룩해지는 과정)를 통하여 하나님의 형상을 회복하게 된다. 그런데 죄는 이런 하나님 형상의 온전한 회복을 방해하는 유일한 장애물이다. 신자는 마음 안에서 작용하는 죄의 성향을 자각하기도 한다. 그러나 그는 성령의 인도를 따라 살고자 하는 새로운 본성도 갖고 있다. 이 본성은 하나님의 은혜가 공급되기를 갈망한다. 죄 죽임의 실천에 자신을 드리는 신자는 은혜의 필요성을 절실하게 느낀다는 것이다. 그는 예수 그리스도 안에 있는 구속救贖(예수 그리스도께서 죄인에 대한 율법의 모든 요구를 지불하시고 율법의 저주와 속박에서 해방시키심)의 공로를 의지하면서 하나님께 매달린다. 이런 삶의 반복을 통해 신자는 정욕을 이기고 은혜의 원리에 따라 살게 된다.

우선 죄 죽임은 오직 신자만이 할 수 있는 일이다. 어떤 사람이라도 그리스도와 연합된 신자가 되지 않고는 절대로 단 하나의 죄도 죽일 수 없다. 오웬은 성령만이 죄를 죽일 수 있다고 말한다. 성령이 없이는 다른 모든 수단은 헛되고 무익하다. 그리스도의 영으로 말미암지 않고 육에 속한 상태에서 벗어날 길은 절대로 없다.

그러면 "몸의 행실을 죽이라"는 명령은 무슨 뜻인가? 몸의 행실은 육신의 행실이다. 여기서 몸은 우리 본성의 부패와 타락을 가리키는 말이다. 따라서 몸이 뜻하는 것은 '내재하는 죄' 곧 부패한 육체 또는 욕심(탐심)이다. 몸의 행실은 '육신의 행위' 곧 외적 행동을 주로 가리킨다. 《성경》에서 바울Paul도 욕심이 일으키는 모든 것을 '행실'이라는 말로 부른다.

몸의 행실을 죽이려면 어떻게 해야 하는가? 우리는 영으로써 죄의 행실을 일으키는 세력과 힘을 제거해야 한다. 죽인다는 것은 은유적 표현으로, 살아 있는 것을 죽음에 처하게 한다는 뜻이다. 따라서 죄가 육체의 일이나, 행실을 일으킬만한 생명력이나, 힘을 가질 수 없도록 하는 것은 신자들의 일관된 의무라고 오웬은 강조한다.

오웬에 의하면, 총체적인 순종을 위한 진실함과 부지런함이 없으면 죄 죽임은 있을 수 없다. 여기서 진실함은 인격과 관련이 있고, 부지런함은 죄를 죽이는 일 자체와 관련된 요소이다. 영혼의 죄와 불결함에서 비롯된 영적 질병을 고치려는 사람은 자신의 전반적인 영적 기질과 체질을 조심해야만 한다.

죄를 죽이는 일은 신자의 평생 의무이다. 죄 죽임의 실천 없이 사는 삶은 육체의 정욕을 따라 사는 삶이다. 죄 죽임이 없다면 신자는 무능력해지고 신자다운 삶의 표식도 사라진다. 그에게 남는 것은 부도덕과 실패와 좌절뿐이다. 이것이 바로 신자가 죄 죽임을 실천해야 하는 이유다. 오웬은 진정으로 거듭난 신자가 이 세상에서 행복해지기보다는 거룩해지기를 열망한다고 본다.

오웬은 죄를 죽이기 위해 그리스도를 믿는 믿음을 활용하라고 말한다. 그리스도의 피는 병든 영혼에게 최고의 특효약이다. 그리스도의 피안에서 사는 신자는 영적 원수를 죽일 수 있다. 우리는 자신의 힘으로 악한 기질을 정복할 수 없지만, 예수 그리스도 안에서는 얼마든지 승리할 수 있다.

이 책은 죄를 죽이는 지침, 기초, 원리, 방법을 담고 있다. 오웬이 주는 메시지는 이것이다. "우리의 영적 생명의 활력과 권능과 위로는 육신의 행실을 죽이는 일에 달렸다."

청교도의 황태자, 존 오웬

존 오웬John Owen(1616~1683년)은 청교도의 황태자라고 불린다.

그의 모든 글에는 항상 힘과 일관된 사상이 있고 《성경》의 권위에 충실하다. 의심할 나위 없이 가장 위대한 청교도의 한 사람인 존 오웬은 영국의 옥스퍼드샤이어Oxfordshire의 스태드햄프턴Stadhampton에서 교구목사의 아들로 태어났다.

그는 12세에 옥스퍼드 대학교에 입학하여 10년간 공부하였다. 그리고 친구들과 함께 런던을 방문하는 동안 에드먼드 칼라미Edmund Calamy라는 유명한 목사의 설교를 들으러 갔다. 그런데 칼라미 목사가 오지 않아 한 시골목사가 대신 설교를 해서 실망하였다. 그러나 성령께서는 시골 목사를 통해 존 오웬이 구원의 확신을 갖도록 역사했다.

존 오웬은 신학자뿐만 아니라 신실한 목회자였고, 능력 있는 대설교자였고, 옥스퍼드 그리스도교회의 감독이었고, 대학교의 부총장이었으며, 크롬웰경의 국목이었다. 그리고 한 세대에 걸쳐 가장 많은 신학적 저작을 낸 사람이었다. 그는 어디서나 그리스도의 향기를 풍기는 인격자로 알려졌다.

70세에 못 미치는 그의 생애는 쉼이 없는 학문 연구와 목회자로서의 열정적인 삶을 살았다. 하지만 말년에 담석증과 천식으로 고생하다가 1683년 8월 24일에 세상을 떠났다.

더 읽어볼 책

* 존 오웬 지음, 서문강 옮김, 《영적사고방식》, 청교도신앙사, 2007.
* 존 오웬 지음, 조계광 옮김, 《쉽게 읽는 죄와 유혹》, 생명의말씀사, 2007.
* 김남준 지음, 《존 오웬의 신학》, 부흥과개혁사, 2008.
* 존 오웬 지음, 이태복 옮김, 《나를 기념하라》, 지평서원, 2008.
* 송삼용 지음, 《존 오웬》, 넥서스CROSS, 2009.
* 존 오웬 지음, 김귀탁 옮김, 《신자안에 내재하는 죄》, 부흥과개혁사, 2009.

죄의 세력에서 자유함을 얻기를 원하는 성도들은 내재하는 죄의 세력을 죽이는 것을 자기의 평생의 사업으로 삼아야 합니다. 우리의 영적 생활의 생명과 활력에 대한 약속은 죄를 죽이는 데에 달렸습니다. 인생의 여정에서 죄를 죽이지 않는 자들은 어떤 발전도 이룰 수 없습니다. 육체의 행위를 잘 다스린다면 우리는 영적 생명의 활기와 힘, 안정 등을 얻게 됩니다.

- 존 오웬

자신을 비우고 주님만을 의지하라

잔 귀용   *Jeanne Guyon*

가냘픈 여인의 몸으로 중세적인 몽매함에 잠들어 있던 교회에 신선한 바람을 불게 한 인물이다. 여인의 몸으로 종교개혁자들의 전통과 십자가의 도를 놓지 않았던 그녀는 후일 퀘이커교도를 비롯해 앤드루 머리, 워치만 리, 허드슨 테일러 등 유명한 기독교 작가와 선교사에게 영향을 끼쳤다.

《예수 그리스도를 깊이 체험하기》
잔느 귀용 지음 | 채수범 옮김 | 생명의말씀사 | 2009년

    잔 귀용은 서론에서 이 책을 저술한 목적이 "마음을 다하여 하나님을 사랑하기 원하는 몇몇 개인들을 위해서"라고 밝히고 있다. 즉, 상상하기보다 더 쉽고 간단한 방법으로 하나님을 사랑하고 섬길 수 있게 하기 위해서이다. 그러기 위해서는 우리에게 필요한 것은 단지 약간의 용기와 인내일 뿐이다.

    '예수 그리스도와의 깊고 내적인 관계'는 우리의 마음을 주님께로 향하여 돌이키고 주님께 굴복시키기만 하면 된다. 우리의 마음으

로 주님께 사랑을 고백해야 한다. 하나님은 하나님을 정말로 사랑하는 영혼과 하나님을 간절히 찾는 영혼에게 친히 자신을 주신다.

하나님께서 우리에게 영적으로 메마른 시기를 허락하시는 목적은 영적인 게으름으로부터 당신을 깨우기 위함이다. 우리로 하여금 하나님을 구하도록 하시기 위함이다. 영적으로 메마른 시기에 우리는 무엇을 할 수 있는가? 참고 인내하는 가운데 사랑의 주님이 당신에게로 돌아오시기를 기다려야 한다.

주님을 더 깊이 경험하는 단계에서는 단지 기도만 하는 영역에서 벗어나야 한다. 예수 그리스도를 더 깊이 만나는 자리로 들어가기 위해서는 우리의 전 존재를 포기하고 하나님께 맡기기 시작하는 것이 요구된다. 우리의 삶의 매 순간이 모두 다 하나님의 뜻과 허락에 의하여 임한다는 사실을 절대적으로 믿어야 한다. 자기를 포기한다고 하는 것은 하나님이 임재하시는 내적인 성전으로 들어가는 문을 여는 열쇠, 즉 헤아릴 수 없이 깊은 단계로 나가는 문들을 여는 열쇠다. 즉, 자기를 포기한다는 것은 내적인 영적 생활에 이르는 열쇠다.

자기를 포기하고 주님께 완전히 맡겨 드리는 방법을 아는 그리스도인은 곧 완전함에 이르게 된다. 여기서 완전함이란 절대적으로 완전하게 언제 어떠한 상황에서든지 간에 항상 하나님의 뜻에 일치하게 살아가는 삶, 또한 그렇게 살아가려고 하는 의지를 가지고 사는 삶을 말한다.

모든 영적인 문제들과 관련해서도 자기 포기가 있어야 한다. 자기 포기는 우리의 의지가 하나님의 뜻 속에서 없어지는 것이 반복됨으로써 이루어진다. 이 포기는 우리가 우리 자신에 대해서는 정말 무관심해질 수 있는 수준에까지 이르러야 한다. 모든 일에서 단지 주님께서 원하시는 것들에 우리 자신을 맡겨 드리는 것으로써 자신을 포기하라고 귀용은 강조한다.

예수 그리스도께 완전히 포기하고 맡긴 삶을 살아가는 그리스도인은 최고 수준의 경건을 실천하는 사람이다. 경건이라고 하는 금을 추출하는 것은 바로 고난의 불이다. 주님께 대한 그의 사랑이 점점 더 커짐에 따라 자신의 삶에 대해서는 미워하는 마음이 커지게 된다.

하나님 앞에서 지속적으로 자신을 포기한 상태로 행하면 어떤 결과가 생기는가? 궁극적인 결과는 경건이다. 경건은 하나님을 소유하는 것이다. 하나님을 더 많이 소유하면 할수록 더욱더 하나님을 닮아가게 된다.

귀용은 우리가 전 영혼을 하나님 앞에 열어 놓아야 한다고 말한다. 주님께서 우리의 모습을 드러내실 때 우리는 단지 그분 앞에서 평화롭고 고요한 상태를 유지하고 있기만 하면 된다. 이때 우리는 우리의 죄를 드러내시고 우리 죄의 정도를 알려주시는 주님께 의지하고 자신을 의지하지 말아야 한다.

우리의 영혼이 내면세계로 향하고 우리의 생각이 성령님께로 고정되면 바로 그 순간부터 주님의 영이 내적으로 이끄시는 힘은 매우 강해지게 된다. 우리의 영혼이 평온한 상태에 있을수록 그 영혼은 영혼의 중심인 하나님을 향하여 더 빨리 나아갈 수 있게 된다. 주님의 이와 같은 이끄심은 치료하는 기름인 동시에 우리를 하나님 자신에게로 유인하는 향기가 되기도 한다. 우리가 해야 할 유일한 활동은 성령님의 내적인 일하심에 우리 자신을 완전히 맡겨 드리는 것이다. 그 성령께서 교회를 움직이시고 그 성령께서 교회에 생명을 주신다.

그리스도인의 체험이 도달해야 하는 궁극적인 단계는 하나님과의 연합이다. 이를 위해서 자아의 존재 자체가 무너져 없어져야 한다고 귀용은 말한다. 자아가 모든 불결함의 근원이며 이것은 정결함과의 그 어떤 연합이라도 방해한다는 것이다. 영혼이 하나님과 연합되는 것은 하나님만이 하시는 일이다. 영적 지도자가 할 수 있는 일이란 궁극적으로 그런 상태로 인도해 주는 길을 가르쳐 주는 것 뿐이다.

24장으로 구성된 이 책은 예수 그리스도를 순전한 마음으로 갈구하고 깊이 체험함으로 누리는 기쁨을 단계별로 정리하고, 그렇게 주님을 체험하는 삶에 이르기 위해 경계해야 할 일들과 유혹, 극복해야 할 과도기, 지속적인 기도의 필요성까지 세심하게 전해 주고 있다.

이 책은 경건주의자 친첸도르프Nicolaus Ludwig Zinzendorf (1700~1760년) 백작과 존 웨슬리, 초기의 퀘이커교, 허드슨 테일러James Hudson Taylor 등에게 영향을 끼쳤다. 존 웨슬리에 대한 이 책의 영향은 부분적으로 그의 깊은 경건과 영성의 깊이를 설명해 주는 단서가 되기도 한다.

이 책의 목차에는 〈자기포기〉, 〈안에 거하는 삶〉, 〈자아 소멸〉, 〈침묵 기도〉 등의 제목이 있는데, 이것은 귀용 부인의 영적 관심사를 반영해준다. 한때 프랑스

친첸도르프
루터파의 경건주의자. 30년 전쟁에서 생긴 모라비아파 망명자들을 영내로 맞아들여 1722년 신앙적 공동체의 마을 헤른후트를 창설하였다. 1727년 이것을 형제단으로 조직하고 그 지도자가 되었으나, 후에 작센 정부로부터 국외로 추방을 당하였다.

에서는 이 책이 공개적으로 불태워지기도 했지만, 오늘날에는 간절히 그리스도를 찾는 그리스도인들의 사랑을 받는 '유익하고 힘 있는 책들' 가운데 하나로 평가되고 있다.

프랑스의 영성가, 잔 귀용 부인

잔 귀용Jeanne Guyon(1648~1717년)은 1648년 4월 13일 프랑스의 루이 14세 때 부유한 귀족가문에서 태어났다. 어릴 적에 몸이 허약했던 그녀는 어린 시절 대부분을 수녀원에서 지내며 그곳에서 교육 받았다. 그녀가 15세가 되었을 때 그녀의 부모는 그녀를 자크 귀용이라는 부유한 상이군인과 결혼시켰다. 그 결혼은 그녀가 살면서 겪은 수많은 고통 중 하나였고, 그 이후로 그녀의 일생은 거의 끊임없는 재난과 고난으로 점철되었다. 귀용 부인은 1676년 남편이 병으로 죽고 난 후 재혼하지 않고 평생을 주님과 함께 동행할 것을 서약했다. 1681년 그녀는 파리에서 제네바로 이주한 후 수십 권의 영적 서적들을 발간했다. 그러나 이 책들은 당시 죽은 전통과 형식에 사로잡혀 있던 가톨릭 성직자들의 반발을 불러일으켰다.

'내면적인 신앙'에 대한 가르침으로 지금까지 영향을 끼치고 있는 잔 귀용의 삶은 오로지 자신을 비우고 주님만을 의지하여 가는 여정이었다. 1717년 6월 9일, 그녀는 인생의 모든 짐을 주님께 내어 맡기고 두 눈을 감았다.

더 읽어볼 책

* 잔느 귀용 지음, 유평애 옮김, 《잔느 귀용의 순전한 사랑》, 두란노, 1996.
* 잔느 귀용 지음, 유평애 옮김, 《잔느 귀용》, 두란노, 2002.
* 잔느 귀용 지음, 김진선 옮김, 《영적 성장 깊이 체험하기》, 생명의말씀사, 2007.

대부분의 그리스도인에게 '경건한 삶'을 사는 것은 두려운 일인 것 같습니다. 기도 또한 매우 어려운 일로 여기고 있습니다. 그래서 믿는 사람들 대부분은 아예 처음부터 낙심하여 이 방향으로 나아가는 첫걸음조차 떼어 놓지 않습니다. 당신이 어떤 새로운 일을 시작하면서 그 일에 따를 어려움을 먼저 생각한다면, 그런 어려움은 반드시 당신을 낙심하게 하여 그 일 시작하기를 주저하게 만들 것입니다. 반면 그런 모험이 결국에는 바람직한 일이 될 것이라는, 즉 그 일이 쉽게 이루어질 것이라는 믿음은 당신이 그 일을 힘 있게 시작하도록 할 것입니다.

- 잔 귀용

개인윤리와 사회윤리 사이에는 갈등이 존재한다

나인홀드 니부어   Reinhold Niebuhr

미국의 신학자. 변증법적 신학을 기초로 역사와 사회를 비판적으로 분석하고, 기독교적 인간관과 기독교적 사회 윤리의 확립에 노력하였다. 기독교 신앙을 정치와 외교에 접목시키기도 했다. 현대 정의로운 전쟁Just War 사상에 크게 기여하였다.

《도덕적 인간과 비도덕적 사회》
라인홀드 니버 지음 | 남정우 옮김 | 대한기독교서회 | 2003년

《도덕적 인간과 비도덕적 사회Moral Man and Immoral Society》(1932년)는 니부어의 최고의 책 가운데 하나이다. 오랜 세월이 지났음에도 이 책이 지금도 주목을 받는 이유는 니부어가 기독교 윤리의 관점에서 정치 윤리를 다루고 있기 때문이다.

이 책의 전제는 개인윤리와 사회윤리 사이에 갈등이 존재한다는 것이다. 니부어에 의하면, 개인의 도덕적 및 사회적 행동과 사회 집단의 행동 사이에 명확한 구별이 있어야 한다. 그의 고민은 예수님

에 의해 제시된 윤리적 표준과 현실 사회에서 경험되는 어둠의 권세 사이에서 겪어야 하는 갈등과 대립의 문제를 어떻게 해결하느냐 하는 문제였다.

집단이 크면 클수록 그 집단은 전체적인 인간집단에서 자신을 스스로 이기적으로 표현한다. 이런 집단은 더욱 강력하고 효율적으로 되어 상상할 수 있는 어떠한 사회적 제재도 물리칠 수 있다. 집단이 크면 클수록 공동의 지성과 목적에 도달하기는 어려워진다. 불가피하게 순간적인 충동 및 직접적인 목적들과 연계를 맺게 된다. 개인은 도덕적일 수 있으나 사회 집단은 한 개인처럼 도덕적일 수 없다는 것이 니부어의 생각이다.

그에 의하면, 사회를 이루고 사는 인간은 그 집단 안에서 자기 이익을 추구하려 한다. 개인적으로는 도덕적인 사람들도 집단이 되면 이기적으로 변모한다. 개인의 이해관계는 가장 이상적인 계획과 가장 보편적인 목적들까지도 파고든다.

집단 간의 윤리는 개인 간의 윤리와 전혀 다르다. 국제사회에서 국가 간의 윤리는 자국의 이익을 목적으로 하기 때문에 자국의 이익을 다른 국가나 민족보다 더 중요하게 취급한다. 자기 민족과의 관계가 성립되는 다른 국가와의 이해관계가 자신의 민족적 태도 내지는 정치적 관점과 상충할 때는 그 민족의 국가는 자연히 이기적이 된다. 그래서 니부어는 국가공동체의 통일성을 확립하기 위해서 폭력의 사용은 필연적이라고 말한다. 또한 강제적 수단을 장악하고 있는 집단은 자신의 이기적 목적을 위해 그 목적을 사용하는 것이 불가피하다. 경제적 지배계급에 의한 국가의 이윤추구, 노동자계급의 착취 및 원료와 시장의 획득에 전력을 기울이는 국가의 모습은 이를 입증해 준다.

니부어에 의하면, 사회의 요구와 개인 내면의 요구는 본질적으로 차이가 있다. 사회를 중심에 놓고 보면 가장 도덕적인 행위는 정의이고, 개인적인 처지에서 보면 가장 도덕적인 행위는 이타성이다. 도덕의 문제가 개인적 차원에서 집단들의 관계로 옮겨가면 갈수록 이기적 충동은 사회적 충동을 누르고 득세하게 된다. 따라서 아무리 강한 내면적 억제도 이기적 충동을 완전히 억제할 수는 없다.

자신에 대해서는 관대하고 다른 사람에 대해서는 엄격해지는 잘못을 바로잡으려면, 무엇보다도 다른 사람의 이기주의에 비해 자기 자신의 이기주의를 더욱 가혹하게 억제하는 훈련이 꼭 필요하다. 니부어는 이런 훈련을 통하여 선의지의 감정과 상호 이해하는 태도가 생겨나지 않는다면 그 어떤 공동체도 조화되거나 통일될 수는 없다고 말하고 있다.

니부어는 더 공정하고 평등한 사회를 원했나. 그는 사회주의자의 사상을 실험했고 그것이 부족하다는 것을 발견했다. 그는 또한 자유시장 자본주의의 '구속을 벗어난' 메커니즘에서 잔인하고 냉혹한 결점도 보았다. 그는 양극단 사이에서 조정하기를 원했다. 그러나 사랑이 동기가 되는, 개인과 정의가 동기가 되는 사회는 하나의 딜레마다. 니부어도 이 진퇴양난에 대해 포괄적 해결책을 제시하지는 못했다.

이 책에는 미래에 대해 냉소적이고 비관적인 분위기가 행간에 스며들어 있다. 그럼에도 이 책에는 놀라운 상상력과 통찰력이 있다. 그는 정치와 경제와 평등, 그리고 기독교신앙에 관하여 본질적인 통찰을 하고 있다. 니부어의 기독교 현실주의 사상은 복음서의 고상한 윤리를 현실적으로 추구할 방법을 찾는다. 하지만 몸에 밴 이해관계와 제도적 권력은 이 세상에 사랑과 정의를 실현할 수 있는 우리의 능력을 제한한다. 윤리적으로 곤경에 처한 인간에 관한 그의 인식은 놀랄 만큼 정확하다. 그런 점에서 이 책은 오늘의 현실을 위해서도 많은 것을 암시해주고 가르침을 준다.

기독교 현실주의를 제시한 신학자, 라인홀드 니부어

라인홀드 니부어Reinhold Niebuhr(1892~1971년)는 개신교 신학자로 기독교 신앙을 현실적인 현대 정치와 외교에 접목한 것으로 유명하다. 그는 1892년 6월 21일 미국 미주리 주 라이트Wright 시에서 독일 선교사인 구스타브 니부어Gustav Neibuhr 목사의 아들로 태어났다.

그는 동생인 헬무트 리처드 니부어Helmut Richard Niebuhr와 함께 아버지와 같은 길을 걷기로 하였다. 일리노이 주의 엘름허스트 Elmhurst 대학에 입학하여 1910년에 졸업하였다(이 대학에는 그를 기리는 동상이 세워져 있다). 후에 미주리 주 세인트루이스St. Louis에 있는 에덴 신학교에서 공부하였고, 다시 예일 대학교에서 1914년 신학사 학위를 받고, 1915년 개신교 목사로 안수를 받았다.

독일 복음주의 선교 위원회는 그를 디트로이트Detroit로 보냈다. 도착 당시 신도의 수는 65명이었으나 1928년 그곳을 떠날 때에는 700명에 이르렀는데, 이런 증가는 당시 자동차 산업의 붐에 이끌린 새로운 인구의 유입에 힘입었다. 산업화가 노동자들에게 끼친 비도덕화에 괴로워하여 헨리 포드Henry Ford를 비판하였고, 설교를 통해 노조를 조직하도록 돕거나 공장의 조립 라인이 가져오는 비인간적인 노동조건과 잘못된 근로관행에 관한 글을 썼다.

그는 1923년 유럽을 방문하여 지식인들과 신학자들을 만났다. 프랑스의 점령 하에 있던 독일의 상황에 실망하였고, 제1차 세계내

전 때 취했던 평화주의자의 입장이 더욱 확고해졌다. 1928년 디트로이트를 떠나 뉴욕에 있는 유니온 신학교의 교수가 되었고, 1960년까지 생의 나머지 대부분을 그곳에서 보냈다. 이곳에서 많은 세대의 학생들에게 영향을 끼쳤다. 나치의 유대인 박해에 대항하여 고백교회Confessing Church를 세운 독일의 루터교회 신학자 디트리히 본회퍼도 그의 영향을 받았다.

제2차 세계대전이 발발하자 그의 자유주의적 사상의 뿌리인 평화주의에 중대한 변화가 생겼다. 자유주의적인 동료로부터 거리를 두기 시작했고 전쟁을 옹호하게 되었다. 그는 결국 기독교 현실주의Christian Realism라고 불리는 운동을 일으켰다. 기독교 현실주의는 동시대 기독교인들의 이상주의보다 훨씬 강경한 정치적 태도를 보였다. 그의 정치, 사상적 활동은 두 번의 세계대전과 대공황을 몸소 체험하는 힘든 시기에 이루어졌다.

1938년 11월 9일, 하룻밤 만에 히틀러의 나치당에 의해서 3,000개 가까이 존재하던 독일 내 모든 회당과 기도처가 불사름 당하고, 전국 7,500개 유대인 상점이 파괴되었다. 수정의 밤에 불타버린 독일 전역의 여러 유대인 회당들과 그 내부의 모습.

더 읽어볼 책

* 라인홀드 니버 지음, 이한우 옮김,《빛의 자식들과 어둠의 자식들》, 문예출판사, 1995.
* 이장형 지음,《라인홀드 니버의 사회윤리 구상과 인간이해》, 선학사, 2006.
* 이상원 지음,《라인홀드 니버》, 살림, 2006.
* 남태욱 지음,《라인홀드 니버와 사회정의》, 국제교육문화원, 2006.
* 고범서 지음,《라인홀드 니버의 생애와 사상》, 대화문화아카데미, 2007.

> 하나님, 바꿀 수 없는 것은 받아들이는 평온을, 바꿀 수 있는 것은 바꾸는 용기를, 또한 그 차이를 구별하는 지혜를 주옵소서. 하루하루 살게 하시고, 순간순간 누리게 하시며, 고통을 평화에 이르는 길로 받아들이게 하옵시고, 죄로 물든 세상을 내 원대로가 아니라, 예수님처럼 있는 그대로 받아들이게 하옵시며, 당신의 뜻에 순종할 때 당신께서 모든 것을 바로 세우실 것을 믿게 하셔서 이생에서는 사리에 맞는 행복을 저생에서는 다함이 없는 행복을 영원히 누리게 하옵소서.
>
> — 라인홀드 니부어

그리스도는 성도의 사귐 속에서 체험되는 분이다

디트리히 본회퍼 — *Dietrich Bonhoeffer*

독일 루터교회 목사이자, 신학자이며, 반나치운동가다. 그는 아돌프 히틀러를 암살하려는 (제2차 세계대전 때의 독일 국방군 최고 사령부의) 외국 첩보국Abwehr의 구성원에 의해 진행된 계획에 가담하였다. 그는 1943년 3월 체포되어 감옥에 갇혔고, 결국 1945년 교수형에 처해졌다.

《신도의 공동생활》
디트리히 본회퍼 지음 | 문익환 옮김 | 대한기독교서회 | 2003년

디트리히 본회퍼는 반나치운동에 가담하여 독재정치와 싸우다가, 히틀러정권이 무너지기 불과 며칠 전에 게슈타포Gestapo(나치 독일 정권의 비밀 국가 경찰)에 의하여 교수대의 이슬로 사라진 청년 신학자다. 브레슬라우Breslau의 한 명문가에서 출생한 그는 튀빙겐과 베를린에서 신학을 전공했다. 이 '천재 청년 신학도'의 사상이 현대 신학에 지대한 영향을 끼친 바 있으나 그의 사상 못지않게 그의 '행동'은 많은 지성인의 반향을 낳고 있다.

본회퍼에 의하면, 그리스도인의 사귐은 예수 그리스도를 사이에 두고 사귀는 것이요, 예수 그리스도 안에서 사귀는 것이다. 그리스도인의 사귐은 그 이상일 수도 없고 그 이하일 수도 없다. 한 번 잠깐 만나는 것이든, 자주 만나는 사귐이든 간에, 그리스도인은 그렇게 사귈 뿐이다. 우리는 예수 그리스도를 사이에 두고 그리고 그의 안에서만 서로 연결되어 있다.

그것은 무슨 뜻인가? 첫째로 그리스도인은 누구나 예수 그리스도 때문에 다른 사람이 필요하다는 뜻이다. 둘째로 그리스도인은 누구나 예수 그리스도를 통해서만 다른 사람과 가까워질 수 있다는 뜻이다. 셋째로 우리는 예수 그리스도 안에서 영원 전에 택함을 받았고, 시간 안에서 용납되고, 영원히 하나가 되었다는 뜻이다.

본회퍼는 하나님께서 그리스도인의 사귐을 위한 유일한 터를 놓아 주셨다고 하였다. 우리가 다른 그리스도인과 함께 사귀는 생활에 들어가기 훨씬 전에, 이미 하나님께서 우리를 예수 그리스도 안에서 그들과 한몸이 되도록 묶어주셨다고 한다. 그러므로 우리는 다른 그리스도인과 함께 사귀는 생활로 들어갈 때에 요구하는 자로서 들어가는 것이 아니라, 감사하면서 받는 자로서 들어가야 한다.

그러면서 본회퍼는 '홀로 있음'과 '사귐'의 관계에 대해 말하기를, "사귐 안에 서 있을 때에만 우리는 홀로 있을 수 있고, 또한 홀로 있을 수 있는 사람만이 사귐 안에서 살 수 있다는 것을 우리는 깨닫습니다. 이 둘은 서로 떨어질 수가 없습니다. 사귐 속에서만 우리는 어떻게 바로 홀로일 수 있느냐 하는 것을 배우고, 홀로 있음으로써 우리는 어떻게 사귐 안에 서 있을 수 있느냐 하는 것을 배웁니다"라고 하였다.

그리고 침묵에 대해서는 개개인이 하나님의 말씀 아래서 고요하게 되는 것을 말한다. 그에게 침묵은 결국 하나님의 말씀을 기다리는 것이요, 하나님의 말씀으로 축복받은 상태를 말하는 것이다. 그러므로 하루 중 말씀을 묵상하며 침묵의 시간도 필요하다. 특히 말씀을 듣기 전후, 그리고 이른 아침에 하나님의 말씀을 받아들이는 것이 하루를 보내고 사귐을 갖는데 영향을 끼친다고 했다.

또한 섬기기를 배우려는 사람은 자신을 낮추고, 자신의 영광 대신 다른 사람의 영광을 구한다고 했다. 즉, 모욕과 상처 받은 것에 대해 불평하지 않고 오히려 하나님을 바라보며, 아무 꾸밈없이 진심으로 자기가 죄인의 괴수라고 고백하는 자세를 갖추어야 한다. 이런 섬김에는 세 가지가 있는데, 그것은 듣는 섬김, 서로 돕는 섬김, 형제의 짐을 지는 섬김이라고 했다.

본회퍼는 그리스도인의 공동체 안에서 서로 죄를 고백하는 일이 중요하다고 강조한다. 형제에게 죄를 고백하러 가는 것은 곧 하나님께로 가는 것이라고 말한다. "경건한 사귐은 아무도 죄인이 되는 것을 허락하지 않습니다. 그래서 사람들은 저마다 자기 눈앞에서뿐 아니라 사귐 앞에서 자신의 죄를 덮어두지 않을 수 없을 것입니다. 여러분은 죄가 없기나 한 것처럼 자신에게도 형제에게도 꾸밀 필요가 없습니다. 그대는 죄인이기를 두려워할 필요가 없습니다. 그리고 그것을 생각하고 하나님께 감사하십시오."

이렇게 죄를 고백하는 것으로 십자가에 이르는 길이 뚫린다. 형제 앞에 죄인으로 선다는 것은 견디기 어려운 치욕이다. 하지만 구체적인 죄를 고백하는 것으로 옛사람은 형제의 눈앞에서 죽는다. 처절하게도 한없이 부끄러운 죽음을 죽는 것이다. "우리가 형제 앞에서, 다시 말하면 하나님 앞에서 이같이 자신을 낮춘다는 것은 마음과 몸에 깊은 아픔을 받는 것입니다. 그러나 이 같은 깊은 아픔에서 우리는 예수의 십자가를 우리의 구원이요, 우리의 영원한 축복으로 체험합니다." 바로 이것이 본회퍼의 진솔한 신앙고백이다.

천재적 청년 신학도, 디트리히 본회퍼

디트리히 본회퍼Dietrich Bonhoeffer(1906~1945년)는 1906년 2월 1일 당시에는 독일 영토였으나 현재는 폴란드 영토인 브레슬라우에서 태어났다. 그의 아버지 카를 본회퍼는 정신병리학 교수로 불가지론자였으며, 다른 형제들도 아버지와 같은 길을 걸었다.

본회퍼는 튀빙겐, 베를린 대학교에서 신학을 공부하고 루터교회 목사가 되었다. 스페인 바르셀로나에 있는 독일인 교회에서 목회한 후에 뉴욕으로 건너가 유니온 신학교에서 라인홀드 니부어에게 일 년간 배웠고, 1931년에는 베를린 대학교의 강사가 되었다. 그러나 아돌프 히틀러Adolf Hitler의 권력이 날로 강해지면서 1933년에 그는 학교에서 물러나게 되었다.

1933년 1월 30일, 히틀러가 정권을 장악하자, 본회퍼는 그의 저서 《윤리학》에서 히틀러의 위선과 허위를 날카롭게 지적했다. "악한 행위보다 더욱 악한 것은 악한 존재이다. 다시 말하면, 거짓말쟁이가 진실을 말하는 것이 진실을 사랑하는 사람이 거짓말을 하는 것보다 더욱 악하다."

1939년 본회퍼는 히틀러를 반대하는 저항운동에 가담해 독일의 반체제 지식인들을 규합하는 역할을 맡았다. 그는 히틀러를 암살하고 나치정권을 전복시키는 계획에 깊이 관여하였다. 그러나 1943년 4월 독일 비밀경찰은 충분한 증거를 갖고 있지 않았음에도 약혼식을 올린 지 얼마 되지 않은 본회퍼를 독일제국에 대한 음모혐의로 체포했다. 그는 감옥에서 침착하고 밝고 의연하게 지내면서도, 한

게슈타포에 붙잡혀 옥에서 죽도록 고문당한 후 희생된 자들 중 한 사람인 디트리히 본회퍼.

편으로는 다른 죄수들과 마찬가지로 '미칠 것만 같은' 감정에 휘말려 불안감과 우울증을 이겨내기 위해 자기 자신과 싸워야 했다.

그는 1945년 4월 8일에 약식 군법재판에서 사형선고를 받고, 다음날 아침 히틀러 반대 저항운동을 이끌었던 빌헬름 카나리스 Wilhelm Franz Canaris 장군을 비롯한 동료와 함께 교수형을 당했다. 당시 그의 나이는 39세였다. 그의 비문에는 이렇게 기록되어 있다. "디트리히 본회퍼, 그들 형제 가운데 서 있는 예수 그리스도의 증인. 1906년 2월 4일, 브레슬라우에서 출생. 1945년 4월 9일 플로센부르크 Flossenbürg 에서 죽다."

제3장 행동하는 믿음

더 읽어볼 책

* 디트리히 본회퍼 지음, 허혁 옮김, 《나를 따르라》, 대한기독교서회, 1965.
* 에버하르트 베트게 지음, 고범서 옮김, 《옥중서간(디트리히 본회퍼의)》, 대한기독교서회, 1998.
* 엘리자베스 라움 지음, 길성남 옮김, 《디트리히 본회퍼 : 나를 따르라》, 좋은씨앗, 2004.
* 존 D. 갓시 지음, 유석성·김성복 옮김, 《디트리히 본회퍼의 신학》, 대한기독교서회, 2006.
* 에버하르트 베트게 지음, 김순현 옮김, 《디트로히 본회퍼-하나님의 사람》, 복있는사람, 2006.
* 마크 디바인 지음, 정은영 옮김, 《본회퍼의 삶과 신학》, 한스컨텐츠, 2007.
* 디트리히 본회퍼 지음, 최재훈 옮김, 《본회퍼의 삶과 옥중 시집》, 솔라피데출판사, 2009.

성도의 모임에는 뛰어난 인물이 필요한 것이 아니라, 예수와 형제들을 참으로 섬기는 사람이 필요합니다. 자기 자신의 권위를 세우려고 애쓰는 것이 아니라, 말씀의 권위 아래에 굴복해서 형제 중의 하나가 된 사람만이 그런 권위를 인정받는 것입니다.

- 디트리히 본회퍼

영국의 사회적 양심을 일깨우다

윌리엄 윌버포스　　　　　　　　William Wilberforce

영국의 정치가로 의회개혁과 로마 가톨릭교도의 정치적 해방을 지원하였고 '선언협회'를 설립하였다. 노예무역폐지법을 성립시켰으며 복음주의자 그룹의 중심인물로 해외선교운동에서 크게 활약하였다. 18세기 성공회 복음주의자 중 한 사람으로 평가받고 있다.

《진정한 기독교》
윌리엄 윌버포스 지음 | 조계광 옮김 | 생명의말씀사 | 2009년

1797년 영국, 요크 카운티의 국회의원 윌리엄 윌버포스는 후에 "진정한 기독교에 대한 실제적 안내서"로 알려진 작은 책을 출판하였다. 그 원제는 그가 그 저작으로 성취하려는 목적을 아주 명료하게 보여준다.

18세기 당시 영국의 중상류층 '명목상' 그리스도인들의 종교생활은 《진정한 기독교Real Christianity》와 대조를 이루었다. 따라서 이 책은 큰 대중의 관심을 끌었다. 동시대의 학자인 케빈 벨몬트Kevin

제3장 행동하는 믿음　143

Belmonte는 이 책이 베스트셀러가 되고 6개월 만에 5쇄를 출판한 사실에 주목하였다. 1826년 이전에 이 책은 15쇄를 더 찍었고, 미국에서 25쇄를 출간하게 되었다. 이어서 그 책은 화란, 프랑스, 이탈리아, 스페인 등 각 나라 말로 번역되었다. 이 책이 바로 영국의 사회적 양심을 일깨워 마침내 노예제도를 폐지하게 한 명저이다.

윌버포스에 의하면, 신앙을 고백하는 당시의 그리스도인들이 사실 기독교에 관해 아는 바가 거의 없었다. 기독교에 대한 그들의 견

●●●
〈어메이징 그레이스〉(2006년) 영화의 한 장면
"전능하신 하나님께서는 내 앞에 두 가지 큰 목표를 두셨다. 하나는 노예무역을 금지하는 것이고, 다른 하나는 관습을 개혁하는 것이다." 윌리엄 윌버포스가 1787년 27세 때 자신의 사명을 깨달은 후의 고백이다.

해는 매우 조잡하고 피상적이어서 단지 외적인 형태를 기준으로 기독교와 다른 종교를 구분하였다. 그들은 자신들이 알고 있는 단편적 사실이나 교리를 기독교의 전부인 것처럼 생각하였고, 더 심각한 문제는 그들이 그 교리가 만들어 내는 결과나 실천의 문제에 관해서 무관심하다는 사실이다. 그들은 자신들이 고백하는 신앙을 자기 자녀들에게 교육하지도 않았다.

윌버포스는 신앙이 개인적인 문제로 끝나지 않는다고 강조한다. 물론 신앙은 본질상 겸손해야 하고 개인적이어야 한다. 그러나 신앙의 깊은 수준으로 들어가기 위해 우리는 노력해야 한다. 탐구 없이 지식 얻기를 기대하거나 노력 없이 성공하기를 기대하는 것은 온당치 못하다. 단호한 결심, 끊임없는 인내, 힘든 수고 없이는 그 누구도 높은 학식, 예술적 성취, 권력, 부, 군사적 승리를 기대할 수 없다. 따라서 진지한 노력 없이 그리스도인이 될 수 있으리라고 생각하는 것은 터무니없는 일이다.

기독교는 그 자체만의 독특한 교리와 윤리와 원칙을 가지고 있다. 세상 정치의 처세술이나 도덕 체계를 배우는 데에도 온갖 열심을 기울여야 하듯이, 기독교에 관해 능숙한 지식을 갖는 일도 우연히 이루어지지 않는다. 그러므로 우리는 부지런히 《성경》을 연구해야 한다. 《성경》을 연구할 때 우리는 피상적인 외형에 속지 않게 될 것이고, 그리스도의 복음을 세상 철학자들의 사상과 혼동하는 일을 피할 수 있게 된다. 기독교는 우리로 하여금 교리를 믿고, 원리를 배우며, 그리스도의 계명을 실천할 것을 요구한다.

그러면 기독교는 역사에 어떤 영향력을 끼쳤는가? 기독교가 가는 곳마다 인간의 성품들이 향상되고, 보다 많은 사회적 안정이 이루어졌다. 특별히 가난한 자와 약자들에게 유익이 되었다. 기독교는 처음부터 그런 사람들을 특별히 보호하는 종교로써 그 특징을 드러냈다. 기독교는 처음부터 삶의 실천이 수반되는 신앙이었다.

그러면 참된 그리스도인의 표징은 무엇인가? 그것은 오로지 그리스도를 통해서만 구원받았다는 사실을 믿고, 구원받은 자들에게 주어진 모든 약속을 의지하며, 다른 주인들을 섬기지 않고 온몸과 마음을 모두 하나님께 헌신하는 것이다. 세례는 바로 이와 같은 의미가 있다. 세례를 받은 참 그리스도인들은 오직 하나뿐인 주권자를 섬기는 일에 자신을 모두 드리는 것을 삶의 목적으로 삼기로 한 이들이다. 참된 그리스도인들은 그들의 재능과 소유와 시간, 그리고 영향력 등을 자신의 만족을 위해 사용하지 않는다. 한마디로 그들은 그리스도만이 참된 주인임을 인정한다.

물론 참된 그리스도인들도 자신의 불완전함을 안다. 또한 그들은 각기 타고난 기질도 다르고, 과거에 처했던 개인적인 상황도 다르며, 인격 형성에 영향을 미친 수많은 요건도 각기 다르다. 이런 사실 때문에 그리스도인들은 각기 다른 기질과 성품을 갖게 된다. 어떤 사람은 하나님을 사랑하는 마음이 강하지만, 어떤 사람은 그분을 두려워하는 마음이 강할 수 있다. 어떤 사람은 잘 믿고 의지하는 성향이 강할 수 있지만, 어떤 사람은 감사하는 마음이 강하다. 하지만 모든 그리스도인은 정도의 차이는 있지만, 하나님의 위대하심에 의해 영향을 받는다는 점에서 공통적이다.

《진정한 기독교》는 그리스도인들로 하여금 지식보다는 덕행을 중시하는 삶을 살도록 가르친다. 그는 당시 영국 사회가 도덕적인 질병을 앓고 있다고 지적한다. 해이해진 대중의 도덕성을 어떻게 해서든 바로 잡아야 한다고 호소한다. 이와 관련하여 특히 최고 지도자들의 책임이 크다는 점도 강조한다. 따라서 직위와 부와 능력이 있는 사람이면 누구든지 자신의 활동영역에서 모범을 보임으로써 도덕성을 향상시키는 노력을 기울여야 한다. 이것이 국가를 위한 최선의 길이며, 또한 국가의 안녕을 깊이 염려하는 사람이 추구해야 할 일이다.

저자는 본서를 통해 당시 사회에 큰 관심을 불러일으켰다. 잉글랜드 기득권층에게 큰 도전을 주어 그들로 하여금 진정한 기독교 신앙을 알게 할 뿐 아니라, 해묵은 죄악인 노예제도를 종식시켰다.

노예제도를 폐지한 영국의 양심, 윌리엄 윌버포스

정치가로서 기독교 신앙을 철저하게 실천한 '하나님의 정치인' 윌리엄 윌버포스William Wilberforce(1759~1883년)는 영국 노예제도 폐지에 크게 이바지한 사람이다. 그는 1759년 부유하고 명성 있는 요크셔Yorkshire 상인 가문에서 태어났다.

그는 1784~1785년 유럽 여행 중에 그의 교장이었던 아이작 밀너Isaac Milner와 종교 서적 《영혼에서 종교의 발생과 진보The Rise and Progress of Religion in the Soul》에 관한 토론을 하고 《성경》을 읽는 중에 회심을 경험하게 되었다.

그는 케임브리지 대학교에서 공부하면서 미래의 수상인 윌리엄 피트William Pitt(1783년 수상이 됨)와 오랜 우정을 쌓았다. 1787년 10월 28일, 28세의 영국의 젊은 하원의원 윌리엄 윌버포스는 하나님이 주신 두 가지 소명을 자신의 일기장에 이렇게 썼다. "전능하신 하나님께서는 내 앞에 두 가지의 큰 목표를 두셨다. 하나는 노예무역을 폐지하는 것이고, 다른 하나는 관습을 개혁하는 것이다."

윌버포스는 1833년 7월 29일 세상을 떠났다. 그는 웨스트민스터 사원Westminster Abbey에 안장되었는데, 그의 친구 윌리엄 피트 수상 가까이에 묻혔다.

오늘날 윌버포스는 신앙을 행동으로 옮긴 영웅으로 기억되고 있다. 그는 지도자로서 하나의 롤 모델이 되고 있다. 그가 노예매매를 상대로 투쟁한 이야기는 영화 〈Amazing Grace〉로 만들어졌고(2007년), 노예무역 폐지(1807년) 200주년 기념행사가 거행되었다.

더 읽어볼 책

* 케빈 벨몬트 지음, 송용자 옮김, 《윌리엄 윌버포스와 떠나는 여행-인류의 친구》, 부흥과개혁사, 2007.
* 케빈 벨몬트 지음, 오현미 옮김, 《윌리엄 윌버포스 세상을 바꾼 그리스도인》, 좋은씨앗, 2008.

> 항상 능동적이고 유익한 사람이 되며, 다른 사람들에게 관대하자. 자기를 부인하고 절제 있는 삶을 살자. 게으른 것을 부끄럽게 알자. 물질적인 축복을 받은 경우라면, 헛된 허영심을 충족시키려 하지 말고, 허식을 버리고 검소한 삶을 살며, 유행의 노예가 되지 말자. 다른 사람들을 선의와 친절로 대하는 정신을 함양시키자. 기독교의 생명력이 다시 회복되도록 열심히 기도하자.
>
> - 윌리엄 윌버포스

Alighieri Dante

Lev Nikolaevich Tolstoi

John Milton

Lew Wallace

Nathaniel Hawthorne

Henryk Sienkiewicz

Fyodor Mikhailovich Dostoevsky

Daniel Defoe

제 4 장

기독교 문학

"To these four young men God gave
knowledge and understanding of all kinds of
literature and learning."

(Daniel 1:17)

천 년의 침묵을 깨고
르네상스의 문을 연 불멸의 고전

알리기에리 단테 — *Alighieri Dante*

13세기 이탈리아의 시인. 피렌체의 정쟁政爭에 관여하였다가 추방되어 평생을 유랑하며 지냈다. 시詩를 통하여 중세의 정신을 종합하였으며, 르네상스의 선구자가 되어 인류문화가 지향할 목표를 제시하였다. 작품에는 《신생》, 《향연》 등이 있다.

《신곡》
단테 지음 | 한형곤 옮김 | 서해문집 | 2005년

중세 사람들은 가톨릭교회가 세부적으로 묘사한 연옥煉獄(가톨릭에서 주장하는 교리로 천국에 들어가기 전에 임시로 벌을 받는 중간 영역)에서의 형벌 기간에 대해 매우 실제적인 두려움을 가지고 있었다. 하지만 그들은 지옥에 대해서는 두려워하지 않았다. 왜냐하면 만약 그들이 사제司祭에 의해 용서받고 축복받은 후 죽으면 천국으로 들어갈 수 있는 보장을 받은 것이며, 그 문의 열쇠는 교회가 가지고 있다고 믿었기 때문이다. 그러나 그들은 연옥의 고통을 두려워했는데, 교회에서는 그들이 천국에 도착하기 전에 인간 세상에서 지은 모든 죄를 깨끗이 씻어야 한다고 가르쳤기 때문이다.

일단 고백성사告白聖事가 성례가 되자마자 사람들은 면죄부를 통해 사후 연옥에서 받는 벌을 경감시킬 수 있다고 믿었다. 《신곡 Divine Comedy》의 작가 단테도 그렇게 믿었다.

단테의 《신곡》은 〈지옥 편〉과 〈연옥 편〉, 〈천국 편〉으로 이루어져 있다. 이 작품은 죄에 대한 영혼의 환상과 죄책으로부터의 정화, 그리고 새로운 삶에로의 상승에 대한 기독교적 풍유다. 이 책에서 단테는 중세의 천문학과 신학, 철학에 대한 종합적 지식을 동원하고, 놀라운 상상력과 치밀한 구도를 통하여 초월적인 세계를 여행하는 자신을 그려냈다.

《신곡》에서 단테는 인류를 대표하여 영적 세계를 탐험한다. 처음 두 곳은 이성理性의 상징인 로마의 서사시인 베르길리우스Vergilius의 인도를 받고, 세 번째는 신앙信仰의 상징인 베아트리체Beatrice의 안내를 받는다.

단테가 지옥문 앞에 이르면, 다음과 같은 말이 어두운 색깔로 쓰여 있었다.

"나를 거쳐서 길은 황량한 도시로

나를 거쳐서 길은 영원한 슬픔으로
나를 거쳐서 길은 버림받은 자들 사이로
나의 창조주는 정의로 움직이시어
전능한 힘과 한량없는 지혜,
태초의 사랑으로 나를 만드셨다.
나 이전에 창조된 것은 영원한 것뿐이니,
나도 영원히 남으리라.
나를 거쳐서 여기 들어오는 너희는 모든 희망을 영원히 버려라."

단테는 베르길리우스에 인도되어 먼저 상부 지옥으로 들어간다. 그곳은 여러 단계로 나누어져 있으며, 지옥은 아홉 가지로 구분되어 있고, 아래로 내려갈수록 중한 죄인이 형벌을 받고 있다. 제1옥獄에는 세례를 받지 않은 어린이들과 그리스도를 알지 못한 철학자들(소크라테스Socrates나 플라톤Platon 등)이 있었다. 제2옥에서 단테는 '지옥의 재판관' 미노스Minos를 본다. 이곳에서는 음란함과 애욕의 죄인들이 벌을 받고 있는데, 그들은 칠흑 같은 어둠 속에서 무섭게 휘몰아치는 바람에 휩쓸려 다니는 벌을 받는다. 제3옥은 미식가와 폭식가의 지옥이었다. 제4옥에서는 축재할 줄만 아는 인색한 사람들, 그리고 낭비로 일생을 보낸 방탕아들이 다투고 있었다. 제5옥은 분노에 몸을 맡긴 자들의 지옥이었다. 제6옥은 영혼의 불멸을 부정하고 쾌락을 생활 최고의 원리라고 주장한 에피쿠로스주의 Epicureanism자들이 벌을 받고 있었다. 제7옥에서는 폭력을 행사한 죄인들이 머리는 황소이고 몸은 사람인 미노타우로스Minotauros에 의해 감시받고 있었다. 도둑들은 뱀에 물리는 형벌을 받고 있었다. 제8지옥은 열 개의 '악의 구렁'으로 열 개의 골짜기로 나뉘어 있었다. 여기서는 인륜 관계를 파괴한 기만의 죄를 범한 자들이 벌을 받고 있었다. 제9옥에서는 종교나 정치에서 불화의 씨앗을 뿌린 자들의 영혼이 신체의 여러 곳이 갈라지는 형벌을 받고 있었다. 또한 육친을 배신하고 살인을 함부로 한 자들, 동족의 학살을 자행한 매국노들, 친지에 대한 배신자들, 그리고 은인에 대한 배신자들이 벌을 받고 있었다. 가장 무서운 형벌을 받는 자는 가룟 유다 Iscariot Judas였다. 그는 악마의 입속에 있고 발만 내놓고 있었나. 나른 배신사 브투투

〈단테의 작은 배〉
페르디낭 들라크루아Ferdinand Delacroix. 단테와 베르길리우스는 지옥을 방문하여 처절한 고통 속에 괴로워하는 사람들을 목격하다.

스Brutus와 카시우스Cassius도 영원히 씹히는 벌을 받고 있었다.

단테는 〈지옥 편〉에서 자기의 스승뿐만 아니라, 조국의 지도자들과 교황들까지도 그들의 죄에 따라 가차없이 지옥에 집어넣고 있다.

단테에 의하면, 연옥은 영혼이 죄악에서 깨끗함을 얻어 천국으로 올라가게 되는 준비의 단계이다. 여기서 정화淨火에 의해 고통을 받고 있는 영혼들은 지상에서 이미 회개의 과정을 거쳐 기독교 신앙으로 귀의한 자들이다. 이 영혼들은 이곳에서 소망과 기대 가운데서 천국의 도래를 기다리게 된다.

그리고 천국은 하나님의 사랑과 빛 축복의 영역이다. 단테가 그린 천국의 구조는 지구를 중심으로 하여 월광천月光天, 수성천水星天, 금성천金星天, 태양천太陽天, 화성천火星天, 목성천木星天, 토성천土星天, 항성천恒星天, 원동천原動天, 지고천至高天의 열 개의 하늘로 나눠져 있다.

《신곡》은 3이라는 숫자의 상징적인 구조를 반영하는데, 우선 이 작품이 〈지옥〉, 〈연옥〉, 〈천국〉으로 이루어진 3부작이고, 각 편에서 33곡씩 배치하여 99곡을 이룬다. 또한 각 연은 이탈리아어 음절로 이루어지는 삼행시三行詩로 구성되어 있다.

존 밀턴의 《실낙원》이 청교도 신앙을 노래한 것이라면, 단테의

《신곡》은 가톨릭 신앙의 찬가이다. 영국의 문예비평가 토머스 칼라일Thomas Carlyle(1795~1881년)은 단테의 《신곡》을 가리켜 "중세기 천 년간의 침묵의 소리"라고 격찬하였으며, 괴테Goethe는 "인간의 손으로 만든 최고의 것"이라고 했다.

르네상스의 여명을 밝힌 이탈리아의 시인, 단테

알리기에리 단테Alighieri Dante(1265~1321년)는 중세를 종합하고 인문주의 르네상스의 문을 연 작가이자, 철학자, 평론가, 정치가, 행정가였다. 그는 1265년 5월 30일 피렌체에서 태어났다. 그의 최초의 전기 작가였던 조반니 보카치오Giovanni Boccaccio(1313~1375년)에 의하면, 어머니는 단테를 잉태하면서 월계수 아래 풀밭에서 단테를 낳는 꿈을 꾸었다고 한다.

그는 가정에서 라틴어를 배운 후 산타 크로체 수도원에서 수학했는데, 특히 수사학에 매우 열정을 가졌던 것으로 보인다. 그는 라틴어 외에 프랑스어와 프로방스어에도 정통했으며 음악, 춤, 노래, 그림, 법률 등에도 조예가 깊었는데 대부분 독학으로 이루어낸 것이다.

그는 아홉 살 되던 해 베아드리체를 처음으로 만나고, 9년 후에 그녀를 다시 만나 사랑에 빠진다. 이 무렵부터 베아트리체에게 바치는 연시들을 쓰기 시작했는데, 이 시편들에 주석을 붙여 1294년에 《새로운 삶(신생)》을 펴낸다. 그러나 1300년경 베아트리체의 죽음으로 깊은 고뇌에 빠진 단테는 그 고뇌를 학문에 대한 열정으로 승화시킨다.

그는 정치가로서 길을 걷고자 했으나 당파 싸움에 휘말려 피렌체로부터 추방형을 선고받고 유랑 생활을 시작한다. 단테의 생애와 지적 형성에서 유랑은 중요한 의미를 지닌다. 유랑 생활을 하던 단테의 눈에 비친 세상은 지극히 비정하고 탐욕과 악으로 가득한 곳이었다. 그는 죽을 때까지 피렌체로 돌아가지 못하지만, 오히려 세상을 겪은 경험은 그의 계몽적이고 보편적인 문학관을 형성하게 하였다. 《신곡》은 1304년 〈지옥 편〉을 구상하면서 1321년 〈천국 편〉을 완성하기까지 단테의 유랑 생활 동안 쓰였다.

더 읽어볼 책

* 한형곤 지음, 《풀어쓴 단테의 신곡》, 한국외국어대학교출판부, 2003.
* R. W. B. 루이스 지음, 윤희기 옮김, 《단테-중세 천년의 침묵을 깨는 소리》, 푸른숲, 2005.
* 이마미치 도모노부 지음, 이영미 옮김, 《단테 신곡 강의》, 안티쿠스, 2008.

날이 저물고 있었다. 불그레한 하늘은 지상의 모든 생명에게 고달픈 일을 놓고 쉬라고 하는데, 나 홀로 힘들고 고통스러운 방랑의 길을 떠나기 위해 마음의 준비를 하고 있었다. 내 기억은 이 모든 것을 틀림없이 기록할 것이다. 아! 뮤즈들이여! 지고의 지성이여! 날 도우소서! 아! 내가 본 것을 기록한 기억이여! 여기서 그대의 고귀함을 드러내소서!

- 〈여행을 떠나는 단테의 다짐 / 지옥, 2곡〉 중에서

구원으로 나아가는 인간을 노래하다

존 밀턴　　　　　　　　　　　　John Milton

셰익스피어에 버금가는 영국의 시인이며 청교도 사상가다. 종교개혁 정신의 부흥, 정치적 자유, 공화제 따위를 지지하다가 탄압을 받고, 실명失明과 아내를 잃은 비운을 달래면서 대작 《실낙원》을 썼다. 작품에는 《복낙원》, 《투기사 삼손》이 있다.

《실낙원》
존 밀턴 지음 | 이창배 옮김 | 범우사 | 1989년

《실낙원Paradife Loſt》은 17세기 청교도 존 밀턴의 서사시다. 이 작품은 구약성서 〈창세기〉 3장에 기록되어 있는 인간의 타락에 관한 기독교의 메시지를 다룬다. 타락한 천사인 사탄에 의한 아담과 하와의 유혹과 에덴동산에서 그들이 추방된 사건을 다루고 있다.

《실낙원》의 줄거리는 이 시의 각 권의 서두에 약술되어 있다. 밀턴은 이 서사시의 내용을 사건의 발생 순서대로 진술하지 않고, 고전주의적 서사시의 방식(중간에서 시작하는 방식)을 좇고 있다. 따라서

아담의 타락 장면이 먼저 나오는 것이 아니라, 하늘에서 하나님을 대항하다가 비참한 패배를 당한 사탄(루시퍼Lucifer)과 그의 추종자인 타락한 천사들이 하늘로부터 추방되는 장면이 먼저 나온다.

타락한 천사들은 천국에 대한 새로운 공격을 위해 토론을 벌이는데, 당장에 공격을 개시하자는 자도 있고, 이를 말리는 자도 있다. 결국 사

하늘에서 하나님을 대항하다가 비참한 패배를 당한 루시퍼가 하늘로부터 추방되는 장면.

탄이 제안한 제3안이 채택된다. 그것은 하나님이 창조한 세계에 살고 있을 인간을 유혹하여 자기들 편에 가담하게 하고, 이로써 하나님께 복수하자는 것이다.

제3편을 보면, 하나님은 하늘의 보좌로부터 사탄의 모략을 내려다보시고, 하나님의 독생자가 타락한 인간들을 위한 구원자가 될 것이라고 말씀하신다. 성자聖子는 자발적으로 자신의 희생을 제안하고, 모든 천군 천사는 성자의 영광과 인간의 궁극적인 승리를 송축한다.

에덴동산에서 사탄은 처음으로 아담과 하와가 온갖 축복을 누리

●●●
〈실낙원〉
제3편에 나오는 성자는 자발적으로 자신의 희생을 제안하고, 모든 천군 천사는 성자의 영광과 인간의 궁극적인 승리를 송축하는 모습.

고 있는 것을 본다. 그리고 사탄은 아담과 하와가 금지된 지식의 나무(선악과)에 대하여 이야기하고 있는 것을 엿듣는다. 사탄은 뱀의 모습으로 낙원에 침투하여 하와를 유혹하게 되고, 결국 하와는 선악과 열매를 먹게 된다.

열매를 따 먹은 하와는 죄의 결과인 죽음과 추방을 두려워하면서도 아담을 꾀어 그도 역시 그 열매를 먹게 하기로 결심한다. 하와는 아담이 '행복이든 불행이든' 자신과 함께 나누어야 한다고 생각한다. 하와의 범죄를 알고 아담은 매우 놀라지만 아담은 하와에 대한 사랑 때문에 결국 공범자가 되고 만다.

천지는 원죄原罪(아담과 하와가 선악과를 따 먹은 죄 때문에 모든 인간이 날 때부터 가지고 있다는 죄)가 이루어지는 것을 보고 탄식한다. 이제 순진무구함을 잃어버린 두 사람은 그들의 벗은 몸을 부끄러워하게 된다. 무화과나무 잎으로 허리를 두른 아담과 하와는 서로 상대방을 비난한다.

제10편을 보면, 하늘에서는 인간의 타락이 발표되고, 하나님은 인간에게 전적인 책임이 있다고 선언한다. 하나님은 심판을 내리기 위해 성자가 지상으로 파견되고, 한편 '죄'와 '죽음'은 지옥의 문을 떠나서 지옥과 지구를 이어주는 다리를 놓으며 지상을 향해 간다.

하와는 출산 때에 해산의 수고를 겪어야 하며 남편에게 복종해야 한다는 선고를 받고, 아담은 이마에 땀을 흘리며 노동을 해서 생계를 유지해야 한다는 선고를 받는다.

한편 사탄은 지옥으로 되돌아와 부하들에게 자기의 승리를 알린다. 그러나 그 순간 자기와 모든 추종자가 한순간에 뱀으로 변하는 것을 보게 된다. 에덴에서는 아담과 하와가 겸허하게 자신들의 책임을 깊이 자각하고 회개하면서 화해를 한다.

제11편을 보면, 아담과 하와의 회개를 확인한 성자는 그들의 기도를 들어 하나님께 용서를 간청한다. 하나님은 그들의 회개를 받아들이지만, 그들이 더는 에덴동산에 머무는 것을 허락할 수 없다고 선언한다.

그들을 추방하기 위해 미카엘Michael을 천사들과 함께 에덴으로 보내시면서, 하나님은 미카엘에게 추방 전에 아담에게 미래에 일어날 일들에 관하여 알려주라고 명령한다. 드디어 미카엘은 지상에 내려와 아담과 하와에게 낙원을 떠날 것을 명한다. 하와는 크게 슬퍼하고 아담은 애원하지만, 결국 명령을 따르게 된다. 미카엘은 아담을 높은 산정山頂으로 인도하여 거기서 장차 대홍수大洪水(The Great Flood)가 일어날 때까지의 미래사를 환상을 통해 보여준다.

제12편에서 미카엘은 대홍수 이후의 사건들에 관하여 계속 이야기한다. 특히 인간의 원죄에 대해 속죄하기 위하여 오실 메시아와

그가 받을 십자가 형벌과 그 후의 부활과 승천을 강조한다. 아담은 미카엘이 들려준 인간의 타락과 인류의 미래사를 듣고 타락의 의미를 알게 된다. 또한 아담은 자신이 뒤에 두고 떠난 낙원보다 훨씬 행복한 자기 속의 천국을 소유하기 위해서 이제 새롭게 알게 된 지식에 따라 합당하게 살려고 다짐하게 된다.

한편, 하와는 꿈을 통해 미카엘이 아담에게 일러준 것에 대한 가르침을 받고 나서 큰 교훈을 얻고 돌아오는 아담을 맞이한다. 밀턴은《실낙원》에서 마지막으로 하는 예언을 하와를 통해 하면서 파멸과 회복 모두의 원인으로써의 그녀의 역할을 강조하고 있다.

《실낙원》의 마지막 행들은 타락 이후의 역사에서 인간의 가능성과 선택, 그리고 개인의 책임을 강조하고 있다. 타락한 아담과 하와의 후손들은 엄청난 정치적 격변과 종교적 박해를 겪게 될 것인데, 그 순간마다 자신들이 택하는 선택이 그들의 운명을 결정할 것이기 때문이다.

밀턴은 이 서사시를 사탄과 그의 추종자(타락한 천사)들로 시작했다. 제12편에서 밀턴은 인간의 최초의 아버지와 어머니로 그 시를 마무리하고 있다. 이제 아담과 하와는 불확실한 미래와 새로운 시작 앞에서, 하나님의 약속을 기억하면서 다시 '손에 손을 잡고' 추방자로서의 순례길을 시작한다.

《실낙원》은 사탄의 세력을 격멸하는 신의 섭리의 정당성을 찬양하고, 원죄로부터 구원으로 나아가는 인간 고뇌의 역정을 장엄한 필치로 노래한 청교도 문학의 최고 걸작이라고 말할 수 있다.

셰익스피어에 버금가는 대시인, 존 밀턴

존 밀턴John Milton(1608~1674년)은 셰익스피어Shakespeare에 버금가는 대시인이다. 산문散文 역시 청교도 혁명에 대한 귀중한 해석으로 근대 정치와 종교의 사상사에서 중요한 위치를 차지하고 있다. 그의 할아버지는 로마 가톨릭교도로서 아들이 프로테스탄트Protestant로 개종하자 인연을 끊었다. 밀턴의 아버지는 런던으로 이주하여 공증인과 사채업으로 상당한 재산을 모았다. 밀턴 자신이 늘 찬사를 보냈듯이 아버지는 자녀교육에 큰 관심이 있었으며 어느 정도 명성을 쌓은 작곡가였으므로 그로부터 음악적 재능과 열의를 물려받았다. 어머니에 대해서 밀턴은 자비로운 분이었다고 말했다. 형제로는 누나 앤Anne과 나중에 법률가가 된 남동생 크리스토퍼Christopher가 있다.

예술가로서 밀턴은 자신만만하면서 동시에 겸손하게 자신을 고대 시인, 특히 호메로스Homeros와 그리스 신화의 눈먼 예언자적 시인 티미리스Thymyris와 일치시키고 있다. 그러나 그의 기독교적 주제가 이교 시인의 주제를 능가한다고 천명했다.

더 읽어볼 책

* 조신권 지음, 《존 밀턴의 문학과 사상》, 동인, 2002.
* 최재헌 지음, 《다시 읽는 존 밀턴의 실낙원》, 경북대학교출판부, 2004.

> 인간이 태초에 하나님을 거역하고 / 금단의 나무 열매 맛보아 그 치명적인 맛 때문에 / 죽음과 온갖 재앙이 세상에 들어와 / 에덴을 잃었더니, 한층 위대한 한 분이 / 우리를 구원하여 낙원을 회복하게 되었나니, / 노래하라 이것을, 천상의 뮤즈여. / 오렙의 또는 시나이의 호젓한 산정山頂에서, / 저 목자에게 영감靈感 주어 혼돈에서 태초에 천지가 / 어떻게 솟아났는가를 처음 선민選民에게 / 가르치게 하신 그대, 혹시 시온의 산과 / 신전神殿 가까이 흐르는 실로아의 시냇가 / 더욱 즐거우시거든, 게서 내 청하노니 / 나의 모험스런 노래를 도우시라.
>
> - 《실낙원》 제1편 중에서

죄와 영혼의 문제를 집요하게 추적하다

너대니얼 호손 *Nathaniel Hawthorne*

미국의 소설가. 청교도의 사상·생활 태도에 깊은 관심을 가지고 인간성의 어두운 면을 우의적이고 상징적으로 묘사하는 19세기의 대표적 작가이다. 그의 작품들에는 교훈적 경향이 강하고 철학적·심리적으로 의미심장한 세계가 전개되는 정교한 면이 있다.

《주홍글자》
너새니얼 호손 지음 | 김욱동 옮김 | 민음사 | 2007년

1850년에 간행된 너대니얼 호손의 장편소설 《주홍글자The Scarlet Letter》는 17세기 청교도의 식민지 보스턴에서 일어난 간통사건을 주제로 다룬 작품으로, 죄지은 자의 고독한 심리를 묘사한 19세기 미국문학의 걸작이다. 이 작품은 미국 문단에 커다란 파문을 일으키며 놀라운 성공을 거두었다.

이 소설은 젊고 아름다운 유부녀 헤스터 프린Hester Prynne이 간음죄로 말미암아 17세기 미국 청교도 사회의 징벌 방식에 따라 가

슴에 간음죄의 표식인 A자(Adultery의 첫 글자)를 달고, 어린 딸아이를 안은 채 처형대 앞에 서 있는 장면으로부터 시작한다. 그녀는 미국으로 건너오기 전에 영국에서 나이 차이가 많은 로저 프린Roger Prynne과 내키지 않는 결혼을 했다. 로저 프린은 이지적인 스타일의 과학자로서 그의 아내에게 행복감을 줄 수 없는 남편이었다.

아내를 먼저 미국으로 보낸 후 2년 늦게 보스턴에 도착한 그는, 자기 아내 헤스터 프린이 '치욕의 징표'인 주홍글자를 가슴에 달고 처형대 앞에 서 있는 것을 보고, 충격과 함께 분노를 느낀다. 그러나 담담한 표정으로 분노를 억제한다.

헤스터는 집요하게 심문하는 관헌과 종교지도자들 앞에서 간음의 상대자를 밝히지 않는다. 또한 그녀는 자기를 찾아온 남편에게도 진실을 고백하지 않는다. 그러자 남편은 그녀에게 앞으로 타인들 앞에서 자기를 아는 채 하지 말 것을 당부하고, 이제부터 자기는 칠링워스Chillingworth라는 이름으로 의사 행세를 하리라고 말한다. 그리고 그는 간음의 상대자를 반드시 찾아내어 그의 정체를 세상에 폭로하겠다는 결심을 한다.

감옥에서 풀려난 헤스터는 광야의 가장자리에 자리 잡은 작은 오두막집에 기거하면서 바느질로 생계를 꾸려나간다. 그녀의 딸 펄Pearl은 총명하기는 하지만, 변덕스럽고 고집 센 아이로 성장해간다. 헤스터는 자선에 힘씀으로써 속죄를 하고, 잃었던 품위를 회복하려고 노력한다.

간음죄의 공범은 신도들의 존경을 한몸에 받고 있던 목사 아서 딤즈데일Arthur Dimmesdale이다. 비록 그는 헤스터를 심문하던 장면에서는 위선적 태도로 자백을 권고하는 척하지만, 차츰 자기의 간음에 대한 자괴감自塊感과 회한으로 극심한 심적 고통을 겪는다. 칠링워스는 드디어 이 목사가 펄의 아버지라는 사실을 탐지하고, 목사가 그의 죄를 공석에서 고백하도록 유도하기 위해서 무자비하게 그의 마음을 괴롭히고 공격한다.

헤스터는 딤즈데일 목사의 심신이 날로 쇠약해가는 것을 보고, 칠링워스에게 그 잔인한 박해를 중지해달라고 간청한다. 그러나 자신의 요청이 거절당하자 헤스터는 목사에게 칠링워스의 정체를 알려주고, 자기와 함께 아이를 데리고 유럽으로 도피할 것을 권유한다. 그들은 나흘 후에 떠날 선편을 마련한다. 그러나 그 배의 선장은 칠링워스도 같은 배를 타게 되어 있다는 사실을 알려준다. 결국 그 계획은 수포로 돌아간다.

청교도 사회에서 매우 중시되는 선거일 축하설교를 교회에서 마친 목사는 관리들과 함께 시내를 행진하게 된다. 악대의 행진곡에 맞춰 걸어가던 목사는 헤스터와 펄이 처형대 앞에 서 있는 것을 보게 된다. 그러자 목사 아서 딤즈데일은 미친 사람처럼 그 모녀에게 다가가서 그들의 손을 잡고 그 치욕의 처형대 위로 함께 올라간다. 군중 사이에 큰 소동이 벌어진다. 목사 가까이에 서 있던 지위 높고 위엄 있는 사람들은 지금 눈앞에 벌어지고 있는 사건에 경악하여 무슨 영문인지 갈피를 잡지 못한다.

목사는 그곳에 나타난 칠링워스에게 이렇게 말한다. "나를 이곳으로 인도하신 하나님께 감사할 뿐이오." 그리고 헤스터를 향해 몸을 돌려 나지막한 소리로 말한다. "우리가 숲 속에서 꿈꾸었던 것보다는 차라리 이게 더 낫지 않소?"

정오가 겨우 지난 한낮의 태양은 하나님의 심판 자리에서 자신의 죄를 밝히려고 땅 위에 우뚝 선 목사에게 내리쬐여 그의 모습을 뚜렷이 드러내고 있다. "뉴잉글랜드 주민 여러분!" 목사가 큰 소리로 외치는 목소

《주홍글자》
영화에서는 현대의 미국과 이민 초기의 미국 사회, 또 그 초기 미국사를 바라보는 19세기 지식인의 시선을 엿볼 수 있다

제4장 기독교 문학　171

리는 우렁차고 장엄하지만, 떨림과 때로는 헤아릴 수 없이 깊은 참회와 고뇌의 심연에서 솟아오르는 듯 날카로운 비명이 섞여 있다. "그동안 저를 사랑해 주신 여러분! 저를 성스럽다고 생각해주시던 여러분! 이 사람을 보십시오. 이 세상에서 하나밖에 없는 이 죄인을! 마침내! 정말로 마침내! 저는 7년 전에 마땅히 섰어야 할 이곳에 지금 섰습니다."

격렬하게 말을 이어가던 목사가 앞가슴에서 목사복의 띠를 떼어 버리자, 마침내 치욕의 낙인인 주홍글자가 드러난다. 7년간이나 감추어 온 자기 죄악의 표식을 폭로한 것이다. 그리고 공포에 질린 군중 앞에서 목사는 힘없이 쓰러진다.

이 작품의 주제는 이 이야기가 시작되기 전에 이미 저질러진 간음죄에 대한 결과가 사건에 관련된 세 사람, 즉 헤스터와 딤즈데일과 칠링워스의 양심과 생활에 어떤 영향을 끼치고 있는가를 밝히는 데 있다. 물론 이 작품의 해석은 수많은 학자에 의하여 여러 각도에서 시도되었다.

너대니얼 호손의 이 작품은 청교도적인 전통의 '악과 도덕적 책임'에 입각하여 인간의 내면적인 문제를 집요하게 잘 표현하고 있으나 다소 현실성이 부족하다는 평을 듣기도 한다. 그리고 작가에 의해 표현된 청교도의 모습은 진정한 청교도 정신이나 그 삶에서 다소 멀리 떨어져 있다. 따라서 이 작품에서 받은 인상으로 청교도를 이야기하는 것은 청교도에 대한 공정한 평가가 되기 어렵다.

미국 낭만주의 문학의 선구자, 너대니얼 호손

너대니얼 호손Nathaniel Hawthorne(1804~1864년)은 1804년 7월 4일 독립기념일에 매사추세츠 주 세일럼Salem 마을에서 3남매 중 둘째로 태어났다. 호손은 어릴 때 학교에서 공놀이하다가 발을 심하게 다친 적이 있었다. 그 후 3년 동안 계속 집에서 칩거 생활을 했는데, 그의 왕성한 독서력은 아마도 이 시기에 생겨난 듯하다. 그는 셰익스피어의 여러 작품과 존 버니언의 《천로역정》 등을 즐겨 읽었다고 알려졌다.

호손은 어릴 적부터 문학을 좋아했지만, 작가가 되기로 한 것은 대학교에 다니던 시절이었다. 메인 주 브런즈윅Brunswick에 있는 명문 사립 보든 대학교에 입학한 그는 학업에는 별다른 흥미를 느끼지 못한 채 작가로서의 길을 모색했다. 호손은 대학교 졸업 후, 세일럼에 있는 자가로 돌아와 다른 작가들의 작품들을 두루 섭렵하고 소설의 소재를 수집하면서 작가 수업에 들어갔다.

그가 1837년까지 세일럼에서 어머니와 함께 보낸 '고독의 시대'

《주홍글자》
너대니얼 호손의 1850년 초판 사본. 2004년 12월 17일, 뉴욕에서 경매로 545,100달러에 판매됨(AP).

는 그가 작가가 되는 데 아주 비옥한 거름이 되었다. 그는 여러 잡지에 단편소설을 기고하다가 1828년 첫 장편소설 《팬쇼Fanshawe》를 출간했다. 1837년 발표한 첫 단편집 《두 번 들은 이야기Twice-Told Tales》에 이 작품을 높이 평가하는 에드거 앨런 포Edgar Allan Poe(1809~1849년)의 서평이 실리면서 비로소 작가로서 세상의 관심을 끌기 시작했다. 후에 본격적으로 집필 활동을 시작한 그는 1850년 대표작 《주홍글자》를 발표하여 작가로서의 위치를 확고히 했다. 당시 그와 친교를 맺고 있던 허먼 멜빌Herman Melville(1819~1891년)은 그의 천재성에 감탄하여 자신의 작품 《모비 딕Moby Dick》을 호손에게 헌정했다. 이후 《옛 목사관의 이끼Masses From the Old Manse》, 《일곱 박공의 집The House of the Seven Gables》 등의 소설을 발표하면서 문학을 통해 인간의 영혼과 죄악 등의 문제를 탐구하는 데 노력했다. 1864년 여행 중 플리머스에서 세상을 떠났다.

더 읽어볼 책

* 나다니엘 호손 지음, 김지원 외 옮김, 《블라이드데일 로맨스》, 문학과지성사, 2006.
* 너새니얼 호손 지음, 최애리 옮김, 《영원한 기쁨》, 현대문학, 2004.

> "헤스터, 우리는 결코 이 세상에서 가장 나쁜 죄인은 아니오. 심지어 타락한 목사보다도 더 흉악한 죄인이 한 사람 더 있소. 그 사람의 복수야말로 내 죄보다도 더 무서운 죄요. 냉혹하게도 그 사람은 신성한 인간의 마음을 범했소. 헤스터, 당신과 나는 그런 짓을 한 적이 한 번도 없었소!"
>
> -《주홍글자》중에서

삶의 본질과 인간 영혼을 탐구하다

도스토옙스키　　　𝔉yodor 𝔐ikhailovich 𝔇ostoevsky

제정 러시아Czarist Russia의 소설가. 19세기 러시아 리얼리즘 문학의 대표자로, 잡지 〈시대〉와 〈세기〉를 간행하면서 문단에 확고한 터전을 잡았다. 인간 심리의 내면에 깃들인 병적이고 모순된 세계를 밀도 있게 해부하여 현대 소설에 막대한 영향을 끼쳤다.

《카라마조프 가의 형제들 1, 2, 3》
도스토예프스키 지음 | 김연경 옮김 | 민음사 | 2007년

이 작품에 등장하는 표도르 파블로비치 카라마조프Fyodor Pavlovich Karamazov는 농노해방 직후의 러시아의 작은 시골 마을의 지주이다. 그는 욕심이 많으며 방탕한 생활을 일삼는 지주였다. 그에게는 세 아들이 있었는데, 이성적인 정열과 러시아인다운 순수성을 가진 장남 드미트리Dmitri, 무신론자이며 허무적인 지식인 둘째 이반Ivan, 수도원에서 사랑의 가르침을 설교하는 조시마Zosimas 장로의 영향을 받은 순진무구한 셋째 알료샤Alyosha, 그리고 아버지가

백치 거지 여인에게서 낳은 또 하나의 아들인 스메르자코프 Smerdyakov가 있다.

표도르는 청년 시절부터 방탕한 생활을 한 탓으로 그의 육신은 쇠약했지만 두 번 결혼하였다. 첫 번째 부인은 맏아들인 드미트리를 낳은 후 얼마 되지 않아 집을 나가버렸다. 그의 두 번째 아내는 결혼 후 두 아들 이반과 알료사를 낳고 세상을 떠났다. 이 세 아들은 하인들과 친척들에 의해 양육을 받았다. 그런 와중에 표도르는 한 가련한 백치 처녀를 겁탈하여 남자아이를 낳게 한 것으로 추정된다. 그 아이의 이름이 스메르자코프다. 그는 자기 아버지 표도르의 하인이며 요리사이다.

이 네 명의 젊은이들은 서로 너무나 달랐다. 장남 드미트리는 퇴역한 장교로 아버지의 성품을 물려받기나 한 것처럼 방탕한 생활에 빠졌고, 돈의 씀씀이가 너무 헤퍼 언제나 돈에 쪼들렸다. 또 그는 자유분방한 여인 그루센카 Gruschenka와 재산 문제로 아버지 표도르와 자주 싸운다. 드미트리에게는 약혼녀인 카테리나 Caterina가 있었다. 그러나 그는 그루센카를 사랑한다. 한편 동생 이반은 형의 약혼녀를 사랑한다.

둘째 아들 이반은 매우 지적이고 자존심이 강하며, 매사에 신중한 청년으로 시구적인 힐리주의자였다. 그는 자연과학의 입장에서

신의 존재를 부인하며, 정통 기독교를 떠난 자로서 아무런 정신적 지주支柱를 갖지 못했다.

셋째 아들인 알료사는 매우 종교적인 인물이다. 건강하고 겸손하고 미남으로 생긴 그는 어디를 가도 사람들로부터 사랑을 받는다. 그는 어릴 때부터 그 지역 수도원에 들어가 신앙이 돈독한 조시마 장로 밑에서 가르침을 받는다. 알료사는 형들의 잘못을 참회하면서 인간의 어리석음과 한계를 조용히 묵상하며 자신의 길을 걸어 나간다. 또한 그는 아버지와 형들을 그리스도의 사랑으로 화해시키려고 노력한다. 알료사는 신에 대한 사랑이 충만하면서도 가장 이상적이고 바람직한 인간으로 상징되어 있다.

사생아이며 넷째 아들로 간주될 수 있는 스메르자코프는 비천한 출생 배경과 지위 때문에 증오와 시기심으로 살아간다. 그는 둘째 아들 이반이 주장하는 무신론을 자기 나름대로 해석하여, 이 세상에는 선악善惡이란 존재하지 않는다고 단정하고, 아버지 표도르에 대한 복수의 기회를 노린다.

아버지 표도르는 장남 드미트리와 자기 사이의 갈등을 해결할 목적으로, 조시마 장로의 충고를 통해 가족 간의 화해를 시도한다. 조시마 장로는 추상적 인류애보다는 인내심과 의지력 그리고 진실성을 강조하는 신앙의 지도자다.

아버지와 아들들과의 만남은 실패로 돌아간다. 그 이유는 아버지 표도르가 추태를 보이고 자식들과 싸움을 벌이며, 동석한 수도사들에게 무례하게 행동했기 때문이다. 조시마 장로는 알료사에게 수도원을 떠나 세상으로 나가라고 명령한다. 그 이유는 알료사가 그의 형들과 다른 사람들을 도울 수 있는 곳은 바로 세속 안에 있다고 생각했기 때문이다.

한편 표도르는 한 여자를 두고 아들 드미트리와 추악한 싸움을 벌인다. 표도르는 돈의 힘으로 여자를 유혹하려 하고, 드미트리는 열정과 젊음으로 승리를 거두려 한다. 드미트리는 자칫하면 아버지를 죽일지도 모를 궁지로 몰린다. 이 상황을 이용하여 스메르자코프는 표도르를 죽이고, 그 죄를 드미트리에게 전가하는 데 성공한다. 그 결과 드미트리는 시베리아 유형을 선고받아 떠난다. 또한 이반은 자기가 간접적인 하수인이 되었음을 알고 미쳐버리고, 스메르자코프는 결국 인생에 절망하여 자살하고 만다. 이상과 같은 기본적 플롯에 수많은 사건이 파생하고 있다.

이 걸작의 사상을 간단하게 표현하는 것은 매우 어려운 일이다. 혹자는 이 소설의 주제를 신神을 향한 인간의 탐구라고 말하기도 하고, 또 다른 이는 인간 실존과 관련된 영원한 철학적 문제들이라고 말한다. 소시마 장로는 알료시에게 기독교는 기쁨과 소망을 수는 종교라는 점과 사람은 누구나 모든 사람에게 연대적 책임이 있다는 사상을 강조한다. 따라서 사랑만이 삶의 근본 원리가 되어야 한다고 가르친다. 이 작품에서 도스토옙스키는 우리가 그리스도가 가르친 사랑 속에서 인류의 행복을 추구해야 한다는 사실을 강조한다.

이 소설에 등장하는 삼 형제는 당시 러시아의 인물유형을 상징하는 것으로 보인다. 드미트리는 무능하면서도 고결한 감정을 가지는 귀족들의 유형을, 이반은 서구사상에 해박하면서도 신이 없다면 모든 것이 허용된다는 무신론자의 유형을, 알료사는 기독교적 사랑으로 공동체를 끌어안는 사람들의 유형을 상징하는 것으로 보인다. 도스토옙스키는 이 작품을 통해 외면적 아름다움이 아닌 가장 고귀한 도덕을 가진 인물을 구현해 내려고 했다.

영혼과 인간성의 심층을 탐구한 작가, 도스토옙스키

러시아의 소설가 도스토옙스키Fyodor Mikhailovich Dostoevsky(1821~1881년)는 모스크바의 의사의 집에서 태어났다. 그는 독서를 좋아하여 청소년 시절부터 많은 고전을 읽었다. 어머니의 별세 후 그의 아버지는 영지에 은거하면서 농노들의 원한을 사게 되어 그들에게 참살되었다. 이 피비린내 나는 사건은 감수성이 강한 그에게 큰 충격을 안겨줬으며, 그의 만년의 대작 《카라마조프 가의 형제들Karamazov Brothers》의 살인 소재가 되었다.

1845년에 그는 처녀작인 《가난한 사람들Bednye Lyudi》을 완성하였는데, 이 작품은 그의 학교 시절의 동창이며 일찍 문단에 데뷔했던 그리고로비치Grigorovich(1822~1899년)가 읽고 감동하여 발표할 수 있도록 주선해 주었다. 시인 네크라소프Nekrasov(1821~1878년)는 이 원고를 읽고 너무 감동되어 "새로운 고골Gogol(러시아의 비판적 리얼리즘 문학의 창시자)이 나타났다!"고 외치면서, 당시 문단을 주도하던 비평가 베린스키Belinsky(1811~1848년)에게로 전하게 되었다. 그도 작가의 재능을 극찬하면서 "자기의 재능을 귀중하게 간직하고 꾸준히 재능에 충실하면 대가가 될 수 있을 것이다"라고 예언했다. 도스토옙스키는 삼십 년 뒤, 이때를 회상하면서 "내 생애에 가장 즐거웠던 순간"이라고 술회한 적이 있다.

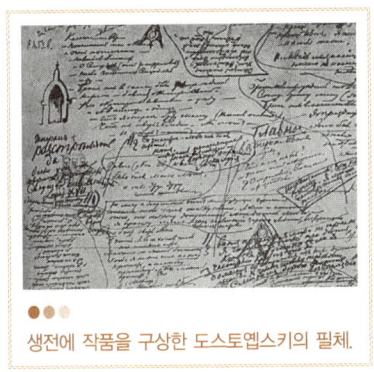
생전에 작품을 구상한 도스토옙스키의 필체.

그는 《죽음의 집의 기록》, 《지하생활자의 수기》, 《죄와 벌》, 《백치》, 《악령》 등의 걸작을 잇달아 발표하였다. 마지막 작품인 《카라마조프 가의 형제들》에 이르러서는 철학과 종교를 기초로 하는 놀라운 심리소설에 도달하였다.

더 읽어볼 책

* 슈테판 츠바이크 지음, 장영은 외 옮김,《톨스토이와 도스토예프스키》, 자연사랑, 2001.
* 도스토예프스키 지음, 유성인 옮김,《죄와 벌》, 하서, 2008.
* 도스토예프스키 지음, 이덕형 옮김,《죽음의 집의 기록》, 열린책들, 2008.
* 박영은 지음,《도스토예프스키》, 살림, 2009.
* 도스토예프스키 지음, 박형규 옮김,《가난한 사람들》, 누멘, 2010.

"사망이 죄의 값이라면 갓 태어난 아이의 죽음은 어떻게 설명하시겠습니까?"
- 이반

"그것은 이미 2천 년 전에 끝난 이야기다. 아이보다도 더 순결한 예수님이 아무 죄도 없이 십자가에서 못 박혀 돌아가시지 않았는가?"
- 조시마 장로

종교적 신념을 예술적으로 형상화하다

톨스토이   *Lev Nikolaevich Tolstoi*

도스토옙스키와 함께 19세기 러시아 문학을 대표하는 세계적 문호이고 동시에 문명비평가 및 사상가로서도 위대한 존재다. 그는 귀족 출신이었으나 유한有閑 사회의 생활을 부정하였으며, 구도적求道的 내면세계를 보여주었다. 러시아 문학과 정치에 큰 영향을 끼쳤다.

《부활 1, 2》
톨스토이 지음 | 박형규 옮김 | 민음사 | 2003년

《부활Resurrection》은 러시아의 대문호 톨스토이가 만년에 완성한 역작으로 《전쟁과 평화》, 《안나 까레리나》와 더불어 톨스토이 3대 걸작 중 하나로 손꼽힌다. 이 작품의 기본 줄거리는 비교적 간단하다. 즉, 한 남자 주인공이 여자 주인공에게 끼친 비도덕적 행위를 뉘우치고 속죄의 노력을 계속하는 이야기이다.

이 소설은 처음에 《코니의 수기手記》란 이름이 붙여졌는데, 그것은 작가가 우연히 A. F. 코니로부터 들은 얘기기 그 뼈대가 되어 있

었기 때문이다. 코니는 핀란드의 어느 고아 소녀의 비극적인 이야기를 톨스토이에게 들려주었다. 즉, 과거에 한 처녀를 유혹한 남자가 배심원이 되어 법정에서 그 여자를 다시 만나고, 그것이 계기가 되어 양심의 눈을 뜨게 된다는 이야기이다. 톨스토이는 이 이야기를 단순히 도덕적 심리적인 면에서만 고찰하고자 했지, 최종 원고에서처럼 사회적인 날카로운 비판은 예정하지 않고 있었다.

그러나 작품을 써나가는 동안에 《코니의 수기》는 법정에서의 재판부터 시작해야 한다고 생각하게 되었고, 작가의 관심은 차츰 사회적인 관점으로 주제를 바라보게 되었다. 이와 같은 구상 아래 1895년에 《코니의 수기》는 일단 완성을 보았지만, 그것은 현재의 《부활》과는 많이 달랐다.

작가는 그로부터 2년 반이 지난 후, 이 작품을 철저하게 개작했다. 개작이 진행됨에 따라 작품은 사회문제를 포함하는 장편소설로 그 모습이 바뀌었고, 제정 러시아의 정권과 교회를 고발하는 비판적인 내용이 되었다.

《부활》은 여죄수 마슬로바Maslova가 출정出廷하기 위해 교도소 감방을 나서는 장면부터 시작된다. 마슬로바는 농부의 딸인 어머니가 죽자 그 주인인 여자 지주地主에게 맡겨져서 '카튜샤'란 이름으로 불리며 귀여움을 받았으나, 18세가 되던 봄, 여주인의 조카뻘 되는 젊은 공작에게 유혹을 받아 정조를 바치고 임신을 하게 된다. 공작이 떠난 후, 카튜사는 주인집을 뛰쳐나와 이것저것 직업을 바꾸면서 살아가다가, 끝내는 창녀로 전락하고 만다.

그런데 그녀가 26세 되던 해에 생각지도 않던 사건이 일어나, 억울한 누명을 쓰고 법정에 끌려나온 것이다.

한편 백모(伯母)네 집에서 카튜사를 유혹한 네플류도프 공작은 배심원의 한 사람으로 법정에 출두, 여자 죄수 마슬로바가 지난날 자기가 유혹해서 몸을 빼앗은 카튜사임을 발견하고 매우 놀란다.

그날 저녁부터 공작은 양심의 가책 때문에 괴로워한다. 이튿날에는 감옥에 있는 그녀를 찾아가 용서를 빌지만 카튜사의 태도는 냉담했다. 카튜사에게는 지난날의 상처가 다시 생각하기조차 쓰라린 것이었다.

네플류도프는 이 면회에서 강한 충격을 받은 후, 이번에야말로 끝까지 양심에 충실하리라 맹세한다. 그는 변호사에게 의뢰하여 항소를 시도했지만 아무 효과 없이 카튜사는 시베리아로 유형의 길을 떠나게 된다. 양심의 가책을 못 이긴 네플류도프는 카튜사를 따라 시베리아로 가려고 3등 열차에 오른다.

죄수의 무리가 먼 길을 걸었을 때 카튜사는 네플류도프의 주선으로 형사범의 대열에서 정치범의 대열로 옮겨진다. 이것은 그녀에게 육체적 정신적으로 큰 위안을 주었다. 특히 그녀는 일행 가운데 시몬스란 남자와 마리아란 여자 정치범에게서 큰 영향을 받는다. 죄수들의 여행은 악천후를 무릅쓰고 계속되었다. 그러나 네플류도프는 카튜사의 마음에 변화가 나타나는 것을 보고 기쁨을 누를 길이 없었다.

시베리아에 도착한 어느 날, 카튜사를 보기 위해 수용소로 찾아간 네플류도프는 시몬스로부터 그녀와의 결혼을 허락해달라는 요구를 받고 놀란다. 사실 카튜사는 네플류도프의 생애를 망칠까 두려워하여 시몬스와 함께 떠나려고 했었다. 카튜사는 자기의 결심을 실행한 기쁨을 느끼면서도 네플류도프와의 이별 때문에 고민한다.

네플류도프는 그녀를 시몬스에게 맡기기로 하고, 자기는 다른 고통받는 사람들의 구원을 위하여 평생을 바치기로 한다. 그가 이런 결심을 하는 데는 그가 애독하던 신약성경 속의 '산상보훈'(마 5~7장)의 사상이 깊은 영향을 끼쳤다. 그리스도의 이 교훈의 실천에 최선의 노력을 기울이기로 한 네플류도프의 마음은 오랫동안의 고통 끝에 드디어 참다운 평안을 얻게 된다.

톨스토이는 그의 책 《예술이란 무엇인가》에서 "진정한 예술은 기독교 예술이 되지 않으면 안 된다. 기독교 예술의 주제는 사람들과 하나님, 또 사람들과 사람들 상호 간의 결합을 도모할 수 있는 감정이어야 한다"고 주장한다. 《부활》은 바로 톨스토이의 이런 예술론을 실천하기 위해 쓰여진 작품이다.

이 작품에서 톨스토이는 한 귀족과 창녀가 정신적으로 부활하는 과정을 통해, 당대 러시아의 정치, 경제, 법률, 종교 등의 불합리성에 예리한 비판을 가하면서 인간에 대한 사랑을 근본으로 하는 자신의 사상을 감동적으로 보여주고 있다.

인간 사랑의 메시지를 작품에 담은, 톨스토이

근대 러시아의 소설가 메레즈콥스키Dmitry Sergeevitch Merejkovsky에 의하면, 톨스토이Lev Nikolaevich Tolstoi(1828~1910년)와 도스토옙스키는 러시아 땅에서 태어난 천재적 작가들이다. 그는 두 문호의 동등한 위대함을 인정하면서도, 근본적으로는 톨스토이를 '육체의 투시자透視者'로 보고 도스토옙스키를 '영혼의 투시자'로 평가한다. 그러면서 톨스토이와 도스토옙스키는 한 그루 나무에서 난 두 튼튼한 가지로써 그 끝은 반대 방향으로 갈라져 있으나 뿌리는 원래 한 줄기에 의하여 연결되어 있다고 말했다.

메레즈코프스키는 톨스토이의 천재성에 최대의 경의를 표하면서도 사상가로서의 도스토옙스키에게 보다 큰 비중을 둔다. 그는

●●●
톨스토가 사랑했던 아내 소피아Sophia.

이 두 문호의 장점이 결합할 때 최상의 문학 작품이 나올 수 있을 것으로 본다.

러시아의 작가 톨스토이는 도스토옙스키와 함께 19세기 러시아 문학을 대표하는 세계적 문호이자 문명비평가, 사상가로도 위대했다.

귀족의 집안에서 태어나 카잔Kazan 대학을 중퇴하고는 영지領地로 돌아가 지주로서 영지 내의 농민들의 생활과 농사일을 개선하기 위해 노력했고, 1861년에 초등학교를 세워 농민들과 아이들을 가르쳤다.

1852년 처녀작 《유년시대》를 익명으로 발표하여 네크라소프 Nekrasov(1821~1878년)로부터 격찬을 받았고, 《소년시대》, 《세바스토폴 이야기》 등의 작품으로 청년 작가로서의 지위를 확립했다.

결혼 후 문학에 전념하여 불후의 명작 《전쟁과 평화》를 발표하고, 이어 《안나 카레니나》를 완성했다. 이 무렵 죽음에 대한 공포와 삶의 무상함으로 종교에 의존하게 되었는데, 이때의 사상을 '톨스토이주의'라고 부른다. 그리고 《부활》은 톨스토이 문학의 총결산이라고 말할 수 있다.

1910년 장녀와 함께 집을 떠나 방랑길에 올랐으나 아스타포보라는 작은 시골 기차역(현 톨스토이 역)에서 세상을 떠났다. 2010년 사후 백 주년을 맞은 톨스토이는 팔십여 년이라는 생애 동안 많은 작품을 남겼다.

더 읽어볼 책

* 편집부 지음, 《톨스토이》, 인디북, 2004.
* 톨스토이 지음, 동완 옮김, 《예술이란 무엇인가》, 신원문화사, 2007.
* 톨스토이 지음, 김순진 옮김, 《톨스토이 단편선》, 일송북, 2007.
* 톨스토이 지음, 박형규 옮김, 《안나 카레니나 1, 2, 3》, 문학동네, 2010.

> 나는 정신으로서, 사랑으로서, 만물의 근원으로서 이해되는 신을 믿는다. 나는 신이 내 속에 있으며, 또 내가 신 속에 있음을 믿는다. 나는 또 인간의 참된 행복은 신의 의지를 표현하는 것에 있으며 신의 의지라는 것은 인간이 서로 사랑하고 남을 자기처럼 사랑해야 한다는 것을 믿는 것이다.
>
> — 톨스토이

용서와 사랑이 진정한 승리의 길이다

| 루 월리스 | Lew Wallace |

미국의 소설가, 정치가, 군인. 멕시코전쟁과 남북전쟁에서 공훈을 세우고, 뉴멕시코 지사와 터키 공사를 역임했다. 그의 알려진 대중소설로는 《백색의 신》(1873년), 《인도의 왕자》(1893년) 등이 있다. 《자서전》(1906년)은 그가 죽은 뒤 미망인에 의하여 출판되었다.

《벤허》
루 월래스 지음 | 최종수 옮김 | 크리스챤다이제스트 | 2001년

사람들은 소설 《벤허Ben Hur》보다 영화 〈벤허〉에 익숙하다. 필자도 십대 시절에 영화를 보았다. 소설을 원작으로 한 영화 〈벤허〉는 1959년에 만들어졌는데, 윌리엄 와일러Wilhelm Weiller가 감독하고 찰턴 헤스턴Charlton Heston, 스티븐 보이드Stephen Boyd 등이 주연을 맡았다.

소설 《벤허》의 줄거리는 비교적 단순하다. 시대 배경은 서기 26년, 로마 제국 시대. 유다 벤허Judah Ben-Hur는 예루살렘에서 소문

난 부호로 노예도 많았다. 벤허는 시모니데스Simonides란 노예의 딸 에스터Esther가 출가를 한다는 말을 듣고 노예 신분을 풀어준다. 비록 노예 신분이지만 벤허는 그녀를 은근히 좋아했다.

어느 날 로마의 지배 아래에 있던 이스라엘에 새로운 총독 발레리우스 그라투스Valerius Gratus가 부임해오는데, 신임 총독 일행에 주둔 사령관으로 벤허의 옛 친구인 메셀라Messala도 함께 온다. 메셀라는 벤허의 오랜 친구였다. 그러나 옛날과는 달리 그들은 로마와 이스라엘이라는 적대적인 상황에 의해 우정에 금이 간다. 다음 날 신임 총독의 부임 축하 행진 중에 벤허의 여동생의 실수로 기왓장이 총독에게 떨어지는 사건이 벌어진다.

기와가 얼굴을 쳐든 발레리우스 그라투스 총독에게 정통으로 떨어진 것이다. 총독은 기절하여 말에서 떨어졌고 기병들은 말에서 뛰어내려 방패로 총독을 에워쌌다. 이 사건을 목격한 군중들은 젊은이가 일부러 한 일이라고 생각하여 우레와 같은 박수를 보냈다.

이를 유대인의 계획적인 사고로 보고 메셀라는 무고함을 알면서도 벤허의 가족을 잡아들인다. 결국 어머니 미리암Miriam, 누이 티르자Tirzah, 연인 에스터는 감옥에 갇히고, 벤허는 재산을 몰수당한다. 벤허가 쇠고랑에 묶이고 포박을 당한 채 끌려가다가 나사렛에서 예수님을 만나는 장면은 매우 감동적이다(영화에서도 이 장면은 마음을 따뜻하게 하는 명장면이다).

"그때 아까부터 요셉의 뒤를 따라온 한 젊은이가 등에서 톱(굵은 끈과 같은 모양으로 만들어진 섬유)을 내려놓더니 우물에서 한 사발의 물을 떠가지고 포로(유다 벤허) 곁으로 다가갔다. 젊은이의 하는 행동이 퍽 우아하고 점잖게 이루어졌으므로 누구 하나 그 손을 막으려 들지 않았다. 젊은이가 부드럽게 포로의 등에 손을 올려놓자 포로는 눈을 들고 이 젊은이를 바라보았다. 아, 그 모습! 아마도 그 포로는 언제까지라도 그 맑은 얼굴 모습을 잊을 수가 없으리라! 얼굴의 윤곽을 장식하고 있는 물결치는 갈색의 머리털, 높푸른 가을 하늘처럼 끝없이 맑은 두 개의 눈, 그것은 사랑과 위엄이 가득하여 보는 사람으로 하여금 신뢰와 복종을 불러일으키지 않을 수 없는 눈이었다. 어떠한 고통의 물결 속에 자기 몸이 뒹굴지라도 지금 자기 자신에게 내려 닥친 이 무시무시한 징벌에 대해서 어떻게 해서라도 복수하지 않고서는 배기지 못하겠노라 맹세하고 있는 포로 유다의 가슴에 그 젊은이의 모습은 떨리는 듯한 감동을 일으켰다"(86쪽).

벤허는 사발에 입을 대고 사랑에 넘치는 물을 마셨다. 하지만 두 사람은 한마디의 대화도 주고받지 않았다. 젊은이(예수)는 벤허의 어깨 위에 놓아둔 손을 움직여 먼지투성이가 된 그 머리와 이마를 정성스럽게 쓰다듬어 주었다. 그것은 마치 어머니가 아들을 축복해

예수님이 벤허에게 물을 주고 먼지를 닦아주는 장면.

주는 것과도 비슷했다. 벤허는 이렇게 예수님을 처음 만났다.

벤허는 결국 양발이 쇠사슬로 묶인 채 죽음의 노예 함선의 노를 젓는 신분으로 전락한다. 노수들은 여든네 명씩 두 시간마다 교대하였다. 그들은 한마디 말도 없이 맡은 일을 해나갈 따름이었다. 노를 젓는 시간에는 서로의 얼굴을 보아서는 안 되었다. 짧은 휴식시간은 잠과 한입의 식사로 채워졌다. 그들은 어느 때고 웃거나 노래하지 않았다. 노수들은 거의 세계 각국의 인종들이 섞여 있었는데 그들 대부분은 전쟁 포로들 중에서 근육과 인내력이 강한 탓에 뽑혀 온 것이다.

그러던 어느 날 벤허가 젓는 함선이 해적선의 습격을 받는다. 벤허는 이때 함대 사령관 퀸타스 아리우스Quintas Arrius 제독의 목숨을 구해줌으로써 제독의 양자가 되고 로마 자유 시민이 된다.

그로부터 5년 후 로마의 귀족 생활을 하던 벤허는 가족의 소식이 궁금하여 다시 이스라엘로 돌아온다. 고향에는 옛날 자신의 집의 노예였던 에스터가 홀로 집을 지키고 있었다. 돌아온 벤허는 친구 메셀라에 대한 복수를 결심한다. 어느 부호 아랍인의 지원을 받은 벤허는 메셀라와 함께 전차 경주에 출전한다. 손에 땀을 쥐게 하는 전차 경주가 시작되고 결국 메셀라의 전차는 뒤집히고 벤허가 우승을 차지하게 된다. 메셀라는 죽음에 직면해서 벤허의 어머니와 여동생이 나병에 걸려 나병 환자들이 모여 사는 골짜기에 살고 있다는 소식을 알려준다.

나병환자들이 있는 골짜기로 어머니와 여동생을 만나러간 벤허의 슬픔은 이만저만이 아니었다. 에스터는 예수님이 기적을 행한다는 이야기를 듣고 벤허와 함께 데리고 간다. 그러나 마침 예수는 십자가를 지고 골고다 언덕으로 십자가형을 받으러 가는 길이었다. 그에게 물을

벤허의 가족이 십자가를 진 예수님을 만나 기적으로 문둥병에서 고침 받는 장면.

갖다 주던, 벤허는 오래전 그가 노예로 팔려가던 중 나사렛에서 그에게 물을 떠주던 사람임을 알고 놀란다. 예수가 십자가에 못 박히자 갑자기 하늘에서는 천둥 번개가 치고 기적이 일어난다. 어머니와 여동생의 나병은 치유된다.

소설 《벤허》는 그리스도를 부인하기 위하여 자료를 찾던 루 월리스가 부정할 수 없는 증거 앞에 회심한 후 쓴 위대한 기독교 문학이다. 작가는 유대인 벤허와 그 친구이자 경쟁자인 로마인 메셀라를 등장시켜 주인공 벤허가 예수를 만나게 되는 과정을 흥미진진하게 그리고 있다.

이 소설은 1922년 골드윈에 의해 처음 무성영화로 제작되었다. 그 후 1959년 윌리엄 와일러 감독에 의해 영화로 만들어져 세계적 명성을 얻었는데, 아카데미상 12개 부문 후보에 올라 11개 부문에서 상을 받았다. 하이라이트인 15분간의 전차 경주 신을 위해 1만 5천 명이 4개월간 연습했다는 전설적인 기록을 남겼다.

그리스도의 신성을 증거한 작가, 루 월리스

작가 루 월리스Lew Wallace(1827~1905년)는 1827년 미국 인디애나 주 브루크빌에서 태어났다. 그는 법률을 전공하던 중 멕시코 전쟁에 지원하여 1846~1847년 동안 복무하였으며, 남북전쟁 기간에는 육군 소장으로 북군을 지휘하였다. 그는 1865년 예편하여 변호사가 되었으며, 1878년에는 뉴멕시코의 주지사, 1881년에는 터키 주재 미국공사가 되었다가, 1905년 2월 15일 인디애나 주 크로포즈빌Crawfordsville에서 사망하였다.

월리스는 그의 작품 속에 나타난 상상의 세계가 광대하고 화려하듯이 자신의 현실생활도 그에 못지않게 폭이 넓었다. 그는 법률가, 장군, 외교관, 작가 – 이중 어느 칭호를 그의 이름 위에 붙여도 손색없을 만큼 다채로운 경력의 소유자였다.

미국 남북전쟁 당시의 장군이요, 문인이었던 월리스는 기독교의 신화를 영원히 없애버릴 책을 써서 인류를 그리스도에게 매여 있는 굴레로부터 벗겨주자고 그의 친구 한 사람과 다짐하였다. 그는 구미 도서관에서 많은 자료를 수집하고 깊이 연구하여 예수님에 대한 얘기가 허위라는 것을 주장하는 책의 제1장을 쓰고 제2장의 첫 페이지를 쓰다가 도저히 부인할 수 없는 사실 앞에서 그는 무릎을 꿇고 엎디어 "당신은 나의 주, 나의 하나님"이라고 부르짖을 수밖에 없었다. 그는 그 사건이 있은 후 그리스도의 신성을 증거하기 위하여 《벤허》라는 유명한 책을 썼다.

더 읽어볼 책

* 김동규 외 지음, 《문학과 영화이야기》, 학문사, 2002.

벤허는 먼지와 피투성이가 된 예수의 얼굴이 갑자기 밝아지는 것을 똑똑히 보았다. 예수는 눈을 뜨고 자신만이 볼 수 있는 하늘의 그 무엇을 바라보는 것이 아닌가! 그의 입술에서는 어떤 외침이 퍼져 나왔다. 그것은 희열과 승리의 외침이었다.
"다 이루었다! 다 이루었다!"
그의 눈의 아름다운 빛이 사라졌다. 면류관을 쓴 머리가 숨이 끊어진 가슴 위로 떨어졌다.

- 《벤허》 중에서

신앙과 사랑으로 절대 권력에 맞서다

헨리크 시엔키에비치 Henryk Sienkiewicz

폴란드의 소설가. 처음에는 사상적으로 비관론에 기울었으나 후반에는 민족적, 종교적 열정을 담은 소설을 주로 썼으며, 다수의 장편 역사소설로 국민에게 큰 영향을 끼쳤다. 1905년에 노벨 문학상을 받았다. 폴란드의 독립운동과 적십자 구제사업에 힘쓰기도 했다.

《쿠오바디스 1, 2》
헨릭 시엔키에비츠 지음 | 최성은 옮김 | 민음사 | 2005년

《쿠오바디스Quo Vadis》는 근대 폴란드의 대표적 소설가 헨리크 시엔키에비치의 작품이다. 이 소설은 1895년 3월 바르샤바의 한 신문에 연재하기 시작했을 때부터 열광적인 환영을 받았다. 또한 1900년에 프랑스어로 번역 출간되면서 작가의 이름이 세계적으로 알려지게 되었다.

그 줄거리를 보면, 장래가 유망한 젊은 장군 마르쿠스 비니키우스Marcus Vinicius는 우연한 기회에 퇴역한 아울루스 플라우티우스

Aulus Plautius 장군이 딸처럼 키운 리기아Ligia라는 아름답고 순결한 여인을 알게 되어 깊은 사랑에 빠진다. 리기아가 땅에 그린 물고기 그림의 의미를 모르는 그는 네로Nero의 심복으로서 왕의 총애를 받는 외삼촌 페트로니우스Petronius에게 청하여 리기아를 강제로 아울루스의 집에서 빼내어 황제의 연회에 참석하게 한다. 왕으로부터 정치적 포로인 리기아를 하사받으려는 계획이었던 것이다. 사치와 향락이 계속되는 황제의 연회에 참석하게 된 리기아는 틈을 타서 자신을 호위하는 거인 우르수스Ursus와 함께 비니키우스의 손에서 벗어난다.

비니키우스는 리기아를 향한 연정으로 괴로워하며 그녀를 찾아 헤매고, 킬로 킬로니데스Chilon Chilonides라는 한 사기꾼을 통해 그녀가 그리스도인이라는 사실과 그들의 비밀집회 장소를 알아내고는 밤에 그곳을 찾아간다. 리기아의 뒤를 밟다가 우르수스의 괴력에 부상을 당한 비니키우스는 그리스도인들의 친절한 보살핌과 용서에 놀라게 된다. 그 결과 기독교에 대한 그동안의 편견과 리기아에 대한 잘못된 사랑도 변화되어 간다. 리기아는 비니키우스의 사랑에 연민과 사랑을 느끼면서도 자신의 신앙적 순결이 더럽혀지는 것 같은 느낌에 혼란스러워한다.

한편 네로의 방화로 로마에 대화재가 발생하여 안동안 헤이졌던

두 사람은 다시 만나 약혼을 하고 비니키우스는 그리스도교도가 된다. 네로는 로마의 화재에 대한 책임을 그리스도교도에게 뒤집어씌워 대학살을 시작한다. 리기아도 원형광장에 끌려나와 물소의 먹이가 될 위험에 처하지만, 우르수스의 도움으로 살아남는다. 이어 병사들의 반란으로 네로는 자살하고 비니키우스와 리기아는 시칠리아의 한 섬에서 행복한 생활을 시작한다.

이 고전적 역사소설은 고대의 이교적 세계관 '헬레니즘'과 기독교적 신앙과의 투쟁을 그리고 있는데, 후자가 승리하는 필연성을 암시하고 있다. 그러나 작가의 궁극적 목적은 당시 정치적 독립을 빼앗기고 열강의 압제로 괴로움을 겪던 동족에게 희망과 위안을 주려는 데 있었다.

그의 작가적 재능은 과거를 전체적으로 정확하게 파악하고 그것을 훌륭히 회화적인 필치로 재현하는 힘과 뛰어난 구성력, 그리고 문헌학자로서의 어학력과 통찰력 등에 잘 나타나 있다. 그는 이 작품을 쓰기 위해 타키투스 Publius Cornelius Tacitus(?56~?120년)의 《연대기》를 자세히 읽었고, 기원 1세기에 관한 장서를 거의 전부 다시 읽었다고 한다.

〈네로시대 이야기〉라는 부제가 붙은 이 작품은 주후 60년대 네로 치세의 후반기 로마에서 소재를 취한 역사소설이다. 《쿠오바디스)에 등장하는 인물은 거의 역사적 실존 인물이며, 다만 리기아와 비니키우스 두 사람은 작가의 공상적 인물이다. 《쿠오바디스》는 1900년에 프랑스어로 번역 출간되자 4개월 만에 12만 부가 판매되었으며, 이후 35개 국어로 번역 출간되고(아랍어, 일본어로도 번역) 영화화되자 전 세계를 휩쓸었다.

이 소설은 당시의 로마의 생활상뿐만 아니라 풍속, 습관, 신앙, 종교의식, 오락 등에서부터 가옥구조, 집기, 의복, 보석에 이르기까지 상세하게 묘사하고 있다. 이것은 이 작품이 갖는 뛰어난 특징의 하나라고 할 수 있다.

작가는 이 소설에 "올바른 자는 무력을 쓰지 않아도 꼭 이긴다", "사악한 권력은 그 사악 자체에 의해서 반드시 멸망한다"는 낙천적인 신념

●●●
〈주여, 어디로 가시나이까?〉(1602년)
안니발레 카라치Annibale Carracci. 로마의 네로 황제 시대에 기독교인에 대한 박해를 이기지 못하고 베드로가 로마에서 도망 중에 갑자기 밝은 빛과 함께 예수님이 나타나시자 놀란 베드로가 무릎을 꿇고 "쿠오바디스 도미네?"라고 물어본다. 예수님은 "네가 나의 양들을 버리고 가니 내가 다시 돌아가 십자가에 못 박히리라"고 하신다.

을 담고 있다. 제목 《쿠오바디스》는 라틴어인데, 베드로Peter가 그리스도에게 물은 말, "주여, 어디로 가시나이까?(쿠오바디스 도미네?Quo Vadis Domine?)"에서 따온 것이다. 시엔키에비치는 1916년 70세의 나이로 세상을 떠났지만, 세계적인 고전 역사소설인 《쿠오바디스》는 박해받는 폴란드 민족에게 희망을 주었고, 세계인의 가슴에 정의와 진리의 승리를 전하는 희망의 메시지로 남아 있다.

조국에 독립 정신을 심어준, 헨리크 시엔키에비치

헨리크 시엔키에비치Henryk Sienkiewicz(1846~1916년)는 지동설의 주창자 코페르니쿠스Copernicu, 피아노의 시인 쇼팽Chopin을 배출한 폴란드 출신의 문인이다. 그는 1846년 폴란드의 볼라 오크제이스카Wola Okrzejska에서 귀족의 아들로 태어났다.

작가는 19세기 말에서 20세기 초 폴란드의 역사 소설가로서 조국 폴란드의 독립을 위해 해외로 망명하여 투쟁한 독립 운동가이기도 하다. 그는 대학 시절부터 습작에 몰두하여 1872년 첫 장편소설 《공허In Vain》를 〈왕관〉 지에 게재한 후 단편소설 《늙은 하인》과 《하냐》, 그리고 중편소설 《목탄화》 등을 발표했다.

시엔키에비치는 30세 때인 1876년에 바르샤바의 신문 〈가제타

● ● ●
〈성 베드로의 수난〉(1600년)
카라바조Caravaggio. "그리스도는 하늘에서 땅으로 내려오셔서 십자가에 똑바로 달리셨습니다. 그러나 나는 땅에서 하늘로 올라가는 영광을 입었으니 내 머리는 땅을 가리키고 다리는 하늘을 향해야 마땅합니다. 그리고 나는 주님과 똑같이 십자가에 달릴 자격이 없으니, 십자가를 돌려서 내 머리가 아래로 오도록 매달아 주십시오." 베드로의 고백.

폴스카〉지의 해외 특파원으로 미국에 건너가 '여행에서의 편지'를 써서 〈가제타 폴스카Gazeta Polska(The Polish Gazette)〉에 게재하였으며, 2년 후에는 이탈리아와 프랑스 등지를 돌아 많은 견문을 쌓고 귀국했다. 귀국 후 그는 본격적인 작품 활동을 전개하여 《음악가 얀코》, 《등대지기》, 《정복자 바르테크》 등의 중편과 단편을 발표했다. 이때부터 그는 폴란드 역사를 소재로 한 3부작 장편 역사소설을 집필하기 시작해 1883년에 《불과 검劍으로With Fire and Sword》, 1884년에 《대홍수The Deluge》, 《판 보워디요후스키 씨》 등의 대표작을 발표하여 폴란드 국민에게 독립 정신을 심어주었다.

시엔키에비치는 1895년 49세 때 《농민의 아들》을 발표한 후 그의 생애 최대의 야심작이자 걸작인 《쿠오바디스》를 3월 26일부터 〈가제타 폴스카〉 지에 연재하기 시작하여 다음 해인 1896년에 끝맺었으며, 그 해에 바르샤바의 게베트네르 사가 전3권으로 간행하였다.

시엔키에비치는 1916년 11월 15일 조국 폴란드의 독립을 보지 못한 채 70세를 일기로 스위스의 베베이Vevey에서 눈을 감았으며, 2년 후 그의 유해는 광복된 조국 폴란드로 옮겨져 바르샤바의 성 요한 성당에 안치되어 있다.

더 읽어볼 책

* 최종수 지음, 《기독교문학고전의 이해》, 현대지성사, 1997.

오랫동안 침묵이 흘렀다. 이윽고 늙은 사도가 흐느끼는 소리로 말했다.
"쿠오 바디스 도미네?(Quo Vadis Domine?)"
나자리우스Nazarius에게는 들리지 않았으나, 베드로의 귀에는 온화하면서도 슬픈 음성이 들려왔다.
"네가 내 어린양들을 버렸으니, 또다시 십자가에 못 박히기 위해 로마로 간다."
사도는 꼼짝도 하지 않고, 침묵 속에서 그대로 땅에 엎드려 있었다.

- 《쿠오 바디스》의 제70장 중에서

청교도 정신이 배어 있는 무인도 표류기

대니얼 디포　　　　　　　　　　**Daniel Defoe**

영국의 소설가 및 언론인. 그는 비국교도의 학교에서 교육을 받고 여러 가지 사업에 손을 댔으나 실패하였다. 이때부터 정치 논문을 쓰며 언론 활동을 하다가 1719년 《로빈슨 크루소》를 발표하여 영문학상에 영원히 이름을 남겼다.

《로빈슨 크루소 1, 2》
다니엘 디포우 지음 | 김병익 옮김 | 문학세계사 | 2004년

　　영국의 소설가 대니얼 디포의 장편소설 《로빈슨 크루소Robinson Crusoe》는 18세기에 영국 중산층의 성장과 함께 태동한 소설의 기원을 이룬 작품이다. 이 소설은 5년간이나 무인도에서 지낸 일이 있는 스코틀랜드 선원 셀커크Alexander Selkirk(1676~1721년)를 모델로 한 가공적인 무인도의 생활담으로써 1719년 출판업자 윌리엄 테일러William Taylor에 의해 출간되어 큰 인기를 누렸다. 이 소설은 본래 《요크의 선원 로빈슨 크루소의 생애와 신기하고 놀라운 모험The

Life and Strange Surprising Adventures of Robinson Crusoe of York, Mariner》(1719년)이라는 제목으로 세상에 나왔다. 이 소설은 최초의 근대적인 소설로 인정되고 있으며 주인공이 주위의 도움 없이 불굴의 정신으로 역경을 이겨내는 일화가 어른뿐 아니라, 어린이에게도 많은 인기를 얻어 동화의 형태로도 많이 출간되고 있다.

조너선 스위프트Jonathan Swift(1667~1745년)의 《걸리버 여행기》와 함께 당시 활기를 띠기 시작한 영국 신흥 중산층의 경제·정치의식과 활력을 반영한 소설인 이 책은 오랫동안 국내에서 주인공이 무인도에 표류했다가 생환하기까지의 과정을 다룬 전편前篇만이 어린이용으로 꾸며져 읽혔다. 그러나 최근에 국내에 소개된 적이 없는 속편續篇《로빈슨 크루소의 또 다른 모험》을 발굴해 완역, 성인용으로 쓰인 원작의 모습을 되찾았다. 속편은 로빈슨이 살다가 스페인 선원들에게 넘기고 돌아온 섬에서 벌어진 뒷이야기와 중국과 러시아를 배경으로 펼쳐지는 그의 또 다른 모험담을 담고 있다.

흔히 《로빈슨 크루소》로 알려진 이 책은 디포가 서문에서 밝히고 있듯이 도덕적 종교적 목적을 가지고 있다. 그가 말하는 종교적 가치는 청교도적 신앙관과 생활관을 가리킨다.

이 작품의 줄거리는 로빈슨 크루소는 서양 근대 당시의 중산계급의 개신교적 가치관을 지닌 전형적인 인물이다. 바다를 좋아아고, 어릴 적부터 탐험심이 강했던 그는 항해하던 중 1659년 9월 어느 날 배가 파선하여 무인도에 떠내려간다. 그는 운이 좋게도 혼자 살아남게 되고 배에서 식료품과 옷, 무기와 개와 고양이(다행히)까지 건질 수 있었다. 그곳에서 그는 밭을 일구고 산양도 길들였으며, 곡식까지도 보관하는 자급자족의 삶을 꾸린다.

무인도에서 주인공 크루소는 점점 고독감을 느끼게 되면서 차츰 《성경》에 마음을 기울이게 되고, 《성경》을 존중하는 태도는 더욱 철저하여졌다. "우리에게 하나님의 말씀이란, 하늘나라에 이르는 확실한 안내자이다. 하나님은 말씀을 통하여 이를 가르치고 깨우치며 진리의 세계로 인도하신다."

크루소는 곡식 찌꺼기를 버린 자리에서 보리 이삭이 나온 것을 보고 놀란다. 그는 메마른 땅에서 자라는 곡식을 보면서, 그 기적이 자신의 생명을 살려주는 하나님의 섭리라고 믿게 되었다. 독자는 하나님의 주권에 대한 소박한 신앙고백을 이 작품에서 볼 수 있다. 또한 개인 존중과 개인의 양심 존중 그리고 만민평등의 사상도 찾아볼 수 있다.

크루소는 섬에서 지내는 동안 매일 일과에 따라 시간표를 작성하여 규칙적으로 생활했다. 그 일과의 첫째는 하루 세 번씩 하나님께 기도를 드리며 《성경》을 읽는 일이다. 둘째는 총을 들고 사냥을 나가는 일인데, 비가 오지 않는 날은 보통 오전 중 세 시간이 걸렸다. 셋째는 잡아 온 짐승을 잘 보관하고 요리하는 일이었다. 그는 많은 창의성을 발휘하고 쉴 틈 없이 열심히 일했다. 그에게 노동은 하나의 신성한 의무였다.

어느 날, 식인종의 포로가 된 한 흑인 노예를 우연히 발견하고는 구출해 준다. 그날이 금요일이어서 그를 '프라이데이'라 이름 지어

어느 날 크루소는 식인종에게 잡아먹힐 뻔한 보잘것없는 흑인을 구해주는데, 그날이 금요일이어서 그의 이름을 프라이데이라 이름을 지어주었다. 그들은 서로에게 없어서는 안 되는 생사를 함께하는 친구가 되고, 크루소는 그 만남으로 말미암아 후에 35년 만에 몰라보게 변한 고향으로 오게 된다.

주고 함께 지냈다. 이로써 비록 뜻은 통하지 않지만, 표류 후 25년 만에 처음으로 인간과 말을 주고받게 되었다. 둘이 생활하게 된 지 얼마 지나지 않아 한 선교사와 토인이 식인종들에게 붙잡혀 온 것을 보고 구해 주게 되는데, 토인은 바로 프라이데이의 아버지였다.

그 후 섬에 상륙한 반란선叛亂船을 진압하고 선장을 구해 준 것이 계기가 되어 무인도 생활 28년째인 1687년 6월 11일 무사히 고국에 돌아와 35년 만에 몰라보게 변한 고향 집에 닿게 된다.

로빈슨 크루소의 표면을 보면 한 선원의 무인도 표류기 정도의 내용으로 이해할 수 있다. 그리 많지 않은 도구들로 삶의 터전을 마련하고, 구조되지 않는다고 해서 체념하고 죽음을 기다리지 않고 열심히 살아가는 모습을 볼 수 있다. 하지만 문학은 시대상을 반영한다. 로빈슨 크루소 역시 표면의 무인도 표류기의 이야기로 한정되지 않고, 당시 영국의 시대상을 담고 있는 것을 볼 수 있다.

속편의 내용을 보면, 크루소는 조카와 프라이데이를 데리고 다시 항해에 나서서 절망도에 도착했다. 프라이데이는 아버지와 재회의 기쁨을 누리지만, 토인과의 해전에서 전사하고 만다. 다시 혼자가 된 크루소는 시베리아 여행과 여러 가지 모험을 한 끝에 10년 후 72세의 나이로 고향에 돌아와 안착한다.

디포는 이 소설이 픽션이 아니라 사실의 기술이라고 서문에서 밝히고, 이야기를 꾸민 사람이 아니라 마치 실록의 편자인 것처럼 가장하였다. 디포 자신이 서문에서 밝히고 있듯이, 이 소설의 목적은 "우리가 처하게 되는 온갖 경우에서 하나님 섭리의 지혜를 정당화하고 높이기 위함"이었다. 이 소설을 어린이들 사이에서 재미있게 읽히는 '무인도 표류기' 정도로 여기는 사람이 있으나, 사실 이 작품에는 청교도의 신앙관과 생활관이 곳곳에 반영되어 있다.

《로빈슨 크루소》는 《걸리버 여행기》와 더불어 18세기 영국 대표 고전으로 인정받는 이 작품은 영국 소설 성립기의 중요한 작품으

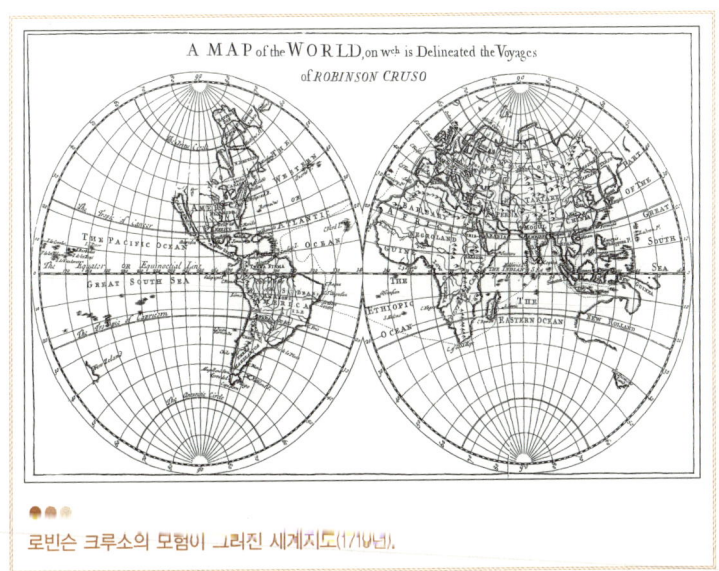

로빈슨 크루소의 모험이 그려진 세계지도(1719년).

로, 기독교적 우화寓話로써의 특색도 있다. 오늘날도 이 소설은 영미인의 독서층에서 많이 읽히며, 진지한 연구의 대상이 되고 있다.

영국의 저널리스트이며 소설가, 대니얼 디포

　대니얼 디포Daniel Defoe(1660~1731년)는 1660년 영국 런던의 푸줏간의 아들로 태어나 메리야스 장사, 벽돌 굽기, 세무관리 등 여러 가지 직업을 지냈으나 성공하지 못하고 글을 쓰기 시작했다.

　소설가 이전에 왕성한 저널리스트였던 디포는 40대를 활발한 언론가로 보냈다. 작가로서의 디포를 지배한 가장 강력한 문화적 욕구는 바로 대중을 교화하고 개혁하는 것이었다. 그래서 그는 1704년부터 1713년까지 주 2회, 후에는 주 3회 발행한 〈Review〉라는 국내외 정세를 보도하여 생활수필을 싣는다.

　그 후 60대가 그의 가장 활동적인 시절로 집필에 몰두하며 본격적인 소설가로 활약하였다. 59세 때 발표한 《로빈슨 크루소》가 성공함으로써 19세기 가장 위대한 작가의 한 사람이 되었다.

더 읽어볼 책

* 헨리 토마스 외 지음, 정정호 옮김, 《서양소설가 열전》, 푸른사상, 2004.
* 다니엘 디포 지음, 박영의 옮김, 《전염병 연대기》, 신원문화사, 2006.

> 나는 옛날 《성경》을 뒤적거려 본 적이 없다. 그럼에도 하나님이 영국에 있는 내 친구에게 지시해서 다른 물건과 함께 《성경》을 보내주시고, 후에는 조난당한 배에서 이 《성경》을 찾아내도록 도와주셨다.
> 우리에게 하나님의 말씀이란 하늘나라에 이르는 확실한 안내자이다. 하나님은 말씀을 통하여 이를 가르치고 깨우치며 진리의 세계로 인도하신다.
>
> - 《로빈슨 크루소》 중에서

Aurelius Augustinus

Bernard of Clairvaux

Thomas a Kempis

Martin Luther

John Bunyan

Richard Baxter

Blaise Pascal

Clive Staples Lewis

제 5 장

영적 거인들의 명저

"But the fruit of the Spirit is love, joy, peace,
patience, kindness, goodness, faithfulness,
gentleness and self-control. Against such
things there is no law."

(Galatians 5:22~22)

영혼은 하나님 안에서만 안식을 얻는다

아우구스티누스　　　　　　　　*Aurelius Augustinus*

4세기 알제리 및 이탈리아에서 활동한 신학자로 서방교회의 4대 교부 가운데 한 사람. 초대 그리스도교 교회가 낳은 위대한 사상가이며, 교부 철학의 대성자로 고대문화 최후의 위인이었다. 고대 신플라톤주의 철학과 기독교를 결합하여 중세 사상계에 영향을 주었다.

《고백록》
아우구스티누스 지음 | 김기찬 옮김 | 현대지성사 | 2000년

초대교회의 탁월한 교부 아우구스티누스는 북아프리카 히포 Hippo의 감독으로 사역을 시작하면서 바로 《고백록 The Confessions》을 집필하였다(AD 397~401년). 그가 죽고 난 이후에도 《고백록》은 오늘날까지 여전히 읽히는 불후의 명저다. 물론 《고백록》은 단순한 자서전 이상의 의미를 지닌다. 이는 하나님의 은혜와 선하심에 대한 웅장한 찬양송이다. 아우구스티누스가 고백하고자 하는 것은 단순히 그의 죄악뿐 만은 아니며 위대하신 하나님의 섭리와 은총에

대한 찬양이다. 그는 다른 작품들과 마찬가지로 이 작품을 《성경》을 통해 얻은 영감으로 기록하였다.

《고백록》은 세 가지 부분으로 구분되어 역동적인 구조를 지니게 된다. 제1권부터 제9권까지는 아우구스티누스의 과거에 대한 기억과 회상으로 인간의 죄와 그를 도우시는 하나님의 은총과 관용에 관한 내용이다. 제10권은 두 번째 부분으로 아우구스티누스의 영적 현재 상태를 묘사해 주고 있다. 그가 이 책을 기록할 당시의 주교로서 양심에 대한 문제를 술회하고 있다. 마지막으로 제3부는 제11권부터 제13권까지로 하나님의 창조 계획과 목적으로 비추어 볼 때 인생의 궁극적 의미에 관해 미래지향적으로 기록하고 있다. 따라서 마지막 부분은 실제로 〈창세기〉 서론에 관한 명상이다.

이 책을 처음 읽는 대부분의 독자는 제1부분의 솔직한 표현과 고백에 즉각적으로 흥미를 느끼게 되며, 제2부분의 친숙한 개인적인 명상과 회고에 몰입하게 되고, 제3부분의 장대한 사상과 통찰에 감명을 받게 된다.

결국 이 책의 각 부분은 각기 독특한 개성을 지니며 동시에 전반적으로 일치된 조화를 유지하고 있다. 단편적으로는 아우구스티누스의 개인적인 인생담에 얽힌 시련과 승리에 대한 이야기이지만, 전체적으로는 하나님의 피조물로서 그리스도인이 걸어가야 할 삶의 여정이라는 교훈을 준다.

아우구스티누스는 육체의 정욕에 얽매여 있던 31살 때의 청년의 모습을 이렇게 묘사했다.

"그때 내 죄악은 점점 증가하기만 했습니다. 내 정부貞婦는 내 곁을 떠나야만 했습니다. 그녀가 나의 결혼에 방해되었기 때문입니다. 그녀에 대한 나의 가슴은 찢어지는 것 같았습니다. 상처를 입어 피를 흘리는 것 같았습니다. 결국 그녀는 아프리카로 돌아갔습니다. 그녀는 다시는 남자를 알지 않기로 당신께 서원하면서 아프리카로 돌아갔습니다. 그녀는 우리 사이에 얻은 아들을 나에게 남겨두고 떠나갔습니다. 그러나 나는 불행을 느끼며 여자보다도 약해져서 내가 구하던 정식 신부를 맞기도 전에, 즉 2년을 기다리지도 못하고 또 하나의 정부를 얻었습니다. 나는 결혼을 사랑한 사람이 아니라, 정욕의 노예였기 때문입니다. 병든 내 영혼은 정욕의 노예가 되어 더욱더 곪아 가기만 했습니다."(Ⅳ. ⅩⅤ. 25쪽)

아우구스티누스가 살던 시대에 북아프리카에는 마니교摩尼教라는 종교가 번창하고 있었다. 마니교는 이 세상의 모든 악과 고통은 구약의 조물주 때문에 생긴 것이라고 주장하였다. 또한 구약의 하나님은 신약의 하나님과 무관하다고 했다. 아우구스티누스는 마니교에 매력을 느낀 나머지 9년 동안이나 이 이단 종교의 일원으로

●●●
마니교의 상징인 〈생명의 나무〉
마니교는 3세기 초 마니가 조로아스터교에 기독교, 불교 및 바빌로니아의 원시 신앙을 가미하여 만든 자연 종교의 하나이다. 선은 광명이고 악은 암흑이라는 이원설을 제창하고 채식菜食, 불음不淫, 단식斷食, 정신淨身, 예배 따위를 중요하게 여겼다. 마니의 처형과 함께 페르시아에서는 박해를 받았으나, 지중해와 중국에까지 퍼져 14세기까지 번성하였다.

남아 있었다.

하지만 《고백록》에서 보면, 아우구스티누스는 성공적인 삶을 살면서도 그가 가입한 마니교에 대해 의구심을 품고 있었다. 후에 밀라노Milano에 간 그는 그곳에서 암브로시우스Ambrosius(339~397년) 감독의 설교를 듣게 되었다. 386년 8월의 어느 날, 그는 밀라노에 있는 집 정원의 무화과나무 아래에 앉아 "하나님, 언제까지 이렇게 시간만 낭비해야 합니까?"라고 부르짖었다고 한다. 그때 그 부르짖음에 대해 답변이라도 되듯, 어린아이들의 노래가 들려 왔다. 그 노래 가사는 "집어서 읽어 보아라"(라틴어로는 Tolle lege)였다. 그는 〈로마서〉 13장에서 눈에 띄는 말씀 몇 절을 읽었다. "낮에와 같이 단정히 행하고 방탕하거나 술 취하지 말며 음란하거나 호색하지 말며 다투거나 시기하지 말고 오직 주 예수 그리스도로 옷 입고 정욕을 위하여 육신의 일을 도모하지 말라"(롬 13:13~14) 그의 회심은 이렇게 이루어졌다. 《성경》책을 덮고 나서 그는 "나도 그리스도인이 되었다"라고 말하기 시작했다.

한 위대한 그리스도교 성자의 생생한 감동적 느낌 없이 우리는 결코 《고백록》을 읽을 수 없다. 유명한 현대 문학가들이 이 거룩한 주교의 전기들을 기록했을 뿐만 아니라, 인격적이고 신앙적인 면에서 그에게 많은 감명을 받았다. 아우구스티누스가 자신의 사상과 감정을 자성적으로 분석한 업적은 후기 그리스도교 심리학의 초석을 이루는데 많은 공헌을 했다.

아우구스티누스의 생애에서 우리가 배울 것은 그의 '진리 사랑'이다. 《고백록》은 한 인간의 진리 추구의 과정을 보여준다. 이런 종류의 고백적인 글은 서구 역사에서 최초의 것으로 간주하고 있다. 기독교 문학에서도 최초의 고백문학에 속하는 이 작품은 인간 영혼이 하나님 안에서 쉴 때까지는 참된 안식과 평안을 얻지 못함을 증언하고 있다.

기독교 진리 안에서 참 안식을 발견한, 아우구스티누스

북아프리카의 타가스테Tagaste에서 태어난 아우구스티누스 Aurelius Augustinus(354~430년)는 초대교회의 교부들 중 최후의 인물이었고 가장 위대한 인물이었다. 그의 어머니 모니카Monica는 경건한 그리스도인이었다.

그의 생애는 사도 바울의 경우처럼 갑작스럽고도 극적인 회심에 의해 시작됐다. 그 체험은 그의 나머지 생애와 사상을 결정해주었다. 《고백록》에서 그는 자신의 젊은 날과 회심을 회상하면서 그 체험의 지속적인 영향을 증거하였다.

387년 부활절 전 토요일 오후, 성 암브로시우스는 아데오다투스 Adeodatus 및 알리피우스Aliypius와 함께 아우구스티누스에게 세례를 베풀었다. 아우구스티누스와 모니카는 고향 아프리카로 돌아가던 중 로마에 잠시 머물렀다. 387년 늦은 봄날 어머니 모니카는 세상을 떠났다. 이 충격적인 죽음에 관한 기사는 《고백록》 제9권에 기록되어 있다.

그는 히포의 주교로서 펠라기우스Pelagius와 도나투스Donatus파의 이설異說을 반박하였고, 초기 기독교의 사상을 수렴하고 중세 신학의 기초를 놓았다. 중세기의 신학자들과 철학자들은 아우구스티누스 사상과 지혜에 영향을 받았음을 인정한다. 그는 르네상스의 여러 사상가에게도 영향을 주었으며 쿠사의 니콜라스Nicholas와 에라스뮈스Erasmus도 역시 이에 속한다.

아우구스티누스가 주장했던 "이성을 추구하는 믿음"은 그리스도교 지성주의의 표어가 되었다. 그리고 20세기의 많은 개신교 및 가톨릭 신학자들도 아우구스티누스를 진정한 그리스도교 해석자로 인정한다.

더 읽어볼 책

* 아우구스티누스 지음, 김종흡 옮김,《기독교 교육론》, 크리스챤다이제스트, 1992.
* 이석우 지음,《아우구스티누스》, 민음사, 1995.
* 헨리 채드윅 지음, 김승철 옮김,《아우구스티누스》, 시공사, 2001.
* 로이 배튼하우스 지음, 현재규 옮김,《아우구스티누스 연구핸드북》, 크리스챤다이제스트, 2004.
* 게리 윌스 지음, 안인희 옮김,《성 아우구스티누스》, 푸른숲, 2005.
* 박경숙 지음,《아우구스티누스》, 살림, 2006.
* 문시영 지음,《아우구스티누스와 은혜의 윤리학》, 북코리아, 2008.

"오 하나님, 당신의 평화를 주시옵소서. 당신은 모든 것을 우리에게 주셨기 때문입니다. 평온의 평화를 우리에게 주시옵소서. 안식의 평화를 주시옵소서. 저녁이 없는 평화를 주시옵소서. 이 세상의 가장 아름다운 모든 것은, 그것들이 모두 매우 선하지만, 그것들은 그들의 과정이 지나면 다 사라져 버리고 맙니다. 왜냐하면 거기에는 모두 아침과 저녁이 있기 때문입니다. 그러나 일곱째 날에는 저녁이 없습니다. 당신께서 그날을 영원한 날로 거룩하게 하셨기 때문입니다. 당신이 창조의 사역 후에 일곱째 날 안식하셨던 것처럼 우리도 영생의 안식 때에 당신 안에서 쉬게 될 것입니다."

- 《고백록》, XIII. XXV. 50~51쪽

열정적으로 하나님과 사랑을 나누라

클레르보의 베르나르 **Bernard of Clairvaux**

프랑스의 신비신학자. 시토파의 베네딕트회에 들어가서 수도원을 창설하고 시토 교단을 개혁하였으며 제2차 십자군을 제창하였다. 스콜라적 문화에 반대하여 성서나 교부의 권위와 기도를 강조함으로써 수도원적 문화를 대표하였다. 중세 말 신비주의의 선구자였다.

《하나님의 사랑》
성 버나드 지음 | 심이석 옮김 | 크리스챤다이제스트 | 1988년

《하나님의 사랑The Love of God》은 베르나르의 대표적 저술 중 가장 훌륭한 부분들을 뽑아 특별히 평신도들을 위해 편집한 것이다. 즉, 베르나르 저작들의 정수라 할 수 있다. 많은 그의 저작은 중세 신비주의를 형성하는 데 많은 기여를 했다.

그는 자신의 저술과 설교에서 《성경》 말씀을 광범위하게 인용하는 이유를 "말씀을 사람들의 마음속에 깊이 박아 주기 위함"이라고 하였다. 이 때문에 그의 저서와 신앙은 오늘의 신자들에게도 깊은

감명을 주고 있다.

그의 영성의 주요 특징 가운데 하나는 하나님의 선하심에 대한 예리한 인식이다. 그의 글은 변화에 이르는 달콤한 합일合一의 기쁨을 노래한다. 그로 말미암아 베르나르는 '꿀벌처럼 감미로운 박사 Doctor Mellifluus'라는 칭호를 얻는다.

이런 베르나르는 그리스도인은 평화를 사모하고, 진리를 묵상하며, 자비를 사랑함으로써 하나님의 형상과 모양을 드러내도록 힘써야 할 것을 말한다. 그것은 그리스도인이 하나님께 드릴 수 있는 최대의 영광은 주님을 경배하고 주님을 닮아가는 것이기 때문이다. 그래서 베르나르는 "경건한 가운데 천상의 마음을 가진 모든 그리스도인은 하나님을 닮아가는 사람들"이라고 했다.

인간이 상실한 하나님의 형상은 하늘나라에서 완전히 회복된다. 그러나 이 세상에서도 잠시나마 그 맛을 누릴 수 있는데, 그것은 명상을 통하여 이루어진다. 이를 통해 우리는 타락으로 말미암아 잃어버린 자유를 이 세상에서 잠시나마 경험할 수 있다. 비록 부분적이고, 작은 분량이고, 잠깐의 시간이지만 이 세상에서는 얻을 수 없는 슬픔으로부터의 자유, 혹은 기쁨의 자유를 잠시 누린다.

또한 베르나르는 영적 생활에는 삼 단계가 있다고 한다. 초보자의 영혼과 성장 과정의 영혼과 성숙자의 영혼은 구별될 수 있다는 것이다. 제1단계는 동물적 단계다. 동물성은 감각에 의해서 지배받는 삶의 형태다. 따라서 행복은 육체적 쾌락 속에서만 가능하다고 여긴다. 그렇지만 하나님께로 돌아설 때 이 동물적 상태는 거룩한 단순성이 될 수 있다고 한다. 제2단계는 이성적 단계다. 영을 부여받은 인간은 그의 온 마음과 영혼과 정성과 힘을 다해 하나님을 사랑할 때 선하고 이성적으로 된다. 오직 하나님 안에서만 이웃을 내 몸과 같이 사랑할 수 있다. 그는 하나님을 두려워하고 하나님의 계명을 지키는 선한 영을 가진다. 이성적인 영혼은 하나님을 향하도록 창조되었다. 제3단계는 영적 단계다. 사람의 생각의 대상이 하나님과 하나님께 속한 사물이 될 때 의지는 그 자체가 사랑이 되는 단계에 도달하게 된다. 이 단계에서 성령은 인간의 연약함 속에서도 기도와 묵상, 혹은 연구를 위해 힘을 베푸신다. 이 단계에서는 오직 하나님의 충만하신 감미로움에 대한 깨달음이 있다. 그리스도 안에서 하나님과 하나가 되는 체험은 오직 마음을 청결하게 한 사람에게만 주어지는 경험이다.

베르나르는 우리에게 묻는다. "왜 우리는 하나님을 사랑해야 하나?" 그에 의하면, 하나님을 사랑하는 이유는 하나님 자신이다. 얼마나 하나님을 사랑해야 하는가에 대해서는 오직 하나의 척도가 있는데, 그것은 헤아릴 수 없다는 것이다. 하나님은 충분히 사랑의 원인이 되시며, 이는 하나님이 누구신가 하는데 그 이유가 된다. 즉, 하나님은 우리가 아무런 가치가 없는 데도 우리를 위해 자신을 주셨으므로 마땅히 사랑받아야 한다. 독생자까지 주신 하나님은 우리의 사랑의 응답을 받으셔야 한다.

베르나르는 하나님에 대한 지식이 빈곤과 단순함과 고독 속에서 하나님께 헌신함을 통해서만 얻어진다고 생각했다. 베르나르의 불후의 명성은 그가 경건 가운데서 열정적으로 하나님과 사랑을 나눈 사람이라는 데 있다. 그는 세속적인 명예와 위로를 경멸했고, 이기심은 하나도 없었다. 그리스도와 더불어 가난하게 되는 것이 그의 유일한 관심이었다.

마르틴 루터Martin Luther는 "나는 베르나르를 모든 수도사 중에서 가장 경건한 사람으로 생각하며 누구보다도, 심지어 성 도미니크St. Dominic보다도 그를 좋아한다. 그만이 '교부'라 일컬음 받을 수 있고, 열심히 연구할 가치가 있는 유일한 사람이다. 나는 베르나르를 모든 작가 중에서 그리스도를 가장 매력적으로 설교한 사람으로 사랑한다. 그가 그리스도를 설교한 것은 무엇이든지 따르며, 그가 그리스도께 기도한 믿음 안에서 나도 그리스도께 기도한다"라고 말했다. 영국에서도 청교도들은 거의 아우구스티누스만큼 자주 베르나르를 인용하고 있다. 존 오웬, 리처드 백스터Richard Baxter, 주

프라벨John Flavel 같은 대표적 청교도들이 모두 베르나르를 자주 인용했다.

기독교 신비주의에 지대한 공헌을 한 영성가, 베르나르

클레르보의 베르나르Bernard of Clairvaux(1090~1153년, 성 버나드St. Bernard라고도 불린다)는 1090년 프랑스 디용Dijon 근교 폰테인Fontaines에 있는 부르고뉴 지방 귀족의 아들로 태어났다. 1112년, 그는 30명 이상의 동료를 이끌고 시토Citeaux 수도원에 들어갔으며, 1115년 클레르보Clairvaux에 수도원을 세우고 그곳 수도원장이 되었다. 그는 생전에 72개소에 달하는 수도원을 전 유럽에 창설하였고, 시토회에 속한 수도원은 500여 곳에 이르렀다.

학문과 품성이 뛰어났던 그는 곧이어 유럽에서 가장 영향력 있는 인물로 등장했는데, 제국의 왕들과 교황의 자문을 담당하여 많은 공로를 세웠으며, 신앙의 옹호자, 분열의 치료자, 수도원의 개혁자, 성서학자, 신학자이며 웅변적인 설교자, 이단을 척결하는 설교자로서(그는 이단자들과도 강하게 논쟁을 벌여 그에게는 '이단자들의 망치'라는 별명이 붙을 정도였다), 그리고 제2차 십자군 원정을 독려하는 특사로서 많은 활동을 하였다.

이런 여러 가지 활동과 심각한 건강 문제가 있었음에도 그는 왕성한 저술가로도 유명하다. 그의 《서한》과 《아마Armagh의 성 말라키아의 생애》, 《하나님의 사랑》이 영어로 번역되었고, 자신의 수도자들에게 행한 강론은 〈아가서〉로 묶었다.

그는 중세 신비주의자에 속하지만 행동하는 명상가였다. 그는 교회의 분열을 해결하는 데 핵심적인 역할을 하였고, 제2차 십자군 전쟁을 일으키는 데 앞장서 설교로 많은 사람의 마음을 움직였다. 그는 실로 12세기 전반 유럽 문화의 지도자로서 사회에 막대한 영향을 끼친 수도자다. 그는 스콜라 학파 이전의 신학자이며, 때로는 '마지막 교부'로 불리기도 한다.

베르나르는 사람들을 설득하여 수도원에 들어오게 하는 데 아주 능하였다. 그래서 그가 사람들의 영혼을 낚으러 올 때 어머니는 아들을, 아내는 남편을 숨겼다고 한다. 그는 안락한 세상의 삶에 등을 돌리기를 원하였고, 기도와 자아부정의 삶을 살았다. 그는 하나님의 사랑을 강조하였고, 그리스도인들이 하나님을 사랑함으로써 그분을 알게 된다고 믿었다. 베르나르는 모든 사람에게 있는 자연적 사랑이 기도와 영적 훈련에 의해서 영적인 사랑과 그리스도를 향한 열정으로 변화될 수 있다고 믿었다.

베르나르의 불후의 명성은 그가 경건 가운데서 열정적으로 하나

〈성 베르나르에게 나타난 동정녀의 환시〉(1486년)
필리피노 리피Filippino Lippi

님과 사랑을 나눈 사람이라는 데 있다. 하나님의 사람으로서 베르나르는 치열한 금욕주의로 말미암아 죽을 때까지 가장 엄격한 자아 부정을 실천하였다. '마지막 교부'라고도 불리는 그의 글은 지금도 수많은 그리스도인에게 위로와 영감의 원천이 되고 있다. 그는 63

세의 나이로 세상을 떠났고, 1830년 교황 비오 8세Papa Pio VIII는 그를 교회박사로 선포하였다.

더 읽어볼 책

* 원종천 지음,《성 버나드》, 대한기독교서회, 2004.

하나님 외에는 우리 안의 어떤 것도 사랑하지 않을 때 우리는 행복을 발견한다.
언제쯤이면 이 살과 피가, 이 질그릇이, 이 땅 위의 육신이 그것을 깨달을까?
언제쯤이면 이런 새로운 사랑을 느낄 수 있을까?
언제쯤이면 이 거룩한 중독이 자아를 망각함이,
하나님께로 돌아서게 하는 거룩한 깨어짐이,
우리를 그분에게 붙어 있게 하며 성령 안에서 그분과 하나 되게 할까?

- 클레르보의 베르나르

탁월한 영성 지침서로 영향을 끼치다

토마스 아 켐피스　　　　　Thomas a Kempis

독일의 신비사상가이다. 1399년 새로 세워진 아그네스템베르크의 아우구스티노회 수도원에 들어가 1413년 사제 서품을 받고 부수도원장을 지냈다. 생애의 대부분을 그곳에서 경건하게 보내면서 많은 수양서와 전기를 저작하였다.

《그리스도를 본받아》
토마스 아 켐피스 지음 | 유재덕 옮김 | 브니엘 | 2008년

브리태니커 백과사전Encyclopedia Britannica에 의하면, 《그리스도를 본받아Imitation of Christ》는 기독교 문학 가운데 가장 영향력 있는 작품이다. 존 웨슬리는, "《그리스도를 본받아》는 천 번을 거듭해서 읽더라도 결코 만족을 얻을 수 없다"라고 했다.

기독교 고전 중의 하나인 《그리스도를 본받아》의 저자 토마스 아 켐피스의 본명은 토마스 헤메르켄Thomas Haemerken이다. 이 책의 제1부는 영성 생활에 관한 권고, 제2부는 내적 생활에 관한 권고,

제3부는 내면의 위안에 관하여, 그리고 제4부는 복된 성만찬에 대해 다루고 있다. 초기의 번역본은 제3부까지 번역하곤 했는데, 이 책의 제목이 보여주듯이, 그리스도인에게 그리스도의 모범을 본받음으로써 완전한 길을 가도록 가르치는 데 있다. 이 책은 탐구적이며, 영적이며, 전적으로 그리스도 중심적이다.

1425년부터 1450년대에 이르는 동안 비밀리에 퍼져 나가던 이 책은 이후 수십 년 내에 서유럽 전역에서 사랑을 받는 책이 되었다. 책에서 저자는 "하나님과 하나 되는 최고의 목적에 이르는 유일한 길은 십자가에 달리신 그리스도에게 헌신하는 것, 거룩한 십자가의 왕도를 따라가는 것"이라고 말하고 있다.

토마스 아 켐피스가 생각하는 신앙과 경건의 본질은 무엇일까? 그는 이 책에서 "만일 예수님을 사랑하는 것이 무엇인가를 이해하고, 예수님을 위해 자신을 무시한다면 그 사람은 복이 있습니다. 예수님을 사랑하기 위해서는 그 이외의 세상의 것들로부터 떠나야 합니다. 이는 이 세상의 모든 것보다도 예수님이 사랑받으실 만한 분이시기 때문입니다. 피조물에 집착하는 사람은 그 피조물이 망할 때 함께 망할 것이요 예수님을 품은 사람은 영원히 굳게 설 것입니다. 예수님을 사랑하고 그분을 당신의 친구로 삼으십시오"라고 말하고 있다.

《그리스도를 본받아》에는 경건한 두려움뿐만 아니라, 겸손과 평화의 정신이 숨 쉬고 있다. 만일 토마스가 죄악에 대한 회개와 우리가 거역했던 하나님에 대한 경외심을 강력히 주장하고 있다면, 그는 그런 회개와 경외심이 지니는 궁극적인 목표가 곧 기독교인의 신앙과 참된 기쁨이라는 사실을 기억하고 있는 것이다. 이런 점에서 비추어 볼 때 그가 비록 교리에 근거하여 이런 것들을 설명하지 않았다고 할지라도 그는 올바른 입장에 서 있다고 말하지 않을 수 없다.

그리스도인의 삶은 두 가지 양면성을 지니고 있다. 즉, 자기 자신을 믿지 못하고 자신의 힘만으로는 죄악을 벗어나 은총 속에서 자랄 수 없다고 하는 무능의 고백이 그 하나요, 하나님의 은총에 대한 확고한 믿음을 지니고 그로 말미암아 우리에게 모든 것이 가능하다고 믿는 자신감이 다른 하나이다.

토마스에 의하면, 평안할 때나 어려움 속에 있을 때에나 사람은 오직 하나님만을 전적으로 의지해야 한다. 세상적인 마음을 가진 사람에게는 은혜가 주어질 수 없다. 그러나 그리스도를 본받음을 통하여, 곧 그의 고난과 자기 부정의 길을 따라감으로써 모든 사람은 그들의 마음을 세상적인 삶으로부터 내적인 삶으로 돌려놓을 수 있으며, 하나님에게만 소망과 신뢰를 둘 수 있다.

《그리스도를 본받아》를 읽거나 이에 대해 깊이 생각할 때에 위와 같은 것들을 마음에 새겨 두었다면, 독자는 이 책이 얼마나 귀중한 고전인가를 발견하게 된다. 이 책은 기독교 신앙에 대한 완전한 설명서가 아니라, 우리의 영적인 생활을 심화시켜 주는 일련의 명상들이다.

한 수도자가 쓴 작은 책 한 권이 많은 독자의 인생을 바꿔게 하고 또한 끊임없이 지혜와 용기를 불어넣어 주고 있다는 사실은 믿어지지 않을 정도다. 그러나 실은 이 책의 저자인 토마스는 하나님을 향한 불타는 사랑과 깊은 겸손, 《성경》에 대한 해박한 지식, 인간성에 대한 통찰력과 너그러운 이해심으로 인생의 참된 목적을 알고 그것을 성취하려는 모든 이들에게 슬기롭고 신뢰할 만한 조언자가 되고 있다. 그의 생애와 저작은 후기 중세교회의 영적인 꽃이었다.

지난 500년 그리스도교 역사에서 이 책이 끼친 많은 영향력을 측량하기란 거의 불가능한 일이다. 그 지혜의 깊이와 생각이 명류함, 그리고 사람을 변화시키는 능력에서 아마 《성경》

《그리스도를 본 받아》(1418년) 라틴어로 출판된 가장 오래된 책으로 추정되고 있다.

다음 가는 책이라고 할 만하다. 1427년경에 이 책이 완성된 이후 《그리스도를 본받아》는 시대와 장소를 뛰어넘어 전 세계로 퍼져 나갔다. 1779년에는 대략 1,800여 종류의 책과 번역본이 나오게 되었다. 존 웨슬리, 존 뉴턴John Newton 등 영적 거장들은 이 책을 통해 회심하고 하나님을 향한 뜨거운 사랑을 삶 속에서 실천하였다.

실천적 영성의 삶을 가르친, 토마스 아 켐피스

토마스 아 켐피스Thomas a Kempis(?1380~1471년)는 1379년에서 1380년 사이에 존 헤메르켄John Haemerken과 겔트루데 헤메르켄 Gertrude Haemerken(헤메르켄은 "작은 망치"를 뜻한다)의 아들로 태어났다. 그의 아버지는 대장장이였고 그의 어머니는 조그만 어린아이들을 위한 학교를 운영하고 있었다.

아직 어린 시절에도 토마스는 교육받기를 갈망했고 독서와 명상의 조용한 생활을 원했다. 그가 즐겨 말하던 삶의 좌우명은 "나는 작은 책과 더불어 좁은 구석에 앉아 있는 것 이외에는 어디에서도 결코 휴식을 찾지 못했다"는 것이었다.

아마도 그가 종교적인 생활이나 수도 생활에 대한 부르심을 느낀 것도 그처럼 어린 시절이었는지도 모른다. 토마스는 1406년경에 청빈, 순결, 순종이라는 수도사의 서약을 하였고, 1413년에는 33세의 나이로 사제 직분을 부여받았다.

1425년에 그는 수도원 부원장으로 임명되었으며, 갓 들어온 수도사들을 훈련하는 직분도 맡게 되었다. 그는 1471년 6월 25일에 사망했는데, 성 아그네스St. Agnes 수도원의 연대기에는, "이로써 그의 삶은 완성에 이르게 되었으니, 이때가 성 야고보의 축제일이었으며, 그의 나이 98세, 종교생활 63년째, 수도생활 58년째 되는 해였다"라고 기록되어 있다.

1897년에 그의 무덤 앞에 하나의 기념비가 세워졌는데, 이것은 전 세계 각지에서 모금된 기금으로 세워진 것이었다. 그 비문은 이러했다. "토마스 아 켐피스를 기념하기 위해서가 아니라 그의 명예를 위해서. 그의 이름은 어떤 기념비보다도 오래 남으리라."

물론 그의 가장 영구적이고 참된 기념비는 《성경》 다음으로 세상에서 가장 널리 읽히고, 가장 많은 사랑을 받는 종교적으로 알려진 불멸의 작품 《그리스도를 본받아》이다.

더 읽어볼 책

* 도마스 아 켐피스 지음, 윤을수 옮김, 《쥬주성범 : 그리스도를 본받음》, 가톨릭출판사, 1955.

* 토마스 아 켐피스 지음, 이호열 옮김,《장미동산(명상잠언)》, 선미디어, 2001.
* 토마스 아 켐피스 지음, 이용복 옮김,《주인님 나를 바칩니다》, 규장, 2008.
* 토마스 아 켐피스 지음, 이용복 옮김,《주인님 나를 깨뜨려주소서》, 규장, 2009.

> 당신이《성경》을 모두 암송하고 있고 철학자의 말들을 모두 알고 있을지라도 하나님을 사랑함이 없다면 무슨 유익이 있는가? 하나님을 섬기는 겸손한 농부가 그 자신을 소홀히 하면서 하늘의 움직임을 이해하려고 애쓰는 교만한 철학자보다 분명히 낫다.
> 거룩한《성경》말씀 속에서 문체에 대한 호기심보다는 영적인 유익을 구해야 한다.
>
> - 토마스 아 켐피스

종교개혁 1세대에게
중요한 진리를 밝히다

마르틴 루터 — Martin Luther

독일의 종교 개혁자 및 신학 교수. 1517년에 로마 교황청이 면죄부를 마구 파는 데에 분격하여 이에 대한 항의서 95개조를 발표하여 파문을 당하였으나 이에 굴복하지 않고 종교개혁의 계기를 마련하였다. 1522년 비텐베르크 성에서 《성경》을 독일어로 완역하여 신교의 한 파를 창설하였다.

《탁상담화》
마르틴 루터 지음 | 이길상 옮김 | 크리스챤다이제스트 | 2005년

마르틴 루터는 16세기 독일의 종교개혁자다. 《탁상담화 The Table Talks》는 루터가 필리프 멜란히톤 Philipp Melanchton 등 여러 신학자와 추종자와 더불어 신앙과 교리 문제에 관해 나눈 대화를 주제별로 정리한 책이다.

이 책은 수난을 당한 책이다. 루터의 《탁상담화》는 로마 가톨릭 교회의 분노를 사서, 교황 그레고리우스 13세 Gregorius XIII가 이 책을 모두 거둬들여 소각하도록 명령했다. 1626년 기스파르 반 스파

르Casparus Van Sparr가 집터를 파 내려가던 중 구덩이에서 그 책의 인쇄본을 발견할 때까지 《탁상담화》는 모두 사라진 것으로 생각되어왔다. 그 책은 질긴 린넨Linen 천으로 둘둘 말린 채 밀랍으로 단단히 봉해져 있었다. 그는 이 책을-독일에서는 위험했기 때문에-영국으로 보냈고, 우여곡절 끝에 1646년 영어로 번역되어 출판되었다. 국내에서는 2005년에 처음으로 완역 출간되었다.

루터는 화려하고 번득이는 문장가는 아니었다. 그러나 그는 주장이 분명한 사람이었고 재기 번득이는 논객이었다. 그의 친구들과 추종자들이 그의 발언을 기록으로 남기게 된 것은 그런 이유 때문이었다.

비텐베르크의 루터의 집 내실
황소 눈 모양의 창문, 창문가의 좁은 의자, 무겁고 오래된 식탁, 색칠한 벽, 이 모든 것은 루터의 '탁상담화'를 웅변적으로 증거하고 있다.

한번은 루터가 식탁에서 말을 하고 있는데, 젊은 제자가 한쪽 구석에서 자기 말을 정신없이 받아 적는 모습을 보았다. 루터는 장난기가 발동하여 큼직한 나무 수저에 오트밀 죽을 듬뿍 떠서 일어나 여전히 정신없이 적고 있는 제자의 얼굴에 들이밀면서 "이것도 받아 적으시게!" 하고 짓궂게

《마르틴 루터의 탁상담화》(1568년)

말했다. 이렇게 정성껏 남긴 기록들이 그가 죽은 뒤에 한데 모아졌고, 1566년에 《마르틴 루터의 탁상담화 Martin Luther's Table Talk》라는 제목으로 출판되었다. 이 책은 큰 호응을 받아 처음 십 년 내에 여러 번 출간되었고, 4백여 년을 지나오는 동안 독일 개신교도들에게 《성경》에 버금가는 지위를 누렸다. 다른 여러 나라 말로도 번역되었다.

루터는 《탁상담화》에서 예수 그리스도에 관하여 이렇게 말하고 있다.

"신학의 주된 교훈과 과제는 《성경》이 우리에게 잘 가르쳐 주는 대로 그리스도를 충분히 바르게 깨닫는 것입니다. 우리는 사람늘의 선의와 우정을 얻어 그들과 친하게 지내기 위해 많은 노력을 기울입니다. 그렇다면 우리 주 예수님과 화목하여 인자하신 주님으로 섬길 수 있으려면 얼마나 더 많이 노력해야겠습니까?

마귀가 가장 싫어하고 조바심 내는 것이 무엇일까요? 그것은 우리가 예수에 관하여 가르치고, 설교하고, 찬송하고, 대화하는 것입니다. 그러므로 나는 신자들이 함께 교회에 모여 '말씀이 육신이 되셨다'고 우렁찬 찬송을 드리는 게 너무나 좋습니다. 마귀는 이런 찬송을 들으면 참지 못하고 자리를 뜹니다. 그 안에 무슨 내용이 담겨 있는지 잘 알기 때문입니다. 마귀가 이런 가사를 두려워하듯이 우리가 거기서 큰 기쁨을 얻을 수 있다면 얼마나 좋겠습니까. 그러나 세상은 하나님의 말씀과 하신 일들을 업신여깁니다. 그들 앞에 평범하고 단순하게 전달되기 때문입니다.

나는 예수 그리스도에 관하여 그분 이름밖에 아는 게 없습니다. 귀로 그분 음성을 들은 적도 없고 눈으로 그분 모습을 뵌 적도 없습니다만, 참으로 감사하게도 《성경》을 통하여 흡족할 정도로 많은 것을 배웠습니다. 그러므로 이젠 주님의 모습을 뵙거나 음성을 듣고 싶은 마음이 사라졌습니다. 모든 사람에게 버림을 받아 약하고 외롭고 죽음이 두려울 때, 악한 세상으로부터 박해를 받을 때 그제야 나는 그리스도 예수라는 이름이 내 속에서 선명하게 떠오르게 하시는 하나님의 능력을 가장 강렬하게 맛보았습니다."

루터는 믿음의 사도다. 그도 그 시대의 아들이었으나, 그가 깨달은 진리 안에서 자신의 몫을 다했다. 그의 신학은 복음적이었고 동시에 독창적이었다. 《탁상담화》는 이런 그의 신앙과 신학의 결과물이다. 책에 담긴 매우 다양한 내용은 종교개혁 1세대에게 중요했지만, 오늘날 우리에게도 진리를 깨닫게 하는데 아주 요긴한 역할을 하고 있다.

기독교 역사를 바꾼, 마르틴 루터

마르틴 루터Martin Luther(1483~1546년)는 1483년 11월 10일 독일의 주요 광산 지대의 거점인 만스펠드Mansfeld 근처에서 태어났다. 아버지 한스Hans가 광부였던 까닭에 어린 시절에는 한동안 고생스럽게 지냈다. 후에 에르푸르트Erfurt 대학교에 입학한 루터는 논쟁과 대중 연설 그리고 음악에 탁월한 소양을 나타냈다. 그의 아버지는 아들을 전문직 종사자로 키우고 싶어 했다.

그러나 루터는 스물한 살의 어느 시기에 에르푸르트 근처를 거닐다가, 하나님께서 자신에게 원하시는 것은 수사가 되는 것임을 확신하게 되었다. 결국 그는 아버지의 벼락같은 호통을 무릅쓰고 에르푸르트에 있는 아우구스티누스회 수도원에 들어갔다.

루터는 수도원 회칙을 자구字句 하나 빠뜨리지 않고 철저히 지켰다. 그러나 루터는 하나님이 어떻게 해도 만족하게 해 드릴 수 없는 불의한 재판장이 아니신가 하는 회의와 함께 미움이 일기 시작했다. 건강이 갈수록 악화하여 갔고, 불면증이 떠날 날이 없었다.

14년을 그렇게 모진 가책과 고통 속에서 지내던 끝에, 사도 바울의 〈로마서〉 1장을 읽다가 "하나님의 의"라는 구절을 놓고 깊이 묵상하는 가운데 마침내 그 의미를 깨닫게 되었다. 의義란 인간의 노력으로 얻을 수 있는 게 아니라, 하나님께서 대가와 공로 없이 주시는 선물이라는 깨달음이 그를 사로잡았다. 루터의 이 영적 경험이 십 년도 못 되어 유럽를 뒤흔든 개신교 종교개혁의 영감이 되었다.

루터는 후에 제국 법정에서 자신의 생각을 밝혔다.

"전하와 군주들께서 단도직입적으로 대답하기를 원하시니, 저는 투쟁적이거나 악의를 가지지 않고 대답하겠습니다. 저는 제가 인용한 《성경》에 매여 있으며, 저의 양심은 하나님의 말씀에 사로잡혀 있습니다. 《성경》의 증거나 이해할 만한 분명한 이유가 없다면, 양심을 거슬러 행동하는 일은 안전하지도 옳지도 않기 때문에 저는 어느 것도 철회할 수 없고, 철회하지도 않을 것입니다."

이 고백은 유럽 역사와 교회사에서 매우 의미 있는 변화를 가져온 종교개혁의 성격을 암시하고 있다. 이 말과 함께 프로테스탄티즘Protestantism이 탄생하였다. 루터는 《성경》이 분명히 가르쳐주고 있는 인간의 본성, 구원의 방법, 그리스도인의 삶에 관한 진리의 증거자와 옹호자가 되었다.

더 읽어볼 책

* 롤란드 베인톤 지음, 이종태 옮김, 《마르틴 루터의 생애》, 생명의말씀사, 1982.
* 이양호 지음, 《루터의 생애와 사상》, 대한기독교서회, 2002.
* 파울 슈레켄바흐 지음, 남정우 옮김, 《마르틴 루터》, 예영커뮤니케이션, 2003.
* 레그 그랜트 지음, 홍종락 옮김, 《마르틴 루터》, 홍성사, 2004.
* 마이크 피어론 지음, 김경열 옮김, 《마틴 루터》, 기독신문사, 2004.

우리 설교자들은 하나님의 말씀을 바르게, 사람들이 알아듣도록 전하는 법을 터득해야 합니다. 청중 가운데 다양한 부류의 사람들이 있기 때문입니다. 어떤 사람들은 자신들이 범한 죄 때문에 양심의 가책에 시달리며, 하나님의 진노를 생각하고서 죄를 회개합니다. 이런 사람들은 복음의 위로로 달래주어야 합니다. 그런가 하면 마음이 완고하고 목이 곧고 반발심에 사로잡혀 있는 사람들도 있습니다. 이런 사람들에게는 엘리야가 하늘에서 내리게 한 불과 노아의 홍수, 소돔과 고모라의 멸망, 예루살렘의 멸망 같은 하나님께서 진노하신 사례들을 들어가며 율법으로 경고해야 합니다. 이렇게 딱딱하게 굳은 머리들은 강한 충격을 주어야 깨집니다.

- 마르틴 루터

우화로 참된 성도의 삶을 그리다

존 버니언   John Bunyan

영국의 설교가이자 우화 작가. 기퍼드Gifford가 죽은 후로는 비국교파非國敎派의 설교자로서 명성을 얻기도 했다. 자서전 《넘치는 은혜》는 그 동안에 겪은 그의 영혼의 고뇌와 정신적·육체적 고통을 기록한 것이라고 한다. 특히 《천로역정》은 영국 근대 소설 발전에 크게 기여했다.

《천로역정》
존 버니언 지음 | 김미정 옮김 | 홍성사 | 2007년

존 버니언은 영국의 고전 《천로역정 The Pilgrim's Progress》의 저자로 유명하다. 이 작품은 버니언 자신의 영적 생활에 기초를 둔 풍유적 이야기이다. 이 우화 소설은 이렇게 시작하고 있다.

"이 세상에서 황무지를 걷던 나는 어떤 동굴에 들어가 불을 밝힌 후 잠을 자려고 몸을 뉘었다. 그리고는 꿈을 꾸게 되었다. 꿈에 한 남자가 누더기를 걸치고 어떤 곳에 서 있는 모습이 보였다. 집을 나

제5장 영석 거인들의 명저 **247**

온 듯한 몰골에 손에는 책을 들고 등에는 무거운 짐을 지고 있었다. 그는 책을 펼쳐서 그 안의 글을 읽었다. 책을 읽던 그는 흐느껴 울며 몸서리쳤다. 그러다 더는 참을 수 없었던지 통곡을 하며 이렇게 말했다. '이제 어찌해야 하나?'"

꿈속의 사나이(크리스천)가 읽고 있던 《성경》은 그에게 자기가 사는 멸망의 도시가 머지않아 파멸될 것이라는 사실을 확신시켜주었다. 그가 어찌할 바를 몰라 망설이고 있을 때 전도자가 그에게 다가와 이곳을 떠나 시온성으로 가야만 한다고 알려주었다. 식구들은 그를 정신 나간 사람으로 취급하였다.

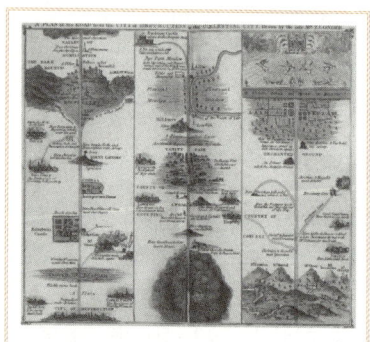

천로역정의 로드맵
파괴의 도시부터 천국까지의 여행.

'멸망의 도시'를 떠난 크리스천은 여행 중에 줏대 없음, 고집, 세상 현인, 위선, 형식, 의심, 겁쟁이, 불안을 만났다. 또한 이 작품에는 자만, 거만, 자기기만, 세상명예, 수다쟁이, 미신과 시기, 절망의 거인, 무신론자도 등장하여 크리스천의 여행을 방해했다. 크리스천은 위험한 여행을 하는 동안 사망의 음침한 골짜기와 허영의 시장Vanity Fair, 의심의 성Doubting Castle과 많은 다른 장소들을 거쳤다.

결국 그는 낙담의 수렁을 지나 십자가 밑에 이르렀다. 언덕 위에 세워진 십자가를 향해 그는 뛰어 올라갔다. 그곳에는 십자가가 서 있었고, 바닥에는 무덤이 있었다. 크리스천이 그 십자가 앞에 다다르자 그의 어깨로부터 짐은 떨어져 나가 무덤으로 들어가 버렸다.

온갖 위기와 유혹을 거친 후 크리스천은 허영의 시장에서 만난 '소망'과 함께 하늘의 성에 이르기 위해 강을 건너야 했다. 하지만 그 강에는 다리도 없었고, 수심도 꽤 깊어 보였다. 물속에서 그는 어려움을 겪었지만, '소망'의 도움을 받아 두 순례자는 마침내 강을 완전히 건넜다. 반대편에서는 천사들이 그들을 기다리고 있었다.

하늘 성문에 다다르자 천사들은 그들을 맞이하며 큰 소리로 외쳤다.

"어린양의 혼인 잔치에 청함을 입은 자들이 복이 있도다!"

"순례자들을 향해 하늘의 성문이 활짝 열렸을 때 나는 그 안을 들여다볼 수 있었다. 성 안은 태양처럼 빛나고 있었다. 거리는 온통 금으로 덮여 있었고, 머리에 면류관을 쓰고 손에는 황금 하프를 든 수많은 사람이 찬양하며 거닐고 있었다."

무엇보다도 《천로역정》의 뛰어난 점은 상상력이다. 책을 일단 손에 든 독자는 누구나 그 재미에 끌려 끝까지 읽게 된다. 독자의 호기심은 끊임없이 자극되고 고조된다. 이는 이 책의 강한 장점이 다양한 모험과 사건의 전개에 있기 때문이다.

이 작품의 주인공은 17세기 영국에 살았던 어떤 특정한 신자만을 가리키는 것이 아니다. 그는 시대와 장소를 초월하여 구원을 추구하는 모든 신자의 상징이다. 독자들은 이 책을 읽음으로써 주인공의 육체적 영적 경험과 시련에 동참하게 된다.

문학의 목적은 사람들에게 즐거움을 주면서 교훈을 주는 데 있다고 말할 수 있다. 놀랍게도 버니언은 《천로역정》에서 이 두 가지 목적을 성취하고 있다. 그가 효과적으로 사용한 우화는 독자에게 웃음을 자아내게 하는 동시에 신랄한 비평의식을 깨우쳐주기도 한다. 그 결과 그의 작품은 세계 최고의 풍유 문학작품 중 하나라는 평가를 받고 있다.

이 책은 전 세계 100여 개국의 언어로 번역되었고, 많은 사람의 신앙생활에 깊은 감화와 영향을 끼쳤다. 버니언은 추상적인 이론을 통해서가 아니라, 살아 움직이는 한 나그네의 모험담을 통해서 신자의 영혼이 고투하는 보편적인 모습을 쉬운 문체로 표현하였다. 버니언은 이 책에서 소박한 표현과 영어 《성경》의 어구를 적절히 사용하고 있다.

《천로역정》은 기독교 고전으로써 지금도 많은 사랑을 받고 있으며, 첫 10년 동안 10만 권이 넘게 팔렸다. 이 작품은 그 이후로 출판을 멈춘 적이 없다. 이 책은 지금까지 《성경》 다음으로 가장 많이 팔린 책이다.

이 우화소설에는 유머와 슬픔, 실패와 절망도 있지만, 결국은 바른 신앙의 길을 걷는 영혼을 위한 따뜻한 격려가 주된 메시지를 이루고 있다. 이 책에서 우리는 21세기 그리스도인도 올바른 신앙의 길을 걷는 데 도움이 되는 나침반을 얻을 수 있다.

불후의 명작을 쓴 땜장이, 존 버니언

존 버니언John Bunyan(1628~1688년)은 1628년 영국 베드퍼드셔Bedfordshire의 엘스토우Elstow에서 가난한 땜장이의 맏아들로 태어났다. 어린 시절 그는 세상에 대한 부정과 반항으로 가득 찼고 방탕한 생활을 했다. 그러나 그를 정신 차리게 해준 사람은 20살이 되던 해 결혼한 신앙이 깊은 첫 아내였다. 아내가 읽는 신앙 서적을 통해 하나님을 알게 되었고 교회에 출석하게 되었다.

그러던 어느 날 버니언이 길을 가는데 어떤 집 앞에 여인들이 모여 앉아 거듭남을 기뻐하며 자신들이 지은 죄를 애통해하고 있었다. 이 평범한 여인들의 이야기를 들은 그는 평생을 살면서 들은 어떤 설교보다도 더 큰 감동을 받았다.

오랜 영적 방황 후에 그는 구원의 확신을 하게 되었고, 전도자와 설교자로서 활동하기 시작했다. 1660년 3월 12일, 그는 영국 국교회(성공회)의 요구를 따르지 않았다는 죄명으로 베드퍼드Bedford 감옥에서 12년간 형을 살게 된다. 감옥에 있는 동안 그는 죄수들에게 설교하면서 여러 권의 책을 썼다.

1667년부터 1672년까지 그는 대부분의 시간을 《천로역정》을 쓰는데 바쳤던 것 같다. 1678년 출판된 이 책은 여러 세대 동안 영어권의 독실한 신자들에게 《성경》 다음으로 깊은 사랑을 받는 작품이 되었다.

버니언은 설교를 위해 여러 지역을 방문하다가, 1688년 열병에 걸린 후 런던에서 생을 마감하였다. 그는 비국교도들의 전통적인 묘지로 알려진 번힐 필즈Bunhill Fields에 묻혔으며 그의 동상은 베드퍼드의 성 베드로 스트리트에 서 있다.

더 읽어볼 책

* 존 번연 지음, 이길상 옮김, 《존 번연이 본 천국과 지옥》, 규장, 2004.
* 존 번연 지음, 임금선 옮김, 《저니 투 헬-지옥역정》, 예찬사, 2004.
* 존 번연 지음, 이기승 옮김, 《예수님의 뜨거운 기도》, 씨뿌리는사람, 2006.
* 존 페스텔 지음, 이용준 옮김, 《존 번연과 떠나는 여행 : 천로역정의 저자정》, 부흥과개혁사, 2006.
* 존 번연 지음, 정은영 옮김, 《대언자 되시는 예수 그리스도》, 씨뿌리는사람, 2007.
* 존 번연 지음, 이길상 옮김, 《죄인 괴수에게 넘치는 은혜》, 규장, 2009.
* 존 번연 지음, 이태복 옮김, 《경외함의 진수》, 지평서원, 2009.

내가 꿈에 보니 크리스천은 그 십자가가 있는 쪽으로 걸음을 옮기고 있었다. 순간, 그의 등 뒤에 매달려 있는 짐이 스르르 떨어져 나가더니 데굴데굴 굴러가 버렸다. 짐은 무덤 앞까지 굴러가더니 그 속으로 빠져 버린 후 영영 모습을 감추었다. 크리스천은 너무나 기뻐하며 벅찬 가슴으로 이렇게 말했다. "주께서 고통을 당하심으로 내게 안식을 주시고, 죽음을 당하심으로 내게 생명을 주셨구나." 그는 한동안 가만히 서서 십자가를 응시했다.

- 《천로역정》 중에서

청교도 지도자가 목회의 본질을 밝히다

리처드 백스터　　　　　　　　　　Richard Baxter

영국의 청교도파 목사이자 저술가. 청교도 혁명 때 크롬웰Cromwell군에 가담하였고, 저작과 설교로 청교도주의 윤리를 확립하는 데 공헌했다. 4권으로 된 그의 명저 《성도의 영원한 안식》은 5년간에 5판을 중간할 만큼 환영받았다.

《참 목자상》
리처드 백스터 지음 | 최치남 옮김 | 생명의말씀사 | 2003년

　　리처드 백스터의 대표작 가운데 하나인 《참 목자상The Reformed Pastor》(원제는 《개혁된 목회자The Reformed Pastor》다)은 목회자의 자아성찰과 목회 자세에 관한 위대한 고전이다. 이 책은 제1부 목회자의 자아성찰, 제2부 양들의 보살핌, 제3부 목회의 실제라는 내용으로 구성되어 있다.

　　그는 교회와 회중을 가족으로 표현하고 있는데, 이 가족에 대해서 부모로서의 교역을 수행하는 것이 목회자의 책임이라고 생각했

다. 어버이로서의 목사는 일방적으로 무엇을 주기만 하는 사람이 아니다. 그는 말하기를, "우리(목사)는 부드럽고 겸손하게 모든 사람에게 나타나야 한다. 그리고 다른 사람들을 가르침과 동시에 교훈이 되는 것을 배울 수 있는 준비가 되어 있어야 한다"라고 했다. 그는 교인들을 개별적으로 가르치고 교리를 교육하는 것이 목회자들의 일반적이고 당연한 의무라는 점을 강조한다.

그러면서 백스터는 목회에서 중요한 문제는 영적인 문제와 하나님을 기쁘시게 하는 문제, 그리고 양 떼를 구원하는 문제라고 했다. 목회자는 양 떼들과의 관계에서 그들의 감독관이다. 그의 사명은 한 사람의 영혼이라도 귀하게 여기며 그들을 보살피는 일이라고 했다. 따라서 목회자는 가족이 한가할 때 무엇을 하는지, 기도는 할 줄 아는지, 《성경》이외 다른 경건한 서적은 읽고 있는지를 살펴야 한다고 했다.

또한 그는 목회자의 언행 일치를 강조했다. 목회자는 설교하고 가르친 대로 생활

"내가 너희에게 행한 것 같이 너희도 행하게 하려하여 본을 보였노라"(요 13:15)

과 언어에서 본을 보여야 한다. 설교하는 것만큼 행동하는 것도 본을 보여야 하며, 조심해야 한다. 진정한 그리스도의 종이라면 우리들의 혀로써만 종이 될 것이 아니라, 행위로도 그리스도에게 봉사해야 한다.

특히 그는 목회자의 덕목으로써 겸손을 강조했다. 목회자는 자신이 최고의 지식의 소유자인 것처럼 자신의 주장만 내세워서는 안 되며 교인들과 의견이 서로 엇갈린다고 해서 그들은 경멸해서는 안 된다. 교만한 천사를 쫓아내신 하나님은 교만한 설교자도 환영하지 않으신다. 목회자는 자신이 종이라는 사실을 언제나 기억해야 한다.

백스터는 교만이 죄의 뿌리라고 했다. 교만은 죄의 뿌리가 되어 다른 모든 죄를 양육한다. 이 뿌리에서 목사들의 시기와 투쟁과 불평이 나온다. 무엇보다도 교만한 사람은 배울 수 없다고 말하고 있다. "우리의 가장 악하고 분명한 죄 가운데 하나는 교만입니다. 이 죄는 우리 중 아주 훌륭한 목회자들에게도 널리 퍼져 있는데, 다른 이의 교만보다 목회자의 교만은 더욱 심각하고 용서할 수 없는 죄입니다."

더 나아가 리처드 백스터는 목회의 모든 과정이 양 떼들에 대한 부드러운 사랑으로 수행되어야 한다고 가르쳤다. 목회자는 그의 기쁨이 신자들의 유익에 있다는 것을 그들에게 알려주어야 한다. 또한 목회자는 하나님의 형상이 그들 안에 이루어지기까지 해산의 고통을 겪어야 한다. 그리고 목회자가 진실하게 양 떼들을 사랑한다는 것을 그들이 알면 그들은 무슨 말이나 순종하고 견디며 목회자를 따른다.

《강단의 거성들》의 저자 도널드 디머레이Donald E. Demaray는 《참 목자상》이 "목회자의 과업에 대한 고전적 문헌의 한 부분을 이루고 있다"고 했고, 목사요 찬송가 작시자(〈주의 말씀 받은 그날〉)인 필립 도드리지Philip Doddridge(1702~1751년)는 "젊은 목회자는 모두 목회 일선에 나가기 전에 반드시 이 책을 숙독해야 한다"고 말했다.

백스터가 설교자로서 후대에 남긴 가장 유명한 교훈은 아마도 설교자가 "죽어가고 있는 자들에게 죽어가고 있는 자로서의" 동정심을 가지고 진리를 전하라는 가르침이다.

목회와 같은 큰일을 하려면 다른 사람보다 더 큰 은혜가 필요하다. 그의 행동에 따라 그리스도의 명예가 좌우된다. 그리고 목회자 수고의 성공 여부는 그 자신을 살피는 데 달렸다고 백스터는 말한다.

목회자의 덕목을 제시한 설교자, 리처드 백스터

리처드 백스터Richard Baxter(1615~1691년)는 1615년 11월 12일

잉글랜드 슈롭셔Shropshire의 로우턴Rowton에서 태어났다. 금세기 최후의 청교도라고 불리는 제임스 패커는 17세기 영국의 청교도 목사 리처드 백스터를 가리켜, 청교도의 실제적이고 경건한 가르침을 가장 잘 전한 목회자, 전도자, 그리고 저술가라고 평가했다. 백스터는 1638년에 목사 안수를 받고 1641년부터 1660년까지 키더민스터Kidderminster에서 목회를 했고, 후에는 찰스 2세Charles II가 즉위하자 궁정 목사로 일하기도 했다. 그는 〈사도행전〉 20장 28절을 그의 목회 좌우명으로 삼았다.

백스터는 1638년에 영국 국교회(성공회)에서 안수를 받았으나 실은 비국교도 목사였다. 그는 영국 국교회 내에서 활동하고 있었으나, 일단의 예배 의식과 규율에 얽매이기를 거부하였다. 영국 시민전쟁 당시 그는 의회파를 지지하였으나, 그 후 그는 올리버 크롬웰Oliver Cromwell로부터 격렬한 비난을 받았다.

1660년에 왕정복고王政復古가 이루어지자 그는 궁정목사가 되었으며, 교회 안에서 비국교도를 보호하는 데 관심을 쏟았다. 그 일로 인하여 그는 1685년 투옥되어 18개월의 옥살이를 해야 했다.

백스터는 무엇보다도 사람을 변화시키는 설교를 하려고 노력했다. 그는 설교를 통해서 그가 목회한 도시를 변하게 했으며, 영혼을 치료하는 목회자의 모델이 되었다. 그가 목회한 키더민스터에는 놀

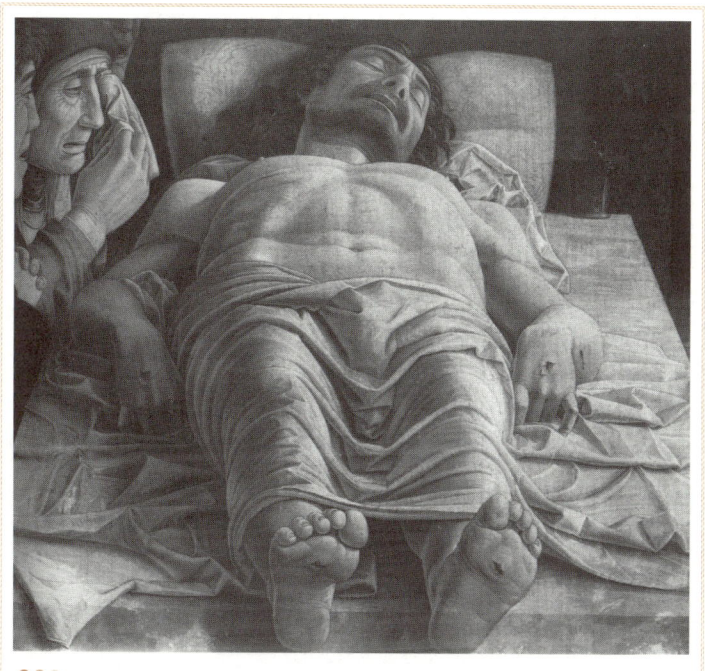

●●●
〈죽은 그리스도〉(1480년)
안드레아 만테냐Andrea Mantegna. 극단적 원근법(단축법)을 사용한 것으로 유명한 만테냐의 이 그림은 그리스도의 죽음이 끝이 아니라 또 다른 시작이 됨을 의미하고 있다. 그는 인류의 참 목자로서 생을 마감하였다.

라운 변화가 일어났다. 가족은 교리문답을 공부하고 가정예배를 드렸으며, 회중은 《성경》과 경건 서적을 가까이했다. 백스터는 정기적으로 심방을 하면서 소그룹 사역을 했고, 권징을 신실하게 시행하였다.

그는 늘 죽음의 문턱에 있는 건강문제로 "죽어가는 사람으로서 죽어가는 사람에게" 살아 있는 설교를 하게 만들었다. 그의 모든 설교는 양심과 심령을 겨냥한 설교였으며, 불같은 열정을 가지고 설교하였다. 그는 죄 회개를 강력히 촉구하였고, 죄의 비참함을 절대적인 거룩의 차원에서 표출시켰다. 백스터는 그의 눈에 마치 천국과 지옥을 보는 것처럼 설교하였다. 그의 메시지를 들은 자는 분명한 결단을 내려야 했다.

그는 1691년 말까지 건강이 허락하는 대로 설교를 하였고, 후에는 매일 자기 집에서 문을 열어놓고 아침저녁으로 예배를 드렸으며, 사람들로 하여금 그의 설교를 듣도록 하였다. 그는 매일 매일을 그의 생애의 마지막 날인 것처럼 살았다. 그가 세상을 떠나기 전에 그는 런던 시를 위하여 기도하였다. "주님! 이 불쌍하고 무지한 이 도시를 긍휼히, 긍휼히, 긍휼히 여기소서." 그의 나이 76세인 1691년 12월 8일 주님의 평강 가운데서 백스터는 눈을 감았다. 그의 시신은 먼저 간 부인이 잠든 뉴 게이트가에 있는 크라이스트교회Christ Church 뜰에 안장되었다.

키더민스터의 교인들과 비국교도들은 그의 기념비에는 다음과 같이 기록했다. "1641년부터 60년까지 이곳은 리처드 백스터의 일터였다. 이제 여기는 그의 기독교적 지식과 목회적인 충실로 말미암아서 그와 동등하게 유명하게 되었다. 폭풍우가 몰아치는 분열의 시대에 그는 일치와 이해를 옹호하였고 영원한 평안의 길을 제시하였다."

더 읽어볼 책

* 리처드 백스터 지음, 김기찬 옮김, 《성도의 영원한 안식》, 크리스챤다이제스트, 1997.
* 리챠드 백스터 지음, 최치남 옮김, 《회심》, 지평서원, 2005.
* 리처드 백스터 지음, 최치남 옮김, 《쉽게 읽는 참 목자상》, 생명의말씀사, 2006.
* 리처드 백스터 지음, 조계광 옮김, 《천국을 준비했는가》, 규장, 2008.
* 리처드 백스터 지음, 최치남 옮김, 《회개했는가》, 규장, 2008.

> 만약 그리스도께서 파손되기 쉬운 유리병에 그의 한 방울의 피를 보존하라고 내게 위탁하셨다면 나는 그것을 얼마나 기막힌 수단으로 보존했겠으며, 얼마나 상냥하게 그 유리병을 취급했을까요? 만약 그때에 그리스도께서 나에게 그의 보혈로 사신 것을 위임하셨다면 나는 나의 책임을 주의 깊게 명심하지 않았겠습니까?
>
> - 리처드 백스터

천재적 수학자가
기독교의 진정성을 변증하다

블레즈 파스칼　　　　　　　　　　**Blaise Pascal**

프랑스의 사상가, 수학자, 물리학자. 현대 실존주의의 선구자로, 예수회의 방법에 의한 이단 심문異端審問을 비판할 정도로 철학적·종교적 활동을 하였다. 《원뿔 곡선론》, 《확률론》을 발표하였으며, '파스칼의 원리'로 수학과 물리학에 대한 글들을 발표하고 연구하였다.

《팡세》
블레즈 파스칼 지음 | 이환 옮김 | 민음사 | 2003년

　　이탈리아에 단테가 있고, 영국에는 셰익스피어가 있다면, 프랑스에는 파스칼이 있다는 말이 있다. 파스칼은 기독교를 변증하기 위한 저작을 준비하고 있었다. 그러나 그 작품은 출간되지 못했고, 그는 저술을 위한 많은 메모를 남겼다. 그가 죽은 뒤 가족과 친지들은 그가 저술을 위해 남겼던 메모들을 모아 번호를 붙여 보관했다가 그 메모들을 문제 중심으로 배열하여 하나의 단행본으로 만들었는데, 그 책이 바로 《팡세Pensées》다.

그의 유고집인 《팡세》는 본래 '기독교 변증론'을 집필하기 위한 단편적인 메모들이었다. 초판은 《종교와 그 밖의 약간의 주제에 관한 파스칼의 사상》이라는 제목으로 1670년에 간행된 이른바 '포르루아얄Port Royal 판'이다. 그 후 자필 원고와의 대조 작업이 계속되어 새로운 판본들이 생겼다.

파스칼에 의하면, 인간은 신앙에 의해서만 하나님을 알 수 있다. 물론 신앙을 지지해주는 많은 증거가 있다. 성취된 예언과 이적, 역사의 증거, 《성경》의 자체 확증 등. 파스칼은 마음은 이성이 알지 못하는 이성을 갖고 있다고 했다. 우리는 이성에 의해서 뿐만 아니라, 우리의 마음을 통해서 더 많이 진리를 알게 된다.

파스칼은 《팡세》에서 '인간의 비참'을 깊이 취급한다. 그가 묘사하는 인간의 모습이란 무엇인가? 그것은 "하나님 없는 인간의 비참함"이다. 비참을 안다는 것은 인간의 위대함이다. 그러나 그 비참을 극복하는 것이 신앙이다.

인간은 '오직 무한을 위하여 만들어진' 존재다. 인간은 본래 하나님의 형상대로 존귀하게 창조되었다. 그러나 인간이 하나님을 거역한 이후로 그는 영광과 순결의 상태에서 비참과 오욕의 상태로 떨어졌다는 것이다. 이제 인간은 오류로 가득 찬 존재일 뿐이다.

"나는 오직 믿음하면서 추구하는 사람을 인정한다." 이것은 파스칼의 사상과 생애를 일관하는 근본 태도였다. 그는 신음하면서 진리를 추구한 사상가다.

또한 파스칼은 인간에게는 두 가지 상태밖에 없다고 말한다. 하나는 '괴로운 추구'이고, 다른 하나는 '하나님 안에서의 안식'이다. 그는 신앙을 통하여 궁극적 확신과 영원한 안식에 도달하였다.

이 추구는 절대적 진리의 품 안에 안길 때까지 쉬지 않고 계속되어야 한다. 그러나 추구 그 자체가 은총의 시작이다. '신음하며 추구하는' 영혼 가운데 구원의 손길이 임한다. 즉, 신음하는 영혼은 은총의 기적으로 축복을 누리는 것이 허용된다. 물론 영혼의 신음은 영원한 진리를 발견한 후에도 계속된다. 왜냐하면 하나님의 은총 가운데 자신을 견지하기 위해 쉬지 않고 정진해야 하기 때문이다.

파스칼은 이성의 역할을 인정하지만, 그 한계도 지적한다. 이성을 무시하는 것보다 더 이성에 적합한 것은 없다고 말한다. 여기에 두 가지 극단이 있다. 하나는 이성을 배제하는 것이요, 다른 하나는 이성만을 인정하는 것이다. 이성의 역할은 중요하다. 그러나 이성을 넘어서는 것이 있다는 것을 인정하는 것은 더욱 중요하다. 이성의 마지막 절차는 이성을 넘어서는 무한한 사물들이 존재한다는 것을 인정하는 단계이다. 이성이 이를 인식할 정도로 멀리 보지 못한다면 이는 매우 연약한 이성이다. 그러므로 이성이 할 수 있는 가장 합리적인 태도는 자신의 한계를 인정하고 자신을 초월하는 것이 무한히 많다는 것을 인정하는 것이다. "우리가 모든 것을 이성에 복종시킨다면 우리의 종교는 신비적이고 초자연적인 요소를 갖지 못할 것이다. 우리가 이성의 법칙을 위반하면 우리의 종교는 불합리하고 조롱받을 만한 것이 될 것이다." 이것이 이성에 관한 그의 입장

〈바벨탑〉(1563년)
피터르 브뤼헐Pieter Brueghel. 하나님을 떠난 인간의 모습과 그 결과를 보여주고 있다. 이처럼 하나님을 떠난 인간은 영적으로 비참해질 수밖에 없다.

이다.

 기독교 변증의 목적은 사람들이 하나님을 철학적으로 파악하도록 하는 것이 아니다. 그에게 있어서 하나님은 예수 그리스도 안에 계시된 분이다. 그리고 예수 그리스도 없이는 인간은 악과 비참에 있어야 한다. 예수 그리스도가 있다면 인간은 악과 비참으로부터 해방된다. 그리스도 안에서 모든 우리의 덕과 행복이 있다. 그리스도 없이는 오직 악, 비참, 어둠, 죽음, 절망이 있을 뿐이라고 그는 말한다.

 더 나아가 예수 그리스도 없이 우리는 인생이 무엇인지, 우리의 죽음이 무엇인지도 모르고 하나님도 우리 자신도 모른다. 그래서 파스칼은 예수 그리스도 없이 하나님을 아는 것은 불가능할 뿐만 아니라 무익하다.

 영국의 탁월한 설교자 마틴 로이드 존스는 "파스칼은 천재적 재능을 가진 사람으로 기독교 역사상 성령의 특별한 체험을 한 본보기가 되는 한 사람"이라고 평가했다. 독자의 수로 본다면, 《팡세》의 영향력은 아우구스티누스의 《고백록》을 능가한다고 해도 과언이 아니다. 《팡세》는 인류의 영원한 사상적 유산 가운데 하나요, 그의 사상과 신앙의 참모습을 보여주는 기독교 고전이다.

기독교와 사상계에 파문을 일으킨, 블레즈 파스칼

강력한 영적 체험을 경험한 프랑스의 천재적 사상가 블레즈 파스칼Blaise Pascal(1623~1662년)은 수학자, 철학자, 물리학자, 발명가, 저술가인 동시에 종교사상가였으며 평신도 신학자였다. 그는 오베르뉴Auvergne 지방의 클레르몽Clermont에서 태어났다. 네 살 때 모친이 별세해 탁월한 법률가이자 행정 관료였던 아버지 에티엔 파스칼Étienne Pascal로부터 직접 교육을 받았다.

파스칼을 묘사하기에 가장 적합한 단어는 '천재적Genius'이라는 말이다. 많은 전기 작가들과 해석자들이 이 사실에 대하여 동의하고 있다. 파스칼은 단 몇 년 동안에 수많은 사람의 몫을 해낸 희귀한 천재 무리에 속한다. 수학자요, 물리학자이며, 철학자이자, 신학자이자, 문학가였던 그는 불과 20년이라는 짧은

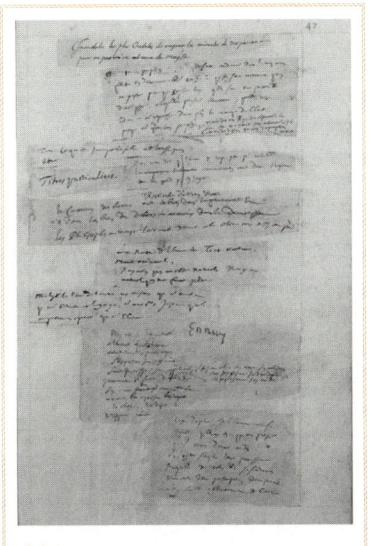

1654년 11월 23일 밤, 파스칼이 신비적 경험을 한 후 양피지에 적어놓은 메모지

기간에 이 모든 분야에서 명성을 얻었다. 파스칼은 진지하게 탐구하고, 성실하게 사색하고, 경건하게 살았다. 그의 사상과 생애를 일관하는 것은 성실한 탐구의 정신이다.

1654년 11월 23일 밤, 파스칼은 신비적 경험을 하였다. 그것은 강력한 영적 체험이었다. 그는 체험한 내용을 양피지에 기록한 후, 그의 겉옷에 꿰매어 깊이 간직해 놓았다. 파스칼이 죽은 뒤 비로소 이 메모가 발견되었고, 현재 프랑스 국립도서관에 보관되어 있다.

그 기록의 상단에는 빛으로 둘러싸인 십자가가 그려져 있고, 그 아래 글에는 "예수 그리스도, 나는 당신을 저버리고 피하고 부인하고 십자가에 못 박았습니다. 이제 나는 절대로 당신에게서 떠나지 않겠습니다!"라는 등 신앙의 기쁨과 다짐이 표현되어 있다.

엄격하고도 과학적인 정확성을 가지고 있던 그는 또한 깊고도 강한 신앙이 있었다. 말년의 파스칼은 심한 병고에도 같은 병원에 입원한 사람들에게 봉사하다가 세상을 떠났다.

세월이 갈수록 《팡세》는 기독교와 사상계에 큰 파문을 일으켰고 큰 영향을 미쳤다. 지금 대부분의 사상가는 이 책을 아우구스티누스에 견주는 기독교 고전으로 여긴다. 독자의 수로 따진다면 아우구스티누스보다도 더 큰 영향을 미쳤다고도 할 수 있다.

더 읽어볼 책

* 박철수 편역, 《파스칼의 팡세 생각하는 갈대》, 예찬사, 2000.
* 블레즈 파스칼 지음, 이환 옮김, 《파스칼의 편지》, 지훈, 2005.
* 블레이즈 파스칼 지음, 김태곤 옮김, 《쉽게 읽는 팡세》, 생명의말씀사, 2008.
* 클로드 즈네 지음, 이수지 옮김, 《파스칼》, 다른 생각, 2009.

> 인간은 한 개의 갈대에 지나지 않는다. 자연 중에서 가장 약한 갈대이다. 그러나 인간은 생각하는 갈대이다. 그를 부수기 위해서는 온 우주가 무장하지 않아도 된다. 한 줄기의 증기, 한 방울의 물을 가지고도 그를 충분히 죽일 수 있다. 그러나 우주가 쉽게 그를 부술 수 있다고 해도 인간은 자기를 죽이는 자보다 존귀할 것이다. 인간은 자기가 반드시 죽어야 한다는 사실과 우주가 자기보다 힘이 세다는 사실을 알고 있지만, 우주는 그것을 전혀 모르고 있는 것이다. 그러므로 우리의 모든 존엄성은 사고에 있다.
>
> - 블레즈 파스칼

기독교의 본질에 관하여
친절하게 안내하다

C. S. 루이스   Clive Staples Lewis

영국의 학자, 평론가 겸 소설가. 옥스퍼드 대학교 졸업 후 모교와 케임브리지 대학교의 교수로서, 주로 중세 르네상스기의 영문학을 강의했다. 궁정연애宮廷戀愛의 영문학에서의 전개를 연구한 출세작 《사랑의 풍유》로 학계의 주목을 끌었다.

《순전한 기독교》
C. S. 루이스 지음 | 장경철 옮김 | 홍성사 | 2001년

《순전한 기독교Mere Christianity》는 원래 루이스가 1941년부터 1944년 사이에 네 번에 걸쳐 영국방송공사(BBC)에서 시리즈로 행한 방송 연설의 내용을 1952년에 한 권의 책으로 묶은 것이다.

제1부 '옳고 그름, 우주의 의미를 푸는 실마리'에서 루이스는 우리의 일상적 삶 가운데 도덕률과 자연법이 존재한다는 사실을 쉬운 예를 들어 설명하고 있다. 사람들은 다툼이 있을 때 상대방도 당연히 알고 있으리라고 기대되는 행동 기준에 호소한다. 이런 행동 기

준은 대부분의 사람이 인정하고 있으리라고 기대되는 기준이다. 많은 사람이 인정하는 이런 '옳고 그름에 대한 법칙 혹은 규칙'을 우리는 '자연법'이라 부른다. 또한 '옳고 그름'이라는 것이 존재하지 않는다고 주장하는 사람들조차 상대방의 행위에 불이익을 얻는 경우에서 '도덕'을 내세워 비판하는 것을 볼 수 있다.

이어서 루이스는 우주의 배후에 과연 누가(또는 무엇이) 있느냐고 묻는다. 이에 대해 그는 유물론적 관점과 종교적 관점이 있다고 말한다. 문제는 어느 관점이 진리에 부합하느냐이다. 유감스럽게도 과학은 이 질문에 대해 아무런 답을 주지 못한다.

루이스는 이 궁극적 실재(하나님)의 개념과 관련하여 먼저 무신론을 고려 대상에서 제거한다. 이어서 그는 범신론과 이원론의 문제점을 지적하면서 배제한다. 그래서 결국 기독교 신관神觀만이 남게 된다.

그는 악의 문제를 다룬 후, 이 세상의 악에 대한 기독교의 답을 제시한다. 물론 악과 고난의 주제는 그리 만만한 상대가 아니다. 루이스는 그리스도의 성육신成肉身(예수가 인류의 구원을 위해 성령으로 마리아의 태내에서 사람으로 잉태된 일)과 속죄가 하나님의 근본적 해결책이요 악에 대한 하나님의 조치라고 말한다.

제2부 '그리스도인은 무엇을 믿는가?'에서 루이스는 우리 죄를

기독교의 보편적인 교리를 기독교 작가답게 쉽고 깔끔한 문체로 설명하고 있다. 예수를 도덕적인 모본으로 본 자유주의 신학에 반대, 그리스도의 인성과 신성을 강조하는 등 정통교리를 강조하고 있으며, 비슷한 오답은 있을 수 있지만 정답은 하나라면서 예수 그리스도의 유일성을 강조하고 있다.

속하기 위해 육신을 입고 이 땅에 오신 예수 그리스도를 선택하도록 이끈다. 우리는 그리스도의 죽음을 통해 하나님과 바른 관계를 맺을 수 있게 되었다.

기독교는 예수 그리스도에 관한 신앙고백과 함께 서거나 넘어진다. 그리스도에 관한 고백에 중립이나 회색지대는 있을 수 없다. 그래서 루이스는 강력하게 도전하고 있다.

"이제 여러분은 선택해야 합니다. 이 사람은 하나님의 아들이었고, 지금도 하나님의 아들입니다. 그게 아니라면 미치광이거나 그보다 못한 인간입니다. 당신은 예수를 바보로 여겨 입을 틀어막을 수도 있고 악마로 여겨 침을 뱉고 죽일 수도 있습니다. 아니면 그의 발 앞에 엎드려 하나님이요, 주님으로 부를 수도 있습니다. 그러나 위대한 인류의 스승이니 어쩌니 하는 선심성 헛소리에는 편승하지 맙시다. 그는 우리에게 그럴 여지를 주지 않았습니다. 그에게는 그럴 여지를 줄 생각이 처음부터 없었습니다."

제3부 '그리스도인의 행동'에서는 기독교의 윤리적 가르침들을 하나씩 설명하고 있다. 물론 루이스는 도덕과 '덕목Virtues'의 본질에 관하여 먼저 규명한다. 그리고 나서 그는 '순결', '성도덕', '용서', '교만' 그리고 《성경》의 덕목들인 믿음, 소망, 사랑을 하나씩 다룬다.

제4부 '인격을 넘어서'에서는 삼위일체론에 대한 설명과 그리스도인의 성숙에 관한 내용으로 구성되어 있다. 하나님의 실존은 인간처럼 한 존재가 한 인격을 구성하는 식이 아니다. 한 하나님이 세 인격人格(혹은 위격位格)을 구성한다는 점에서 인간의 인격을 넘어선다. 루이스는 '낳는다'는 개념, 시간과 영원 사이의 관계, 인간 실존 차원과 신적 실존 차원 사이의 차이 등을 설명함으로써 삼위 하나님에 대한 이해를 돕고 있다. 그리고 나서 성자, 성령에 관하여 설명한다. 끝으로 그리스도인의 구체적 성숙에 대해 안내하고 있다.

C. S. 루이스는 회심한 이후, "모든 시대에 거의 모든 그리스도인이 공통으로 믿어 온 바를 설명하고 지켜내는 일이야말로 믿지 않는 이웃들을 위한 '최상의 봉사'"라고 생각했다.

비록 이 책이 가벼운 책이 아니요, 다소 문화적 차이가 느껴지는 저술이기는 하지만, 우리가 만날 수 있는 기독교 변증서들 가운데 기독교 신앙의 합리성과 도덕성을 명료하고도 지성적인 필치로 변론한 가장 뛰어난 책이다. 많은 회의주의자와 무신론자들이 이 책을 통해 예수 그리스도를 인격적으로 대면했고, 하나님과 인간과 예수 그리스도에 대한 기독교의 정통 가르침이 무엇인지 배울 수 있었다. 한마디로 이 책은 치밀한 논리와 풍부한 상상을 통해 기독교신앙의 진정성을 변호한다.

무신론자와 회의론자를 위한, 사도 C. S. 루이스

클라이브 스테이플스 루이스Clive Staples Lewis(1898~1963년)는 아일랜드의 안락한 중산층 가정에서 태어났다. 그는 자신의 유년 시절을 '좋은 부모님, 좋은 음식, 그리고 마음껏 뛰놀 수 있는 정원'이라는 아이에게 필요한 모든 것을 담고 있는 곳으로 요약했다.

루이스는 글을 쓰도록 자신을 몰고 간 것이 손으로 하는 일에 무척 서툴렀기 때문이라고 고백한 적이 있다. 그는 단 하나의 관절만 가진 엄지 때문에 고통을 받았다. 그것은 아버지에게서 유전적으로 물려받은 것으로 그의 형도 같은 증상을 갖고 있었다.

그리고 그것은 그에게 "어떤 것도 할 수 없을 만큼 철저히 무능

C. S. 루이스의 판타지 소설인 《나니아 연대기》를 영화화한 것이다. 이 영화의 중심에는 하나님의 나라는 예수 그리스도를 믿으면 누구나 갈 수 있다는 복음의 진리를 함축하고 있다. 아슬론이 죽었다 살아나는 장면은 예수님의 부활을 의미한다.

하게" 만들었다. 그는 많은 눈물 속에서 마분지와 가위를 가지고 수많은 실패를 거듭한 후에 자신이 할 수 있는 다른 것을 발견했다. 바로 펜을 붙잡는 일이었다. 그가 이야기를 아주 좋아한 것도 스스로 이야기를 쓰도록 이끌었다고 한다.

루이스는 거의 평생을 대학도시인 옥스퍼드에서 보냈다. 그는 옥스퍼드 대학교에서 강의를 가장 잘하는 교수였다. 그의 곁에는 언제나 절친한 친구들이 있었다. 특히 '잉클링스Inklings'라는 서클은 문학계와 종교계에서 상당히 유명했다.

그는 신앙에 입문하면서 〈요한복음〉을 처음에 그리스어로 읽었다. 그 후 루이스는 《성경》 읽기를 평생의 습관으로 삼아 거의 하루도 빠짐없이 《성경》을 조금씩이라도 읽어나갔다. 루이스는 기도힐

때, 특히 삶에서 어려움이 닥칠 때마다 《성경》을 읽으며 묵상에 잠겼다.

루이스는 1940년대 말부터 세상을 떠날 때까지 일주일에 평균 100통이 넘는 편지를 받았다. 그는 소중한 시간과 에너지를 아낌없이 희생하면서 다른 사람들의 의문에 정직하게 대답해 주었다. 그는 편지라는 매개체를 통해서 수많은 사람을 올바른 길로 인도한 영적인 조언자였다.

그의 책들이 오늘날에도 우리에게 신뢰받으며 읽히는 이유는 분명하다. 따뜻하고 진실한 루이스의 신앙심이 그의 책들에 깊이 스며들어 있기 때문이다. 그는 비기독교인들도 거부감 없이 읽어갈 수 있는 글을 써낸 몇 안 되는 기독교 작가 중 한 사람이다.

더 읽어볼 책

* 페리 브램릿 지음, 강주헌 옮김, 《작은 그리스도 C. S. 루이스》, 엔크리스토, 2002.
* 데이비드 다우닝 지음, 강주헌 옮김, 《반항적인 회심자 C. S. 루이스》, IVP, 2003.
* C. S. 루이스 지음, 김선형 옮김, 《스크루테이프의 편지》, 홍성사, 2005.
* 캐서린 스위프트 지음, 차창모 옮김, 《C. S. 루이스》, 기독신문사, 2005.
* C. S. 루이스 지음, 이종태 옮김, 《네 가지 사랑》, 홍성사, 2005.
* 빅터 레퍼트 지음, 이규원 옮김, 《C. S. 루이스의 위험한 생각》, 사랑플러스, 2008.

우리 안에 있는 그리스도의 생명이 매번 그를 회복시키시며 그리스도처럼 일종의 자발적인 죽음을 반복할 수 있게 도우시고 계시다는 것입니다. 이것이야말로 그리스도인들이 선하게 살려고 노력하는 여타의 사람들과 구별되는 이유입니다. "그리스도가 내 안에 있다." 이것은 그리스도가 실제로 그들을 통해 움직이고 있다는 뜻입니다.

그리스도인들은 그리스도의 몸이며, 그리스도는 이 유기체를 통하여 일하십니다. 만약 여러분이 그리스도 밖에 있는 자들을 돕고 싶다면 무엇보다 여러분 자신이 한 세포가 됨으로써 그들을 도울 수 있는 유일한 존재인 그리스도의 몸을 불려 나가야 합니다.

- C. S. 루이스

George Fox

John Wesley

George Whitefield

Jonathan Edwards

George Muller

Athanasius of Alexandria

Gregory of Nyssa

제 6 장

일기와 전기

"So whether you eat or drink or whatever you
do, do it all for the glory of God."

(1Corinthians 10:31)

내면의 빛과 개인적 체험을 우위에 두다

조지 폭스   Gorge Fox

퀘이커교의 창시자. 가출하여 방황하던 중 1643년 회심을 체험했다. 그 후 '내면으로부터의 빛'에 의한 구제를 주창하며 '진리의 벗'이라는 조직을 만들어 웨일스 등지에서 전도하였다. 그의 꾸준한 노력으로 조직은 미국까지 확대되었다.

《조지 폭스의 일기》
조지 폭스 지음 | 문효미 옮김 | 크리스챤다이제스트 | 1994년

폭스의 《일기 The Journal of George Fox》는 웨슬리의 《일기 Journal》나 뉴먼의 《나의 생애를 위한 변명 Apologia pro Vita Sua》과 같은 부류의 책으로 간주되어 왔다. 폭스의 글은 이런 종류의 글 중에 원조라고 볼 수 있다. 물론 이 책은 신앙의 고전에 포함할만한 무게를 지닌 책이기도 하다.

최초로 발행한 폭스의 《일기》에는 그에 관한 증언과 회상이 포함되어 있는 데 편집자인 토마스 엘우드 Thomas Ellwood와 폭스의 미

망인과 빼놓을 수 없는 사람인 윌리엄 펜William Penn의 증언도 함께 실려 있다. 윌리엄 펜은 폭스를 1669년부터 알았는데, 펜은 "다른 사람의 이야기를 통해 알았을 뿐만 아니라, 직접 그와 오랫동안 내밀한 이야기를 함으로 그를 친하게 알게 되었다"고 이야기한다.

그의 《일기》는 처음부터 널리 배포되었다. 그는 자신의 《일기》를 자신의 자산으로 인쇄하여, 그 사본을 세계 곳곳에 정착된 친우회 공동체에 무료로 보내라는 지시를 남겼다. 인쇄된 책들은 집회 구성원들이 돌아가면서 돌려볼 수 있도록 하였다. 그 책을 집회소에 걸어 두는 집회도 더러 있었다.

1694년에 초판 발행 이후 다른 편집본이 많이 나왔다. 《일기》는 다른 퀘이커교도의 책들처럼 처음부터 완전히 유럽 대륙의 언어로 번역되어 나오지 않았다. 그러나 2세기 동안 영국과 아메리카에 있던 퀘이커 공동체는 작품 전체를 대륙어로 번역하는 작업을 하였다.

폭스의 《일기》는 그 내용이 방대했다. 《일기》는 폭스의 수년에 걸친 사역에 대해 자세하게 설명하고 있다.

이 책이 처음 출간되었을 때 가장 먼저 큰 저항의 목소리를 낸 사람은 퀘이커교에서 변절한 사람들과 개인적으로 친우회에 대해 비평적인 시각을 갖고 있던 사람들이었다. 그런 사람들을 제외하곤 폭스를 개인적으로 싫어하는 사람은 거의 없었다.

또한 책에 대한 비난도 있었다. 폭스의 《일기》나 다른 책들 어디서도 폭스가 죄의 고백에 대해 전혀 쓰지 않고 있다는 것이었다. 이런 사실 때문에 폭스의 반대자들은 폭스가 회개 없이 죄 없는 초인적인 삶을 주장한다는 의심을 품게 되었다.

그렇지만 조지 폭스의 《일기》는 이따금 문학자들의 관심을 끌게 되었다. 여러 문학자가 우연히 폭스의 《일기》를 읽게 되거나, 도서관에서 찾아보거나 아는 친우회 교우로부터 빌리려고 했던 것 같다.

대니얼 디포는 런던에 있는 몇몇 친우회 교우들과 잘 알고 지내는 이웃이었다. 그가 자주 다니는 곳은 퀘이커 역사상 유명한 도시 지역과 일치하는 곳이었으며, 또한 케이커교도는 그의 소설에서 상당한 역할을 차지하였다. 디포는 퀘이커교를 변호하였다.

프랑스 작가 중에서 초기 퀘이커교에 관해 처음으로 관심을 보인 유명한 사람은 볼테르Voltaire였다. 볼테르는 그의 글에서 바클레이Barclay나 윌리엄 펜처럼 좋은 평을 하고 있지는 않지만 폭스에 관한 언급을 하고 있다. 이런 언급들 중에 더러 어떤 것들은 개략적이기는 하나 폭스의 《일기》에 근거를 둔 것이 틀림없다.

대니얼 디포 이후 약 1세기가 지난 후, 퀘이커교는 영국 문학에 깊이 침투하기 시작했다. 이런 관심은 퀘이커교에 관한 책들을 많이 읽어서라기보다는 퀘이커교를 바라보는 연민 때문이었다.

또한 그런 관심을 보인 작가들 대부분이 친우회와 개인적으로 아는 사람들이었던 까닭도 있었다. 실제로 당시에는 유명한 시인들과 알고 지내던 잘 알려지지 않은 퀘이커교 시인이 몇 있었다. 로버트 사우디Rovert Southey는 퀘이커교 시인으로 같은 퀘이커교 시인인 버나드 바턴Bernard Barton과 아는 사이였다. 바턴이 사우디보다 친하게 지냈던 사람은 찰스 램Charles Lamb이었으며, 램과 사우디 두 사람은 각각 시인인 찰스 로이드Charles Lloyd와 한동안 친하게 지냈는데, 찰스 로이드는 퀘이커교의 피를 이어받은 사람이었다.

찰스 램은 바턴에게 자신이 조지 폭스의 묵직한 2절판 책을 다 읽었다는 글을 써 보냈다. 찰스 램은 그 책을 여섯 달 동안 빌려보긴 하였으나 이런 말을 하고 있다. "나는 그 책을 다 읽느라 몇 날 며칠을 보냈으나 한 글자도 빼놓지 않고 읽었다고 생각한다."

폭스의 《일기》에 나오는 '이상한' 특징은 죄에 대한 인식이 없다는 점이다. 죄를 인식함이 없다는 것은 18세기에 인정되는 전통적 교리에 다소 어긋나는 것이었다. 프랜시스 버그Francis Burg는 거듭해서 폭스의 《일기》에 대해 죄의 고백이나 예수님의 이름으로 기도하는 내용이 하나도 나와 있지 않다고 비난하였다. 폭스는 유혹과 억압에 대해 이야기하고 있지만 유혹에 굴복하였음을 인정하거나, 자신에게 회심이 필요하다거나, 회심한 사실에 대해 진혀 이야기하지 않고 있다. 폭스 자신은 일기에서 그 자신에 관해 이렇게 말하고 있다.

"아주 어렸을 적에 나는 아이답지 않게 진중하고 쉽게 단념하지 않는 끈기가 있었다."

"열한 살이 되었을 때 나는 순결함과 의를 알았다. 그동안 순결함을 지키며 행하는 법을 배웠기 때문이었다."

폭스는 독립심과 용기가 있는 사람이었다. 그의 말과 행동은 솔직했으며, 독창적이었고, 진지했다. 폭스는 영국 국교회나 청교도와 갈등을 빚었다. 그는 직접적인 계시를 강조했기 때문에 전통적인 신앙의 틀에서 상당히 벗어나 독립적인 사고를 하는 사람들이 좋아했다.

조지 폭스의 묘비
영국 런던의 드레이턴Drayton에 1872년에 세워졌다. 묘비에는 '겸손과 검소'라는 두 마디의 말뿐이다.

폭스는 근본적으로 《성경》에서 인용한 말을 사용하였으나, 자신의 혁명적인 사고와 함께 전통적인 용어를 상당히 많이 사용하고 있다. 그는 직접적인 인도를 역사적인 계시와 동일시하고 있다. 그리고 내면의 빛은 그리스도나 성령과 따로 떼어 생각할 수 있는 것이 아니며, 그 내면의 빛은 《성경》을 밝히신 영과 같은 영을 말한다고 하였다. 이런 폭스의 말에 학자들은 그가 《성경》의 기록보다는 내면의 경험을 우선시하고, 과거에 거룩한 행위보다는 현재의 신앙을 중요하게 여긴다고 말하고 있다.

퀘이커교의 창시자, 조지 폭스

레스터셔Leicestershire에서 직조공의 아들로 태어난 조지 폭스 Gorge Fox(1624~1691년)는 학교교육을 전연 받지 못했다. 인생에 회의를 느끼고 열아홉 살에 집을 나와 4년간의 구도여행을 통해 펜들힐Pendle Hill이라는 산에서 환상을 보며 그리스도의 진리를 깨달았다고 한다.

1647년경부터 설교를 시작하여 '내면內面으로부터의 빛'에 의한 구원을 전하며 '진리의 벗'이라는 조직을 만들었다. 퀘이커교(친우회, 또는 종교친우회)는 영국 정부에 의해 탄압받았으나, 퀘이커 신도 윌리엄 펜이 북아메리카 식민지 영토에 도시(현 미국 펜실베이니아)를 세움으로써 종교의 자유를 허용받았다.

더 읽어볼 책

* 김영태 지음, 《신비주의와 퀘이커공동체》, 인간사랑, 2002.
* 함석헌 지음, 《퀘이커 300년》, 한길사, 2009.

> 내게 《성경》을 하찮게 여기는 마음은 털끝만치도 없다. 《성경》은 내게 아주 소중한 것이긴 했다. 왜냐하면 나는 성령 안에 있었으며 성령께서 《성경》을 내게 나타내셨기 때문이다. 그리고 주님이 내 안에 열어 보이셨고 내가 나중에 발견한 것은 모두 《성경》과 일치하는 것들이었다.
>
> — 조지 폭스

하나님께 사로잡힌 삶을 보여주다

존 웨슬리　　　　　　　　　　**John Wesley**

영국의 종교개혁자, 신학자, 감리교회의 창시자다. 독일 경건주의의 영향을 받아 개인의 내적 체험과 성결한 생활을 중시하는 신학을 제창하였다. 또한 산업혁명을 배경으로 하여 대규모적인 신앙운동을 전개하였다. 이 운동도 그가 죽은 뒤 메서디스트교회로 정착되었다.

《존 웨슬리의 일기》
존 웨슬리 지음 | 김영운 옮김 | 크리스챤다이제스트 | 1984년

　　존 웨슬리는 영국에서 신앙부흥운동을 시작하여 현재의 감리교회 토대를 이룬 창시자이다. 그의 일기에서 우리는 복음주의적 부흥을 이끈 웨슬리의 깨끗하고 경건한 삶의 모범을 볼 수 있다.
　　필자는 웨슬리의 어머니 수산나Susannah를 영국의 '신사임당'이라고 부른다. 《존 웨슬리의 일기The Journal of John Wesley》를 보면, 그녀는 열아홉 명의 아이 중 열 명이 살아남자, 자녀교육을 위해 전서으로 헌신하였다고 한다. 일주일에 하루 저녁씩 각 아이와 따로

시간을 정해 만났는데, 목요일 저녁에는 존 웨슬리와 만났다. 아이들은 만 6세부터 일정한 시간 동안 《성경》과 기독교교리를 공부했고, 아이들을 위해 직접 교과서들을 만들기도 했다.

웨슬리는 어머니의 양육원칙을 그의 일기에서 자세하게 소개하고 있다. 예를 들면, "어떤 아이든지 순종하는 행동을 하거나 남을 기쁘게 해주기 위하여 마음먹고 행동했을 때는 비록 그것이 제대로 되지는 않았어도 그것을 잘 받아들여 주고 다음에는 더욱 잘하도록 사랑으로 가르쳐 주어야 한다"는 원칙을 볼 수 있다.

1738년 2월 28일의 일기에서 웨슬리는 자신의 행동에 관하여 자신이 전에 하였던 결의를 새롭게 하면서 네 가지 결의사상을 기록하고 있다.

첫째, 절대적으로 개방성을 띄고 내가 대화해야 할 상대와는 조금도 숨김없이 허심탄회하게 이야기를 나눈다.

둘째, 계속해서 진지하게 노력하며 잠시라도 경박한 행동이나 웃음거리를 즐기는 일에 빠지지 않는다.

셋째, 하나님의 영광을 드러내지 않는 말은 전혀 하지 않는다. 특히 세상일에 관하여 말하지 않는다. 아니, 다른 사람들은 그렇게 할지라도 나는 안 한다. 그것이 너에게 무슨 관계가 있는가?

넷째, 하나님의 영광을 드러내지 않는 일은 절대로 즐기지 않는다. 내가 하는 모든 일에서 매 순간 하나님께 감사를 드리고, 내가 하나님께 감사를 드릴 수 없는 일은 어떤 것이라도 하지 않는다.

웨슬리는 젊은 시절 제러미 테일러Jeremy Taylor, 토마스 아 켐피스, 그리고 윌리엄 로의 저서들로부터 큰 영향을 받아 일기를 기록하게 되었다. 그의 일기는 26권으로 제본되어 보존되어 있다.

그 일기에 보면, 1738년 5월 24일 밤, 웨슬리는 친구의 강요에 의해서 알더게이트Aldersgate 거리의 한 집회에 참석하였는데, 그날 누군가가 마르틴 루터의 《로마서 주석》 서문을 읽고 있었다.

"그런데 9시 15분 전쯤 되어서, 나는 내 마음이 이상하게 뜨거워지는 것을 경험하였다. 나는 구원을 위해서 그리스도 한 분만을 신뢰하고 있다는 것을 느꼈다. 그리고 나는 그분이 이 죄, 아니, 나 자신까지도 다 제거해주시고, 죄와 사망의 법에서 구하여 주셨다는 그런 확신이 가득함을 느꼈다."

이 내용을 듣고 있었던 그는 그날 저녁 마음이 뜨거워지는 불길이 임하더니 믿음으로 용서와 의를 얻는다는 진리를 깨닫게 되었다. 그 후 웨슬리는 당시 자기 교구 밖에서는 자유롭게 설교할 수 없었지만, "전 세계가 나의 교구다"라는 말을 남길 정도로 야외설교를 강행했다.

그는 설교에서 세 가지 메시지를 강조하였다. 첫째로, 죄인은 그리스도의 공로에 의지하여 그의 대속과 부활을 믿음으로써 의롭게 된다. 둘째로, 신앙으로 의롭게 된 그는 하나님에 의하여 즉각적으로 새로운 인간이 된다. 셋째로, 거듭난 인간은 곧바로 거룩한 삶의 생활로 들어간다. 성화의 과정은 인간이 하나님이 본래 창조하신 하나님의 형상대로 회복하는 과정이다.

실내에서나 야외에서나 장소를 가리지 않고 열정을 가지고 복음을 전하는 존 웨슬리의 모습.

웨슬리의 관심은 "어떻게 하면 참된 크리스천이 될 수 있는가?"에 집중되어 있었다. 왜냐하면 크리스천의 성화가 제대로 이루어져야 온전한 크리스천이 될 수 있기 때문이다. 그는 종교개혁의 영적 유산에 충실하면서도 복음적 회개를 통한 '크리스천의 완전'을 추구하였다. 실천적 영성을 강조하는 그의 가르침은 영국 사람들의 열렬한 호응을 얻었다. 그 결과 그의 설교는 가난한 노동자들과 하층민들에게 깊이 스며들어 갔다.

그의 일기는 끈질기고 강인한 그의 선교활동을 보여준다. 동시에 하나님께 사로잡힌 영적 지도자의 삶을 증거한다. 특히 그의 일기는 그가 겪은 인간적인 고뇌와 시련에도 불구하고 신앙적 일편단심을 유지한 영적 거인을 우리에게 생생하게 보여주고 있다. 그는 '완전한 크리스천'이 아니라, 믿음을 통하여 부단히 거룩함에 이르려는 '진정한 크리스천'의 본을 우리에게 제시하고 있다.

영국을 피의 혁명으로부터 구원해낸, 전도자 존 웨슬리

성공회 성직자의 아들로 태어난 존 웨슬리John Wesley(1703~1791년)는 1709년 목사관에 화재가 발생했을 때 구사일생으로 살아났다. 그래서 그는 자신을 가리켜 '불 속에서 꺼낸 그슬린 나무'라고 불렀다. 22세에 성직자가 되기로 결심한 그는 토마스 아 켐피스의 《그리스도를 본받아》를 읽고 큰 감명을 받았다. 후에 옥스퍼드 대학교에서는 '홀리클럽Holy Club'을 이끌었는데, 이 모임은 웨슬리의 지도로 경건한 삶의 이상을 실현하려고 했다. 그러한 목적을 가지고 그들은 《성경》과 고전을 연구하고 소외된 사람들을 돌아보며 옥스퍼드 감옥의 죄수들을 방문했다.

그는 한때 미국 조지아 주에서 선교를 했다. 그러나 참담한 실패를 맛본 후 그는 영국으로 돌아와야만 했다. 하지만 그에게 삶의 걸

존 웨슬리의 가족
존 웨슬리, 찰리Charlie, 패트릭 앤드루Patrick Andrew, 펜실라Pencilla, 얼Earl, 프랭크Frank(왼쪽부터).

정적 전환점을 이루는 사건이 일어났다. 1738년 5월 24일 저녁, 그는 모라비아 형제단의 한 집회에 참석했는데, 그때 루터의 《로마서 주석》 서문을 읽는 것을 듣다가 '마음이 뜨거워지는 경험'을 하였다. 새롭게 태어난 그는 친구 조지 휫필드의 권유로 야외 설교를 하기 시작했다. 일 년에 8,000킬로미터를 순회하며 80세까지 한 주에 평균 15회 설교를 했다. 그는 설득력 있는 언어로 《성경》과 기독교교리를 선포하였다.

그는 실업문제에 관심이 있었고, 대중의 인권에 깊은 관심을 표명했다. 그는 노예제도를 반대했으며, 금욕생활을 강조했다. 그의 영혼구원에는 사회정의가 포함되어 있었다.

동생 찰스 웨슬리Charles Wesley(1707~1788년)는 훌륭한 동역자였다. 그는 6천여 편이 넘는 찬송시를 썼는데, 교리적인 것을 가르치기 위해 많은 찬송시를 썼다. 그의 찬송가는 전 세계 교회에 남겨진 유산이었다(〈만입이 내게 있으면〉, 〈천부여 의지 없어서〉 등).

웨슬리의 복음운동은 큰 공헌을 했다. 그는 복음 전도 활동을 통하여 18세기 영국을 피의 혁명으로부터 구원해냈다. 웨슬리의 복음운동은 교회에 활력을 불어넣어 주었고, 사회개혁의 원동력이 되었으며, 미국의 대각성운동의 촉진제 역할을 하였다.

더 읽어볼 책

* 바실 밀러 지음, 김지홍 옮김, 《존 웨슬리》, 기독신문사, 2005.
* 존 라일 지음, 배용덕 옮김, 《휫필드와 웨슬리》, 부흥과개혁사, 2005.
* 김영선 지음, 《사진으로 따라가는 존 웨슬리》, KMC, 2006.
* 존 웨슬리 지음, 강선규 옮김, 《시대를 바꾼 존 웨슬리의 기도》, NCD, 2010.
* 루벤 잡 지음, 김태곤 옮김, 《존 웨슬리의 삶의 3가지 원리》, 생명의말씀사, 2010.

> "나는 온 세계를 나의 교구로 생각합니다. 이 말의 의미는 내가 세계 어느 곳에 가서 있을지라도 구원의 기쁜 소식을 기꺼이 들으려는 모든 사람에게 선포하는 일이 온당하고 정당하며 나에게 허락된 의무라고 생각한다는 말입니다. 이 일이야말로 하나님께서 나를 부르셔서 내게 맡기신 일이라는 것을 나는 압니다."
>
> - 1739년 6월 11일의 일기 중에서

조지 휫필드의 일기는
18세기 선교행전이다

조지 휫필드   George Whitefield

영국의 전도자. 영국, 미국을 넘나들며 복음신앙 각성운동을 위해 활약했다. 웨슬리 형제와 함께 일하기도 해서 감리교의 초기 전도자로 간주되기도 한다. 특히 미국의 교회에 활력을 불어 넣었고 프린스턴 등 50개 대학의 기초를 만들기도 했다.

《조지 휫필드의 일기》
조지 휫필드 지음 | 엄경희 옮김 | 지평서원 | 2002년

이 책은 조지 휫필드의 일기 모음이다. 뜨거운 열정으로 하나님 앞에 나아갔던 순간들을 기록한 이 일기를 통해 읽는 이들은 그의 사역을 한눈에 살펴볼 수 있고, 신학적 특징까지도 알 수 있다. 또 하나님께서 그를 쓰시기 위해 어떻게 그를 빚으시고 다루셨는지도 엿볼 수 있다.

《조지 휫필드의 일기George Whitefield's Journals》는 18세기 사도행전이요 선교행전이다. 이것은 교회사의 가장 위대한 한 시대였던

18세기 부흥의 역사를 이해하는 데 큰 도움이 되는 일기다.

이 일기는 미국으로 선교여행을 떠난 휫필드의 근황을 알고 싶어 하는 영국의 친구들과 동료에게 일기형식의 선교보고서, 사역보고서를 본국에 보내었던 것인데, 이것이 책으로 발간된 것이다. 이렇게 해서 《조지 휫필드의 일기》는 1737년 12월 29일부터 1741년 1월 18일까지 약 3년 20일 동안의 기록이 7권으로 나누어져 차례로 발간되었다.

이 기간은 휫필드의 평생 일곱 번에 걸친 미국 선교여행 중 23세부터 26세 때까지의 1차, 2차 미국 선교여행에 해당한다. 따라서 휫필드의 일기는 자기성찰 형식의 일기가 아니라, 자신의 미국 선교여행 일지에 해당한다. 또한 선교여행 혹은 전도여행일지 성격을 가진다는 점에서는 《존 웨슬리의 일기》와 비슷한 점이 있지만, 웨슬리의 일기는 1935년부터 1990년까지 약 45년에 걸친 26권의 방대한 일기인데 비해 휫필드의 일기는 약 3년간의 짧은 선교여행 중 일어난 부흥기록이라는 점에서 차이가 있다.

《조지 휫필드의 일기》 1739년 판 선교여행 속에서 하나님께서 함께하심의 생생한 경험이 담겨 있다

《조지 휫필드의 일기》는 사도 바울 이후 교회사에서 가장 위대한 복음전도자로 불리는 한 인물을 이해할 수 있는 열쇠를 제공해준다. 휫필드는 20세 극적인 회심을 하여 22세부터 55세까지 약 33년 동안 복음전도자로서의 공적 삶을 살았는데, 그의 삶은 한마디로 경이롭다. 휫필드는 자신의 공생애 33년간 한 번의 항해에 두세 달씩 걸리는 영국과 미국 사이의 대서양 횡단을 무려 열세 번이나 하면서 7차에 걸친 미국 순회 선교여행을 했다. 또한 미국에서 귀국하면 영국과 웨일스, 스코틀랜드, 아일랜드 전역을 여러 차례 순회 설교했다.

33년간 그는 비교적 큰 대중 집회만 1만 8천여 회, 작은 집회까지 하자면 약 3만여 번에 걸친 대중설교를 했다. 이는 평균 매일 하루에 3~4차례씩 6~8시간씩 설교하기를 일 년에 천 번 이상, 30여 년간 동안 3만 번이나 지속한 것이다. 그것도 현대식 음향시설 없이 대부분 옥외에서 육성으로 수천에서 수만 명의 청중을 대상으로 한 것이다. 《조지

18세기 목판화로 그려진 군중에게 전도하고 있는 조지 휫필드의 모습

휫필드의 일기》는 이런 경이로운 복음전도자 휫필드를 이해할 수 있는 지름길이다.

백금산 목사는 휫필드의 일기가 우리에게 '영적 각성제'의 역할을 해준다고 말했다. 휫필드의 일기는 단순한 18세기 부흥의 일차적 자료라는 역사적인 가치를 넘어서 한 위대한 영적 거인의 발자취로써 우리에게 더 큰 도전을 준다.

휫필드는 1740년 10월 17일 뉴잉글랜드 노샘프턴Northampton에서 영적각성운동을 전개한 조너선 에드워즈를 만난 후 이렇게 기록했다. "에드워즈는 견고하고 훌륭한 그리스도인이다. 나는 뉴잉글랜드에서 그와 필적할만한 사람을 본 적이 없다고 생각한다." 주일이었던 이틀 후(19일)의 일기에는 에드워즈 부인에 대해 "온유함과 고요한 영혼으로 장식하고 있었고 하나님의 일을 확고한 마음으로 이야기했다"고 기록했다.

이 책의 부록에는 존 웨슬리의 '값없는 은혜'라는 제목의 설교에 대한 답변으로 존 웨슬리 목사에게 휫필드가 보낸 장문의 편지가 실려 있다. 편지의 결론부에서 그는 '사랑하고 존경하는 친구' 웨슬리에게 이렇게 말하고 있다. "나는 그곳 '하나님의 심판대에서 사랑하는 웨슬리 자네가 선택한 영원한 사랑에 대해 확신하고 있는 모습을 보게 될 것이라고 확신하고 있네."

탁월한 옥외 설교가, 조지 휫필드

조지 휫필드George Whitefield(1714~1770년)는 1714년 12월 16일 영국 글로스터Gloucester에서 토마스 휫필드Thomas Whitefield와 엘리자베스Elizabeth의 일곱 남매 중 막내둥이로 태어났다. 그의 아버지는 벨 여관의 주인이었으나 휫필드가 두 살 때 사망하여 그의 어머니가 사업을 이어가면서 8년 후 재혼을 하였지만 행복하지 못했다. 이런 환경 때문인지 휫필드는 어린 시절 악동이었다. 그는 거짓말, 욕설, 어리석은 농담 등에 몰두해 있었다. 어머니의 돈을 훔치면서도 그는 그것을 도둑질이라고 생각하지 않았다. 안식일을 범했고 교회당에서 아주 불경하게 행동하기 일쑤였다.

후에 그는 옥스퍼드에서 신앙적으로 열심 있는 학생들의 모임을 만나게 된다. 이것이 바로 홀리클럽이다. 이들은 엄격하고도 철저한 시간관리, 규모 있는 생활방식을 하였다. 휫필드는 옥스퍼드 대학교 재학 중 초기 10개월을 제외하고는 홀리클럽에서 영향을 받으며 학업에 정진했다.

조지 휫필드는 열정의 설교자였다. 그의 설교에는 항상 잃어버린 자들을 위한 진정한 슬픔이 있었다. 분명한 억양, 우렁찬 음성, 청중의 마음을 열게 하는 설득력, 그리고 유행어와 예화의 적절한 사용 등은 그의 설교의 특징이었다. 그가 눈물 없이 마친 설교가 거의 없다고 알려졌다.

1879년 찰스 스펄전Charles Spurgeon은 이런 휫필드에 대해 이렇게 말했다. "조지 휫필드와 같은 사람에게 관심을 쏟는 것은 결코 끝이 없다. 종종 그의 생애를 읽을 때 어느 부분을 펼치든 즉각 마음이 뜨거워지는 것을 느끼게 된다. 휫필드의 모든 삶은 불이었고 날개였으며 힘이었다. 주님께 순종하는 데 있어 내게 모델이 있다면 그것은 조지 휫필드이다."

그는 한 교파나 교단의 창시자가 되지 않았다. 그는 1770년 보스턴으로 여행하던 중 엑세터의 어느 여관에서 한밤중에 몰려든 청중에게 마지막 설교를 한 후 하나님의 품에 안겼다. 10월 2일 그의 육신은 미국 매사추세츠 뉴베리포트 교회에 묻혔고, 영국에서는 존 웨슬리의 인도로 장례예배가 드려졌다.

웨슬리는 그의 죽음에 조의를 표하며, "수천, 수만 명의 죄인들을 회개시킨 사람들에 대하여 들어 보신 적이 있습니까? 무엇보다도 그토록 많은 죄인을 어둠 속에서 빛으로, 사탄의 권세에서 하나님께로 옮겨놓은 축복의 도구가 되었던 사람에 대하여 들어 보신 적이 있습니까?"라고 말했다.

그의 일기를 통해 그 목소리는 지금도 살아 있다.

더 읽어볼 책

* 조지 휫필드 지음, 서문강 옮김, 《시험당하는 자를 도우시는 그리스도》, 지평서원, 2003.
* 조지 휫필드 지음, 서창원 옮김, 《와서 최고의 신랑 그리스도를 보라》, 지평서원, 2003.
* 조지 휫필드 지음, 서문강 옮김, 《피난처이신 그리스도》, 지평서원, 2004.
* 존 라일 지음, 배용덕 옮김, 《휫필드와 웨슬리》, 부흥과개혁사, 2005.
* 조지 휫필드 지음, 최승락 옮김, 《하나님의 사랑을 입은 사람들》, 지평서원, 2005.

나는 독서를 하고 곁에 없는 친구들을 위해 뜨겁게 중보기도 하면서 시간을 보냈고, 그들을 생각하며 큰 위안을 삼았다. 대부분의 신선한 양식은 바다로 쓸려갔고, 도르래 장치는 고장이 나서 우리의 항해는 어디로 갈지 모르는 판국이었다. 그러나 하나님을 송축한다. 지금 내가 풍부에 처하는 법뿐만 아니라 비천에 처하는 법을 배우고, 예수 그리스도의 좋은 군사처럼 고난을 이겨 내는 법을 배우게 되리라 믿기 때문에 이 상황이 오히려 나를 기쁘게 만든다. 오! 주님, 저의 연약함 가운데서 당신의 강함이 커지게 하시고, "내니, 두려워 말라"(마 14:27)고 제 영혼에게 말하여 주소서. 그리하신 후 폭우와 폭풍으로 할 수 있는 최악의 상황을 주소서.

- 1738년 10월 6일 금요일

죽어가는 인디언들을 위해
기도의 불꽃이 되다

조너선 에드워즈 *Jonathan Edwards*

미국 식민지 시대의 목사 및 신학자, 원주민 선교사. 칼뱅주의 신앙부흥운동인 대각성운동을 주도하였으며, 칼뱅주의에 수정을 가하여 미국 철학에 완벽한 사상과 감정 체계를 확립하였다. 그의 '분노한 하나님의 손에 있는 죄인들'이란 설교는 대각성운동의 시발점이었다.

《데이비드 브레이너드 생애와 일기》
조나단 에드워즈 지음 | 송용자 옮김 | 복있는사람 | 2008년

이 책은 조너선 에드워즈Jonathan Edwards의 의도를 따른 '완역판'이다. 에드워즈는 이 책을 크게 세 부분으로 구성했다. 제1부는 브레이너드의 일기, 제2부는 브레이너드의 선교 일지, 그리고 제3부는 브레이너드의 삶을 회고하는 에드워즈의 설교다.

제1부 '일기'는 브레이너드의 청소년 시절 영적 발돋움, 1739년 회심 사건에서부터 1747년 폐결핵으로 이 땅을 떠나기까지 그가 기록한 개인적인 일기Diary다. 에드워즈는 이 일기 곳곳에 자신의 코

멘트를 넣고 연대순으로 제8부로 구성하여, 독자들이 브레이너드의 일기에 쉽게 다가갈 수 있도록 이 책을 편집했다.

제2부 '저널'은 브레이너드가 자신을 선교사로 파송한 스코틀랜드 복음전도협의회에 보낸 사역 보고서로 작성한 두 편의 선교 일지Journal다. 제1부 일기와는 다른 객관적인 보고서로써 그 가치와 감동이 인정되어 당시 《놀라운 은혜의 역사, 그 시작과 진행》이라는 제목으로 따로 단행본으로 출간되었던 책이다. 브레이너드의 삶과 사역뿐 아니라, 당대 인디언 선교 사역의 구체적인 현장을 조명해 주는 귀한 자료다.

제3부 '부록'은 브레이너드의 장례식 때 에드워즈가 전한 '장례식 설교'와 브레이너드의 삶을 회고하며 참된 신앙이 무엇인지를 논한 '브레이너드를 회고하며'라는 설교 두 편을 실었다. 특히 '브레이너드를 회고하며'는 이안 머레이Iain H. Murray가 자신의 에드워즈 전기 《조너선 에드워즈 삶과 신앙》에서 후대의 일부 《데이비드 브레이너드 생애와 일기The Life and Diary of David》 판본들이 이 설교를 뺀 것은 에드워즈의 의도를 심각하게 훼손한 큰 잘못이라고 지적할 만큼 중요한 설교로써 에드워즈가 이 책을 2년에 걸쳐 정리하고 펴낸 뜻과 깊이 연관된 글이다.

왜 우리는 브레이너드를 읽어야 하는가? 브레이너드는 목회자,

선교사, 사역자로서 어떻게 하나님을 따르고, 회중을 사랑하며 섬길 수 있는지를 보여주는 사역자의 참된 본이다. 그뿐 아니라 이 기록은 한 사람의 그리스도인으로서 하나님을 사랑한다는 것이 무엇인지를 보여주는 솔직하고도 위대한 고백록이다.

브레이너드의 삶은 후세에 수많은 사람의 생애를 뒤흔들어 놓았다. 1740년대 미국을 휩쓴 대각성운동의 주도자 조너선 에드워즈에게 깊은 감동을 줬고, 존 웨슬리의 삶에도 큰 전환점을 마련해줬다. 또 윌리엄 캐리William Carrey와 헨리 마틴Henry Martyn, 짐 엘리엇Jim Elliot 선교사의 마음을 움직여서 복음 전도 사역에 종사하도록 하였다.

그의 어떤 점이 이 세기적인 하나님의 사람들을 움직였을까? 모든 생명을 내걸고 하나님 앞에 헌신한 그의 삶 자체라 하겠다.

조너선 에드워즈는 말하기를, 브레이너드 목사의 삶과 죽음은 우리로 하여금 마침내 이르게 될 그 복된 결말을 소망하며 거룩한 삶의 길을 가기 위해 힘써 애쓰도록 격려한

●●●
미국 인디언들을 위한 최고의 선교사 에드워즈. 그는 많은 그리스도인에게 격려와 영감의 원천이 될 윌리엄 캐리, 짐 엘리엇 등에게 큰 영향을 끼쳤다.

미국 인디언들에게 설교를 하고 있는 브레이너드. 그는 선교를 하기 위해 말을 타고 300마일 이상을 여행하기도 했다.

다고 했다. 존 웨슬리는 "주님의 일이 쇠퇴한 곳에 주님의 일을 다시 부흥시키려면 어떻게 해야 합니까? 모든 설교자에게 《데이비드 브레이너드 생애와 일기》를 주의 깊게 읽도록 해야 합니다"라고 말했다.

데이비드 브레이너드는 교회사에서 "인디언 선교에 생애를 바친 미국 식민지 시대의 한 선교사"로 기억되고 있다. 특히 그는 일기를 통해 많은 이에게 도전을 주었다. 영국과 미국의 복음주의 목회자들과 성도들은 이 일기를 사랑하고 즐겨 읽었다. 이 일기의 일부는 임종 직전에 브레이너드 자신이 편집했고, 일부는 조너선 에드워즈에 의해 첨가돼 1749년에 출판됐다. 모든 생명을 내걸고 하나님 앞에 헌신한 브레이너드의 삶은 후세에 수많은 사람의 생애를 뒤흔들어 놓았다.

탁월한 그리스도인의 한 초상, 데이비드 브레이너드

　데이비드 브레이너드David Brainerd(1718~1747년)는 1718년 4월 20일 미국 코네티컷Connecticut 주 해담Haddam에서 의회의원이던 아버지 헤저카이어 브레이너드Hezekiah Brainerd와 어머니 도로시 호바트Dorothy Hobart의 아홉 자녀 중 여섯째 아들로 태어났다. 브레이너드가 아홉 살 때 아버지가, 열네 살 되던 해에 어머니마저 세상을 떠났다. 그는 어머니의 죽음으로 극도의 실의와 우울증에 빠져, 이후 그의 삶에 큰 영향을 미쳤다.

　1739년 7월 12일, 브레이너드는 온전한 회심을 경험하였다. 영혼의 깊은 절망과 두려움 속에 있던 그에게 말로 표현할 수 없는 "하나님의 영광"이 그를 찾아왔고, 그의 영혼은 "말할 수 없는 기쁨으로" 충만해졌다.

　1739년 9월, 신학을 공부하기 위해 예일 대학교에 입학하였다. 이 해에 조지 휫필드가 코네티컷의 뉴헤이븐New Haven 지역을 6주간 순회 전도하면서, 영적 각성이 폭발했다. 브레이너드는 1740년부터 본격적으로 일기를 쓰기 시작했다.

　1741년 겨울, 대학 3학년이던 브레이너드는 폐결핵의 분명한 징후에도 1등을 한다. 그러나 바로 그 상황에서 그는 예일대에서 제적당하는 사건을 겪는다. 그 대학의 휘틀시라는 교수에 대한 진 ㅏ를ㅣ가의 대화가 과장 전달되면서 벌어진 일이었다. 브레이너드에게는 돌이킬 수 없는 고통과 수치의 경험이었다. 그는 마지막 순간까지 제적사건 당시(1741~1742년 4월)의 일기를 폐기해 달라고 요구했다.

이후 그는 인디언들의 구원에 책임을 느끼고 그들을 위해 날마다 기도했다. 아침과 점심, 저녁을 가리지 않았고 심지어 자신의 생일날에도 예수님처럼 밤이 다하도록 힘써 기도했다. 인디언을 위해 뜨겁게 기도하던 그는 1743년 인디언 선교사가 됐다. 사실 그는 자신이 "너무도 연약하고 의지력도 없고 무가치하여 선교 사역을 감당하기에는 도무지 격에 맞지 않다"고 고백했다. 그러나 그는 인디언의 말을 배우기 위해 피나는 노력을 했으며 온 밤을 깨어 기도했고, 믿음의 친구들과 이웃 전도자를 위한 중보기도를 했다. 무엇보다 자기에게 맡겨진 양들을 위해 기도하느라고 며칠이고 기도에만 열중하기도 했다.

첫 선교지인 카우나우믹Kaunameek에서 그는 옥수수 죽을 먹고 짚더미 속에서 잤으며 숲 속에서 길을 잃어버린 일도 한두 번이 아니었다. 인간적으로는 두려움과 고통의 연속이었던 선교지에서의 생활을 그는 잘 이기고 극복해 나갔다. 그러나 1746년 가을에 그는 학생 시절부터 그를 괴롭혔던 결핵 때문에 선교지를 떠나야 했다. 12개월 동안 사랑하는 친구들에게 둘러싸여 침대에 누워 지내다가,

1747년 10월 9일 29세의 젊은 나이에 하나님의 부르심을 받았다. 그는 갔으나 그의 헌신과 기도의 삶은 한 권의 일기로 남아 영원한 감동을 주고 있다.

더 읽어볼 책
* 존 파이퍼 지음, 배용덕 옮김,《고난의 영웅들》, 부흥과개혁사, 2008.
* 송삼용 지음,《데이비드 브레이너드 : 무릎의 성자》, 넥서스CROSS, 2009.

> "크로스윅성Crossweeksung의 원주민들을 떠나야 했다. 건강이 허락하는 한 빨리 델라웨어Delaware 포크의 원주민들을 다시 방문해야 한다고 생각했다. 그들과 이별할 때 한 사람이 많은 눈물을 흘리며 말했다. '하나님이 제 마음을 바꿔주시기를 간절히 원해요'라고 말했고, 또 다른 사람은 '제가 그리스도를 찾을 수 있기를 원해요'라고 고백했다. 추장이었던 한 노인은 영혼에 대한 고뇌로 고통스럽게 울었다. 그들과 이별하는 것이 너무 마음 아팠다."
>
> -《데이비드 브레이너드 생애와 일기》, 523쪽

오직 믿음의 기도로 응답받다

조지 뮬러 George Muller

5만 번 이상 기도 응답을 받은 사람, 브리스톨 고아들의 아버지. 애슐리 다운에 고아원을 건축한 후 다섯 번째 고아원을 건축하기까지, 그는 거의 60년 동안 1만 명의 고아들을 보살피며, 거기에 필요한 720만 달러 이상을 하나님으로부터 공급받았다.

《조지 뮬러의 일기》
죠지 뮬러 지음 | 박준언 옮김 | 두란노 | 1991년

조지 뮬러는 영국 브리스틀Bristol에 보육원을 세운 기도의 사람으로 유명하다. 뮬러는 하나님 이외에 그 누구에게도 물질을 요구하지 않으면서 오직 기도와 믿음으로 아이들의 모든 필요를 채워주기도 했다.

《조지 뮬러의 일기》에는 보육원의 형편이 잘 나타나 있다.

"주일 오후 우리는 고아들에게 필요한 것을 구하기 위해 다시 모였다. 우리의 마음은 평화롭고 우리의 희망은 하나님께 있다. 어제

저녁부터 지금까지 1실링밖에 들어오지 않았지만, 하나님께서는 우리를 도와주실 것이다."(1838년 9월 16일)

"오늘 하루를 새로 시작할 때는 모든 것이 절망적으로 보였다. 그러나 주님께서는 우리의 모든 물질적 필요를 채워주셨다. 또 한 주가 지나갔고 우리는 빚지지 않고 97명의 보육원 식구들에게 필요한 것을 공급해줄 수 있었다."(1838년 9월 17일)

어려움이 계속돼도 뮐러는 오직 기도에 의지하며 극복해 나갔다. 다른 날의 일기에는 "시련이 계속된다. 매일매일 우리의 믿음에 대한 시련이 계속되나 나는 우리가 끝까지 기다리기만 하면 하나님께서 도와주실 것으로 확신한다"고 쓰여 있다.

뮐러는 하나님께서 응답해 주신다는 믿음으로 끈질기게 기도해서 평생 수많은 응답을 받았다. 1857년 12월 그믐날, 보육원의 증기 가마가 터져서 아이들이 추위에 떨고 있었다. 새것을 사려면 몇 주일이 걸리고 수선을 해도 5~6일이 걸려야 했다. 뮐러는 북의 찬 바람 대신에 남쪽의 따뜻한 바람이 불어오도록 기도했다. 금요일 오후에 시작하여 일요일까지 계속 기도했으나 바람의 방향이 바뀌지 않았다. 그러나 계속 기도한 결과 화요일 밤부터 바람의 방향이 바뀌어 따뜻한 남풍이 불어왔다.

그는 이처럼 특별한 기도 응답을 5만 번 이상이나 받았다. 하루

평균 두 번 정도 기도 응답을 받은 셈이다. 뮐러는 믿음의 기도로 세상을 향해 놀라운 하나님의 신실하심을 과시할 수 있었다.

폭우가 쏟아지던 어느 날 아침, 고아원에는 먹을 수 있는 것이라곤 아무것도 남아 있지 않았다. 400명의 고아와 함께 빈 식탁에 둘러앉아 뮐러는 손을 맞잡고 식사기도를 드렸다. 그의 기도가 끝났을 때 한 대의 마차가 고아원 문을 두드렸다. 그 마차에는 아침에 막 구운 빵과 신선한 우유가 가득했다. 인근 공장에서 종업원들을 위한 야유회에 쓰기 위해 주문했지만, 폭우로 취소되자 고아들에게 보내온 것이었다.

뮐러는 이처럼 고아원을 운영한 60여 년 동안 순간순간 기적적인 주님의 공급을 체험했다. 그는 하나님께서는 구하는 자에게 가장 선한 것으로 주신다는 사실을 의심 없이 믿었고 그 믿음은 늘 사실로 증명됐다.

뮐러는 철저하게 하나님의 은혜로 사는 전체적인 삶의 중심을 하나님께 두고 기도하는 삶이었다. 그는 하나님의 말씀을 의탁하여 하나님의 약속에 기초하는 성경적인 기도와 기도생활을 추구하는 진정한 기도의 사람이었다. 그의 기도의 원리는 단순히 자신의 영성이나 성령의 감화에 쉽게 빠지는 무분별한 기도가 아니었다. 하나님이 기뻐하시는 뜻과 하나님의 응답하심에 순종하려는 올바른 기도를 추구했다.

그는 오랜 세월 동안 고아들을 먹여 살리는 데 정부의 힘을 빌리거나 특정 부자에게 손을 내민 적이 없었다. 그저 순수하고 온전하게 하나님 아버지 한 분만을 신뢰하고 기도하여 그 응답을 통해서만 사역을 계속하였을 뿐이다. 경이로운 것은 그런 그의 기도가 항상 응답을 받았다는 사실이다. 수많은 위기가 있었으나 기도하는 조지 뮐러에게는 필요가 충족되지 않는 날이 없었다. 지금도 남아 있는 그의 일기문은 그의 담담하면서도 철저한 믿음을 보여준다.

뮐러의 일기는 평범한 사람이 하나님을 신뢰할 때 어떤 일이 일어나는지를 보여준다. 그가 평생 의지한 하나님의 약속은 "우리가 알거니와 하나님을 사랑하는 자 곧 그 뜻대로 부르심을 입은 자들에게는 모든 것이 협력하여 선을 이루느니라"(롬 8:28)는 말씀이었다.

고아의 아버지, 조지 뮐러

조지 뮐러George Muller(1805~1898년)는 1805년 9월 27일 프로이센Preussen 왕국 할버스태트Halberstaedt 도시에서 가까운 크로펜스태트Kroppenstaedt에서 태어났다. 1810년에 1월에 그의 부모는 그곳으로 이사했는데, 그의 아버지 직업은 세무 공무원이었다.

뮐러는 자신의 성장기에 부끄러운 모습에 대하여 그의 자서전에서 고백했다. "나는 열 살도 채 되기 전에 아버지에게 위탁된 공금을 자주 훔쳐서 숨기자, 아버지는 나를 도둑으로 의심하여 집에 가두어 두고, 돈을 훔치는지를 조사할 때도 종종 발아래 양말 사이에 돈을 훔쳐서 숨기곤 했었습니다." 그는 아버지로부터 이따금 벌을 받았지만 반성하지 못했다고 한다.

기도 응답으로 조지 뮐러가 세운 고아원. 지금은 고아들이 없기 때문에 건물들의 대부분을 시 정부가 교양학교로 운영하고 있지만, 당시의 그대로 남아있다.

뮐러는 후에 믿음을 갖게 되었고, 영국 브리스톨에 보육원을 세웠다. 그는 그 누구에게도 물질을 요구하지 않으면서 오직 기도와 믿음으로 아이들의 모든 필요를 채워주기로 했다. 1836년 4월 최초의 보육원이 문을 열었고 30명의 소녀를 받아들였다. 1870년까지 뮐러는 학교가 있는 다섯 개의 큰 보육원에서 2천여 명을 돌봤다. 그는 오직 기도로 그 운영비용을 마련했다.

뮐러는 《성경》을 200번 통독한 것으로 유명하다. 그 중 100번은 무릎을 꿇고 보았다고 한다. 그는 말년에 고아원 운영을 제임스 라이트에게 맡기고 영국을 비롯한 유럽 전역과 북미 호주 아시아 각국을 여행하면서 자신이 체험한 하나님의 살아계심을 증거했다. 그의 메시지는 단순하면서도 힘이 있었다.

1898년 3월 10일 이른 아침, 조지 뮐러는 평온히 잠든 채 발견됐다. 전날까지 일상 업무에 분주했고 평상시와 같이 기도회에 참석했던 그는 처음 하나님을 만났던 그 순간처럼 짧은 시간에 아무런 고통도 없이 조용히 하나님의 부르심을 받았다. 그는 하나님의 부르심을 받을 때까지 끊임없이 기도하고 사랑을 실천한 하나님의 사람이었다.

더 읽어볼 책

* 죠지 뮬러 지음, 박준언 옮김,《기도가 전부 응답된 사람》, 두란노, 1991.
* 죠지 뮬러 지음, 배응준 옮김,《죠지 뮬러의 일기》, 규장, 2006.
* 죠지 뮬러 지음, 유재덕 옮김,《죠지 뮬러의 기도》, 브니엘, 2008.
* 조지 뮬러 지음, 김진우 옮김,《주님과 조지 뮬러의 동행일지》, 생명의말씀사, 2009.

하나님의 선한 손길에 의해서 두 자루나 되는 밀과 많은 감자가 들어왔습니다. 매일 하나님께서 이런 방법으로 계속해서 궁핍에서 건지는 것이 아니라, 믿음의 연단을 계속해서 주셨습니다. 나는 하나님께 감사드리는 것은 비록 아무것도 없지만, 하나님께서 오늘도 역사하심과 같이 내일도 하나님께서 역사하심에 대한 기대 속에서 평안한 마음을 가집니다. 주께서 내일도 확실히 자신의 시간 안에서 도움의 손길을 언제든지 펼쳐주실 줄을 믿습니다.

- 조지 뮐러

수도자들의 아버지 성 안토니 사막에 핀 꽃이다

아타나시우스 Athanasius of Alexandria

4세기에 활동했던 알렉산드리아의 초대주교이다. 그는 아리우스의 이단설을 매섭게 논파함으로써 명성을 얻었고, 삼위일체설에 입각하여 가톨릭의 전통 교의敎義를 확립하였다. 위대한 교회의 신학자요 지도자로 불리며, '정통 신앙의 아버지'로 불린다.

《성 안토니의 생애》
아타나시우스지음 | 안미란 옮김 | 은성 | 1993년

성 안토니St. Anthony(251~356년)는 AD 251년에 중부 이집트의 코마Coma에서 태어나 기독교 가정에서 성장했다. 천성이 과묵한 안토니는 어렸을 때 배우는 데 관심이 없었고 심지어 다른 아이들과도 어울리지 않았다. 집은 부자였지만 그는 맛있고 푸짐한 음식을 탐하지 않았으며, 부모에게 무엇을 내놓으라고 귀찮게 조르는 일도 없었다고 한다. 안토니는 구약성서의 야곱Jacob을 본받으려고 했고 단순한 삶을 추구했다.

부모가 세상을 떠난 후에 안토니는 아주 어린 여동생과 단둘이 남았다. 안토니는 열여덟 살 또는 스무 살 때에 가정과 여동생을 책임지게 되었다. 부모가 돌아가시고 나서 여섯 달쯤 뒤에, 안토니는 늘 하던 대로 교회를 향해 걸어가면서 사도들이 모든 것을 버리고 주님을 따른 것, 그리고 〈사도행전〉에서 어떤 사람들이 가진 것을 모두 팔아 사도들에게 가져와서 가난한 사람들에게 나누어준 것 등을 깊이 생각했다(마 4:20, 행 4:35). 이런 것들을 생각하면서 교회로 들어갔을 때에 마침 복음서를 낭독하고 있었다.

안토니는 부자 청년에게 "네가 온전하고자 할진대 가서 네 소유를 팔아 가난한 자들에게 주라 그리하면 하늘에서 보화가 네게 있으리라"(마 19:21)고 하신 주님의 말씀을 들었다. 마치 하나님의 계획에 의해서 그가 성인들을 생각하게 되었고 그 말씀이 그를 위해서 봉독된 듯했다. 그는 바로 부모가 남겨준 땅을 사람들에게 나누어주었다.

그는 또다시 교회에서 "내일 일을 위해 염려하지 말라"는 주님의 말씀을 듣고서 즉시 교회를 나가서 남은 재산까지 궁핍한 사람들에게 주었다. 그는 여동생을 신망이 높은 수녀들에게 데려가서 수녀원에서 길러 달라고 맡긴 후, 자신을 주의 깊게 살피고 참을성 있게 단련하면서 집안일보다는 수도생활에 전념했다.

안토니가 사는 마을에서 그리 멀지 않은 곳에 젊어서부터 홀로 은둔생활을 해온 노인이 있었다. 안토니는 그 노인의 생활을 본받으며 그 노인이 사는 마을 근처에서 지내기 시작했지만, 《성경》의 "게으른 사람은 먹지도 말라"(살후 3:10)는 말씀을 기억하며 손수 일하며 생활했다. 그는 자신이 만든 것의 일부는 빵을 사는 데 사용했고, 일부는 궁핍한 사람들을 위해 사용했다. 또한 그는 "은밀하게 쉬지 않고 기도해야 한다"는 배움처럼 기도하기를 게을리하지 않았다.

안토니의 금욕적 수도생활은 매우 엄격하여서 빵과 소금과 물로 하루 한 끼 식사를 하였으며, 이틀에서 닷새씩 금식하는 일도 빈번하였다. 그는 친구와 순례자들이 가끔 지나면서 남겨주고 간 빵을 먹기도 했다. 옷이라고는 양털 옷 한 벌과 양가죽 옷 한 벌이 전부였다. 그는 보통 맨바닥에서 잠을 잤으나, 밤새워 기도하느라 눕는 날이 적었다.

수도생활 중에 그는 악령의 공격과 유혹을 받았다. 당시의 은수자들이 그러했던 것처럼, 안토니에게도 악령과의 싸움은 대단히 중요한 영적 생활의 일부가 되었다. 악령은 환상과 꿈을 통하여 대낮에도 친구나 매혹적인 여인, 용, 부자로 살던 자기 자신, 다정한 가족들의 모습으로 나타나 부와 명예를 약속하는가 하면, 수도생활의 어려움을 이기지 못하여 포기하는 광경을 보여주는 하였다. 악령이

> ●●●
> **〈성 안토니의 유혹의 삼연작〉**(1505~1506년)
> 히에로니무스 보슈Hieronymus Bosch. 312년에 성 안토니는 마을에서 멀리 떨어진 산기슭에 있는 빈 무덤 동굴에 거처를 마련하고, 20년 동안 노동과 기도 그리고 성서 읽기에 전념하며 엄격한 독수 생활을 하였다. 이때 마귀의 여러 유혹을 기도로 무찔러 승리한다.

음란한 생각들로 공격하면, 안토니는 기도로써 그것들을 무찔렀다. 궁지에 몰린 악령은 어느 날 밤에 여인의 모습으로 나타나 온갖 교태를 부리면서 그를 유혹하려 했다.

안토니는 거의 20년 동안 이런 식으로 금욕생활을 했다. 그는 동굴 밖으로 나오지 않았고 아주 가끔 사람들 눈에 띄었다. 그의 엄격한 기도생활과 독특한 수도생활은 널리 알려지게 되었고 사람들의 관심을 끌었다. 이후 많은 사람이 그의 금욕생활을 본받으려는 뜻과 열망을 품었다.

안토니는 성품이 관대했고 영혼이 겸손했다. 그는 다른 성직자들이 그 자신보다 더 존경받기를 원했으며, 다른 성직자들에게 고개 숙여 인사하는 것을 부끄럽게 생각하지 않았다. 그는 종종 함께 있는 사람들에게 질문하고 답변을 청했다. 그는 누구든지 유익한 것을 말해 주면 자신에게 도움이 될 것이라고 인정했다.

임종이 가까워져 오자 안토니는 장례 문제를 미리 이야기했다. 자신의 시신을 땅에 묻고, 그 묻힌 곳을 다른 사람이 알지 못하게 하라고 부탁했다. "내 옷을 사람들에게 나누어주십시오. 아타나시우스 주교에게는 내가 깔고 있는 양가죽과 외투를 드리십시오. 그것은 그분이 나에게 준 것인데 이제는 낡았습니다. 세라피온 주교에게는 또 다른 양가죽을 드리고, 여러분은 고행복을 가지십시오. 이제 나 안토니는 여러분에게서 떠나가지만, 하나님이 여러분을 지켜주실 것입니다."

안토니는 마치 자기를 찾아온 친구들을 보고 기뻐하듯 밝은 표정으로 숨을 거두었다. 그들은 안토니의 유언대로 준비하여 그의 시신을 싸서 매장했는데, 그 두 사람 외에는 그가 묻힌 장소를 알지 못했다고 한다. 안토니의 양가죽과 낡은 외투를 물려받은 사람들은 그 물건들을 소중한 보물처럼 간직했다.

안토니는 '사막에 피어난 꽃'이다. 그는 후대에 수도자들의 아버지로 존경받고 있다. 아타나시우스는 안토니에 관하여 자세하게 기록했다. 이 기록은 초대교회 이후로 고전적 가치를 인정받았다.

정통신앙의 아버지, 아타나시우스

《성 안토니의 생애The Life of Antony》의 저자 아타나시우스 Athanasius of Alexandria(?293~373년)는 알렉산드리아의 주교요 신학자이며 교부이자 성인으로서 정통 신앙의 아버지로 불린다. 그는 4세기 이집트의 탁월한 교회 지도자였다. 특히 그는 아리우스Arius와 아리우스주의Arianism와의 싸움에서 중요한 역할을 했다. 아리우스 장로는 그리스도의 신성神性, 즉 그의 영원성을 인정하지 않았다.

제1차 니케아 공의회Concilium Nicaenum Primum에서 아타나시우스는 아리우스의 입장에 반대했다. 아타나시우스에 의하면, 그리스도는 아버지와 본질로서 하나이시다. 그는 반신반인이나 단지 최상의 피조물이 아니라, 하나님이신 아버지와 같다는 뜻에서 하나님이시므로 하나님으로부터 나신 참 하나님으로서 창조되지 않으신 분이라는 것이다. 삼위일체 신학에 대한 안토니의 열정과 아리우스파에 대한 거부는 아타나시우스의 글에서 직접 영향을 받은 것 같다.

안토니가 세상을 떠난 후 알렉산드리아의 주교 아타나시우스가 그의 일생을 집필함으로써 전통 기독교회 안으로 수도원이 들어오게 되었다. 이로 말미암아 안토니보다 먼저 수도생활을 한 이들이 많았지만, 공식적으로 안토니가 최초의 수도자로 기록되었다. 그래서 그는 '수도자들의 아버지'라 불린다.

아타나시우스와 그의 독자들은 신비한 수도생활의 이야기를 액면 그대로 믿었을 것이다. 현대인은 그 내용을 신비적인 것으로 여겨 거절하든지, 아니면 역사적인 사실로 받아들여야 한다.

더 읽어볼 책
* 최형걸 지음, 《수도원의 역사》, 살림, 2004.
* 크리스토퍼 브룩 지음, 이한우 옮김, 《수도원의 탄생》, 청년사, 2005.
* 남성현 지음, 《기독교 초기 수도원 운동》, 엠애드, 2006.

> 그는 슬퍼하는 사람들을 위로했고, 서로 적대하는 사람들을 화해시켜 친구가 되게 하였으며, 모든 사람에게 그리스도의 사랑보다 세상에 속한 것을 더 좋아하지 말라고 권고했다.
> - 아타나시우스

기독교적 덕목들을
실천적 측면에서 숙고하다

닛사의 그레고리　　　　　　　　　Gregory of Nyssa

카파도키아 3대 교부의 한 사람이었다. 카이사레아Caesarea의 대주교였던 형의 권유로 371년 닛사의 주교가 되었다. 정통신앙을 수호한 공적이 크다. 같은 고향 출신인 그레고리우스 나지안제누스Gregorius Nazianzenus와 함께 삼위일체설을 확립하는 데 공헌하였다.

《모세의 생애》
닛사의 그레고리 지음 | 고진옥 옮김 | 은성 | 2003년

　《모세의 생애The Life of Moses》는 '완덕完德(완전한 덕행)이라는 주제를 다룬다. 금욕주의자(또는 수덕주의자)들이 모였을 때 강독할 목적으로 기록된 책으로, 《성경》에 기록된 역사적 사건을 재서술하고, 성경적 서술의 영적인 의미 등을 담고 있다.
　본래 금욕주의Asceticism는 많은 종교에서 발견되는 정신적 영적 도야陶冶의 방식이다. 중세의 수덕修德 신학이 추구하는 영성은 일정한 법칙에 따라 엄격한 자기 훈련과 장기적인 노력으로 그 정신

을 내면화시키는 것에 초점을 맞춘다. 특히 수덕 신학의 영성은 정진, 고독, 침묵, 봉사, 말씀, 훈련, 기도 등 훈련으로 형성된다. 영성 신학은 종교적 수덕이 목적이며 크리스천 생활의 완성으로 인도할 목적으로 윤리적 덕목들을 그들 각자의 영성 생활에 응용한다.

닛사의 그레고리는 수많은 논문과 설교, 편지 등의 작품을 남기었다. 이런 그의 글 중 《모세의 생애》라는 책이 있다. 이 책은 그리스도의 모형으로서의 모세가 겪은 여정을 통해 그리스도인의 완전을 이루는 길을 설명하고 있는데, 그 길은 모세가 하나님의 말씀을 따라 충성스레 자기의 길을 간 것처럼 우리도 그리스도 예수의 뒤를 바라보며 그를 모범으로 뒤따르는 것이라고 말하고 있다. 이 책은 기독교 신비주의를 연구하는데 아주 중요한 문헌이다.

닛사의 그레고리는 구약에서 모세를 '신실한 자'라고 일컬었다. 여기서 신실한 자란 하나님의 뜻을 지키는 자라는 의미이다. 유명한 모세의 이야기는 모세의 기적을 행함과 바로의 흉악함, 이집트에서 일어난 엄청난 재앙들에 초점이 맞춰져 있다. 그러면서 그레고리는 그가 살던 교회의 문제에 대해 "오늘날 복음으로 회심한 많은 사람이 아직도 원수의 유혹을 받고 있다"고 고백한다.

이 책에서 그레고리는 바로의 강퍅함이 하나님을 받아들이지 않는 그의 마음에서 이루어진다고 말한다. 바로를 통해서 우리는 히나님이 내버려두시는 사람은 어떤 사람인가를 알 수 있다. 하나님께서는 인간에게 선한 삶과 악한 삶을 구분하여 선택할 수 있는 자유의지를 주셨다. 그런데 바로 같은 자는 하나님을 인정하지 않고 자신의 본능을 사용하여 삶을 이끌어 나가는 사람이다.

태양이 우리에게 동일하게 비치듯이 하나님의 사랑 또한 우리에게 동일하게 비춰진다. 어떤 이들은 악한 욕망에 사로잡혀 어둠 속에 계속 남아 있기도 하지만, 반면에 또 다른 사람들의 삶은 이 빛에 의해서 고결해지기도 한다. 하나님 안에 우리가 사는가 살지 못하는가는 우리 자신에게 원인이 있다고 그레고리는 말한다.

《모세의 생애》는 《성경》에 대한 그레고리의 '영적 감각'을 반영하고 있으므로 특별한 의미가 있다. 저자는 《성경》의 궁극적인 목적이 역사적인 교훈을 통해 영혼으로 하여금 하나님을 향하게 하는 데에 있다고 한다. 그레고리는 영성 생활을 끊임없이 성장하는 과정, 또는 앞을 향해 나아가는 정진하는 생활이라고 한다. 이 생활은 "뒤에 있는 것은 잊어버리고 앞에 있는 것을 잡으려고 쫓아가노라"(빌 3:13~14)고 한 사도 바울의 가르침과 일맥상통한다.

그레고리는 모세가 손을 가슴에 넣었다가 꺼내니 흉하게 변해버렸으나, 그 손을 다시 가슴에 넣었다가 꺼내니 원래의 상태로 되돌아온 것을 풍유적으로 해석한다. "하나님의 품속에 있던 예수님이 우리에게 내려오셨을 때 그는 우리와 같은 모습으로 변화되었다. 그가 우리의 결함을 제거하고 흉하게 변해버린 우리의 손을 하나님의 가슴에 넣어주셨기 때문에 우리는 본래의 모습을 되찾을 수 있었다."

뱀이 다시 지팡이로 변한 것은 죄인들이 자신의 죄를 회개하고 믿음을 갖게 된 것을 의미한다. 왜냐하면 이 지팡이는 믿음을 상징하는 지팡이로써 믿음과 선한 소망을 가진 사람들에게 힘이 되기 때문이다.

모세에게는 이방인의 아내가 있었다. 그녀는 항상 모세를 따랐다. 이 모습을 그레고리는 이렇게 풀이했다. "이것은 우리가 고결한 삶을 살고자 할 때 이방 교육도 필요하다는 사실을 의미한다. 실제로 도덕 철학과 자연 철학은 고결한 삶의 동반자가 될 수 있으며, 우리가 이방 학문과 정결한 삶을 연합했다고 해서 세속적으로 타락하는 것도 아니다." 이 역시 풍유적 해석의 전형적인 예이다.

《모세의 생애》에서 그레고리는 모세 이야기의 각 사건이 가진 의미가 고결한 삶의 발전과정을 제시한다고 본다. 그레고리는 이집트에서의 열 가지 재앙도 풍유적으로 해석한다. 마지막 재앙인 '장자의 죽음'에서도 영적인 의미를 찾아야 한다고 말한다. 그러면서 그 재앙이 주는 가르침에 대하여 말하기를, "우리가 정결한 삶을 살면서 악과 싸우게 될 때 악은 그 시작부터 완전하게 소멸시켜야 한다"고 했다.

그리고 광야의 '만나'도 영적인 의미로 이해되어야 할 사건이라고 본다. 우리는 이집트적인 생활(즉 이방인의 삶)로부터 정화되어야 이 음식을 먹을 수 있다. 우리가 순수한 영혼을 가졌을 때 하늘로부터 내려오는 양식을 먹을 수 있다. 이 양식은 곧 하나님의 말씀이다. 하나님은 이 음식을 각자의 기호에 맞도록 여러 모양으로 변화

〈홍해의 횡단〉(1481~1483년)
코시모 로셀리Cosimo Rosselli. 《모세의 생애》는 모세가 하나님의 말씀을 따라 충성스레 자기의 길을 간 것처럼 우리도 예수 그리스도의 뒤를 바라보며 그를 모범으로 뒤따르는 것을 예시한다.

시키신다.

그레고리는 모세가 만든 구리 뱀을 통해 십자가의 의미를 설명한다. 이 사건은 신앙의 신비를 통해 이루어지는 영혼의 정화를 보여준다. 십자가를 바라보는 사람은 누구든지 욕망이라는 독소를 해독시킬 수 있다는 가르침이다.

그레고리는 영성 생활을 끊임없이 성장하는 과정으로 보았다. 따라서 그에게 신앙생활이란 부단하게 정진하는 생활이다. 비록 역사적 본문에 대한 과도한 풍유적 해석이 문제점으로 지적될 수 있지만, 기독교적 덕목들을 실천적 측면에서 숙고하고 연구하는 진지한 태도는 배울만하다.

영성을 추구한 카파도키아 교부, 닛사의 그레고리

닛사의 그레고리Gregory of Nyssa(?335~395년)는 335년경 카파도키아Cappadocia의 유명한 기독교 집안에서 태어났다. 그는 열 명의 형제 중 셋째 아들이었다. 그의 누이였던 마크리나Macrina와 형 바실Basil(후에 가이사랴의 감독이 됨)은 그레고리의 종교적 성장과 교육에 큰 영향을 끼쳤다.

그는 독창적인 신학자로서 삼위일체 교리를 밝혔고 인간, 영혼,

부활 그리고 대속 교리 등에 있어서도 중요한 공헌을 하였다. 말년에 그레고리는 영적인 삶을 주제로 하는 철학적 신학을 발전시켰다. 후기 저술 중에서 중요한 작품이 바로 《모세의 생애》다.

더 읽어볼 책

* 정용석 외 지음, 《기독교 영성의 역사》, 은성, 1997.
* 헨리 비텐슨 지음, 김종희 옮김, 《후기 기독교 교부》, 크리스챤다이제스트, 1997.
* 티토 콜리안더 지음, 엄성옥 옮김, 《수덕의 길》, 은성, 1999.

십자가를 바라본다는 것은 자신의 전 삶을 세상에 못 박아 죽인 뒤(갈 6:14) 다시는 악에 사로잡히지 않는다는 것을 의미한다.
하나님의 가르침을 따라 사는 사람들에게 신앙의 물결은 항상 신선하고 깨끗하다.
눈물은 영혼의 상처에서 나오는 피와 같다.

- 닛사의 그레고리

부록 | **고전과 함께하는 영적 독서**

좋은 책을 만난다는 것은 훌륭한 스승이나 좋은 친구를 만나는 것처럼 세상에서 가장 복된 일의 하나이다. 특히 고전과의 만남은 많은 이에게 의미 있는 순간들이다. 고전은 양서 중에서도 특별한 위치를 차지하는 책들이다. 우리에게 고전은 무엇인가? 특히 고전과 함께하는 영적 독서는 왜 중요한가?

서울대학교 오생근 교수(불문학)는 불투명한 혼돈과 정신적인 고통의 젊은 날에 도스토옙스키의 《죄와 벌》이란 소설을 만났다고 한다. 그 책은 이지적이고 섬세한 영혼의 젊은이가 어떻게 비극적인 잘못을 범하게 되었고, 또한 어떻게 구원을 찾게 되었는지의 과정과 결말을 보여준 작품이다. 이 책을 읽은 후 오 교수는, "인간이 고통과 불행을 겪으면 겪을수록, 그것의 가치는 헛되지 않으며, 삶의 의미는 그만큼 더욱 깊어진다"는 것을 알게 되었다고 하였다.

고전을 통한 영성에로 나아가다

그리스도인은 영적 독서Spiritual Reading를 통해 영적 성숙을 도모할 수 있다. 성결대학교 홍성주 교수에 의하면, 영적 독서란 성령님에게 귀를 기울이게 하고 하나님의 가르침에 눈뜨게 하는 영적인 길로 이끌어 주는 책을 읽는 것이다. 영적 독서는 영성 생활의 초보자뿐만 아니라, 지도자도 평생 꾸준히 힘써야 할 영성 훈련의 한 과정이다.

영적 독서는 하나님의 말씀뿐만 아니라, 그 말씀을 우리 인간의 언어로 쉽게 풀어놓은 책을 읽고 묵상하는 것까지 포함한다. 영성 작가 헨리 나우웬Henri J. M. Nouwen에 의하면, 우리가 영적인 글을 영적인 방법으로 읽기 위해서는, 이것을 단순히 읽을 뿐만 아니라 그 글에 의하여 우리 자신이 읽혀야 한다는 마음가짐이 우리에게 있어야 하며, 그리고 단순히 그 글을 정복할 뿐만 아니라 그 글에 의하여 정복을 당하겠다는 마음가짐이 또한 우리에게 있어야 한다.

영적 독서를 위해 어떤 책을 읽을 것인가?

영적 독서는 《성경》과 기독교 고전 그리고 신앙서적을 읽고, 그 메시지와의 상호작용과 내적 반추가 이루어질 때 그 목적을 이룰 수 있다. 그뿐만 아니라 문학을 포함하는 양서를 통해서도 영적 성숙과 치료를 위한 통찰과 지혜를 얻을 수 있다는 것이 필자의 생각이다.

그러면 영적 독서를 위해 어떤 책을 읽을 것인가? 유진 피터슨Eugene H. Peterson은 그의 저서 《Take & Read》에서 주제별로 도서 목록을 상세히 제시하고 있다. 그는 기본도서에 아우구스티누스의 《고백록》, 장 칼뱅의 《기독교강요》 등을 포함하고 있고, 고전에는 토마스 아 켐피스의 《그리스도를 본받아》, 블레즈 파스칼의 《팡세》, 아타나시우스의 《성 안토니의 생애》, 존 버니언의 《천로역정》, 조지 폭스의 《일기》 등이 들어 있다.

본서는 그밖에 '기도', '예배', '북미의 영성', '시인들', '예수', '주석', '성인', '죄와 마귀', '역사' 등의 소제목 아래 다양하고 풍성한 책들을 소개하고 있는데, 감탄을 금할 수 없을 뿐만 아니라 영적 독서에 대한 부담감을 크게 느끼게 한다.

영적 독서의 방법

《영적 독서를 위한 지침서A Practical Guide to Spiritual Reading》를

쓴 수잔 무토Susan Annette Muto 교수는 정독용 독서와 영적 독서를 비교하면서 영적 독서를 위해서는 파고들기보다는 곰곰이 생각하고, 분석하고 비판하기보다는 우리가 읽는 것을 우리의 삶에 연관시키는 데 힘써야 한다고 하였다.

수잔 무토에 의하면, 영적 독서는 슬픔 중에 있는 독자를 위로할 수 있고, 그의 기쁨을 심화할 수 있고, 변화를 촉진할 수 있으며, 삶에 대한 반성과 성찰을 도모할 수 있게 하고, 그리고 우리의 전 존재가 하나님을 향하도록 도와줄 수 있다. 따라서 하나님께 가까이 나아가기 위한 다른 방법들(예를 들면, 기도, 묵상, 양심 성찰)처럼 '영적 독서'는 중요한 경건의 실천이다.

그는 영적 독서를 위한 다섯 가지 지침을 제시하고 있다.

첫 번째는 우선 《성경》 본문으로부터의 신중한 발췌와 영성 생활의 근본적 주제를 다루는 영성 문학The literature of spirituality의 다양한 출처들로부터 나온 자료들이어야 한다.

두 번째는 독자가 정보를 얻는 독서를 대하는 태도와는 다소간 다른 자세를 발전시키는 것을 요구하는 기술이다. 수잔 무토에 의하면, 영적 독서는 하나의 기술Art이다. 이 기술은 규칙적인 실행을 통해 발전한다. 일종의 독서의 노하우를 습득해야 한다.

세 번째는 이것을 실행에 옮기기 위해 몇 가지 조건을 갖추어야 한다. 즉, 규칙적으로 매일 읽기 위해 시간을 따로 정해야 한다. 최소한 일주일에 3회 이상 15~20분 정도의 시간과 방해받지 않는 공간이 있어야 한다. 독서에도 새로운 것을 발견하는 '신혼'의 달콤한 기간이 있으나, 오래가지 않는다. 따라서 끈기를 가지고 계속하는 것이 중요하다. 또한 기록을 남기는 것이 중요하다. 밑줄을 긋고, 책의 여백에 떠오르는 생각과 느낌을 메모하면 도움이 된다.

네 번째는 독서 노트를 가지고 독서를 해야 한다. 기록으로 남긴 '내성Reflection'은 영적 생활에 자양분을 공급하는 데 도움이 된다. 영적 독서에 관한 노트를 읽는 것은 우리에게 새로운 영감을 줄 뿐만 아니라, 우리 자신에 관하여 배우는 방편이 될 수도 있다. 기록할 때는 완벽을 추구하지 말아야 한다. 그리고 대화Dialogue식으로 기록하는 것도 좋다.

다섯 번째는 영적 독서 후에 다른 사람들과 나누는 시간을 기꺼야 한다. 한 달에 한 번 정도(3~4주에 1회) 만나서 45분에서 1시간 동안 서로 나누는 모임을 만들 수 있다. 참가자 중 한 사람이 그룹 리더로 봉사해야 한다. 이 모임에서는 특정 본문을 큰 소리로 읽는 것으로 시작할 수 있다. 그리고 나서 참석자들이 생각을 정리하고 방금 읽은 내용에 집중할 수 있도록 몇 분 동안 침묵의 시간을 가진다. 이어서 모임의 리더가 토론을 시작한다. 원활한 진행을 위해 4~5개의 흥미 있는 질문을 적은 종이 한 장을 준비한다. 말할 준비가 되어 있지 않은 참석자에게 이런 질문들은 도움이 된다. 그리고 참가자가 토론되고 있는 본문을 자주 참조하는 것을 격려해주어야 한다.

기독교인이 꼭 읽어야 할 40권의 책 이야기
고전의 숲에서 하나님을 만나다

송광택 지음

발 행 일 초판 1쇄 2010년 12월 17일
　　　　 초판 2쇄 2010년 12월 24일
발 행 처 평단문화사
발 행 인 최석두

등록번호 제1-765호 / 등록일 1988년 7월 6일
주　　 소 서울시 마포구 서교동 480-9 에이스빌딩 3층
전화번호 (02)325-8144(代) FAX (02)325-8143
이 메 일 pyongdan@hanmail.net
I S B N 978-89-7343-336-0 03230

ⓒ 송광택, 2010

* 잘못된 책은 바꾸어 드립니다.

이 도서의 국립중앙도서관 출판시도서목록(CIP)은 e-CIP 홈페이지
(http://www.nl.go.kr/ecip)에서 이용하실 수 있습니다.
(CIP제어번호: CIP2010004464)

Jesus Loves You
지희는 매출액의 2%를 불우이웃돕기에 사용하고 있습니다.